Mallorca per Rad

Ein CYKLOS-Fahrrad-Reiseführer

Verlag Wolfgang Kettler

Mallorca per Rad

Ein CYKLOS-Fahrrad-Reiseführer

Verlag Wolfgang Kettler

Verfasser: Wolfgang Kettler

Die Deutsche Bibliothek – CIP-Einheitsaufnahme

Kettler, Wolfgang:
Mallorca per Rad / [Verf.: Wolfgang Kettler]. – 4., aktualisierte Aufl. –
Neuenhagen b. Berlin : Kettler, 2000
  (Ein Cyklos-Fahrrad-Reiseführer)
  ISBN 3-932546-10-5

Das Frontispiz zeigt die Steilküste beim Cabo Blanco.

4. aktualisierte Auflage September 2000

ISBN 3-932546-10-5

© Copyright 2000 by Verlag Wolfgang Kettler, Bergstr. 28, 15366 Neuenhagen
    b. Berlin

Druck: Gallus Druckerei KG, Berlin

Inhalt

Etappen-Übersichtskarte (ausklappbar) am Buchende

Aktualisierungen zu diesem Reiseführer veröffentlichen wir nach Bekannt-
werden auf der Internetadresse des Verlags:
❏ http://www.kettler-verlag.de

Mit dem Fahrrad auf Reisen: Mallorca

Insel der Stille, Insel des Lichts – wer würde angesichts der allgemeinen heutigen Tourismuswerbung für Mallorca noch einen Wahrheitsgehalt in diesen Bezeichnungen vermuten? Und dennoch ist er vorhanden.

Allerdings abseits der Strände, abseits der Hochburgen des Massentourismus, im „anderen Mallorca". Und somit auch im Mallorca der Fahrradreisenden und Radwanderer.

Die extreme Polarisation der Reiseformen auf der größten Insel der Balearen bewirkt als positive Folge, daß einige der schönsten Teile Mallorcas von der langjährigen touristischen Tradition bisher nur gestreichelt wurden; der angenehme Effekt für den Besucher, daß sich die Bevölkerung auf ihn eingestellt hat, ist gegeben, ohne daß die freundlichen Sitten verdorben wären.

Das andere Mallorca findet sich einerseits in den bergigen Randgebieten der *Sierra de Tramontana* (auch *Sierra del Norte* genannt), die als Ausflugsziel beliebt, als Aufenthaltsort ungebräuchlich sind, andererseits in den unbekannteren Bergdörfern des Ostens und dem nach wie vor weitgehend unentdeckten Zentrum der Insel.

Man muß kein Radsportler auf der Suche nach einem Wintertrainingsrevier zu sein, um die Qualitäten Mallorcas für Fahrradfahrer schätzen zu lernen. Der ungewöhnliche Reichtum an Landschaftsformen, an im wahrsten Sinne erlebnisreichen Strecken, gewürzt mit den unscheinbaren, aber ergiebigen Attraktionen kleiner Binnenlandortschaften, erfordert keinen weiteren Grund, um mit der Kraft der eigenen Wadenmuskulatur und dem umweltfreundlichen Verkehrsmittel Nummer Eins ein relativer Individualreisender auf einer Insel des Massentourismus zu sein.

Das nahezu ganzjährig fahrradfreundliche Klima (den Hochsommer ausgenommen) macht es möglich, zu nach mitteleuropäischen Kriterien aberwitzigen Zeiten Frühlingsgefühle zu empfinden: die Mandelblüte Anfang Februar, die Mai-Temperaturen im März dienen lediglich als Beispiele.

Anleitung zur Benutzung

Informationen über Benzinpreise fehlen in diesem Reiseführer: er ist voll und ganz auf Fahrradreisen respektive Radwanderungen ausgerichtet und verzichtet daher auf alle Details, die für Radler unwichtig sind. Statt dessen legt dieses Buch Wert auf Fahrrad-Servicestellen, preisgünstige und angenehme Unterkünfte, gute Landkarten, ruhige Nebenstraßen und eine abwechslungsreiche Streckenführung.

Die geografisch losgelöste Lage vom restlichen Europa – jahrhundertelang politisch und wirtschaftlich auch von der iberischen Halbinsel – hat Mallorca eine hohe Zahl regionaler Eigenheiten beschert, deren Kenntnis für den Touristen durchaus nützlich ist, will er nicht stetig mit staunend geöffnetem Mund als lebender Fliegenfänger durch die Gegend radeln. Etwas Hintergrundwissen über Mallorca, seine Geschichte und die dort lebenden Menschen steht deshalb am Anfang des Buches.

Im Anschluß an die Hintergrundinformationen sind jene kleinen Dinge zusammengestellt, die der Besucher Mallorcas wissen sollte und möchte, wie z.B. Anreisemöglichkeiten, Einreisebedingungen, geeignete Landkarten, innermallorquinische Verkehrsverbindungen, Unterkünfte, Kulinarisches oder Details zu geeigneten Fahrrädern.

Der eigentliche Fahrrad-Reiseführer beginnt erst danach. Nach einer Vorstellung der Regionen des Landes wird Mallorca – rundstreckenorientiert – „etappenweise" behandelt. Dazu ist das Land in 89 (auf der am Ende des Buch befindlichen Übersichtskarte ersichtliche) Teilstrecken aufgeteilt, so daß ein weitgehend individueller Reiseverlauf ermöglicht wird. Die durchnumerierten Teilstrecken sind mit Kartenskizzen und Streckenverlauf ausführlich beschrieben, Städte und Sehenswürdigkeiten, teilweise mit Rasterstreifen hervorgehoben, behandelt. Detailinformationen zu einem Ort stehen im allgemeinen nur in jeweils einer Etappenbeschreibung; sie sind über das Register am Ende des Buches schnell zu finden.

Die Streckenführung der Etappen ist speziell auf die Belange des Fahrrad-Touristen abgestimmt: weitestgehend werden Nebenstraßen benutzt, landschaftlich und touristisch interessante Stätten ausgesucht.

In Abwandlung von anderen Büchern der *CYKLOS*-Fahrrad-Reiseführer-Reihe geht dieser Band nicht ausschließlich von einer Fernstreckennutzung aus, sondern berücksichtigt die besondere Situation Mallorcas als kompaktes Reisegebiet: in Anknüpfung an die gängigsten Unterkunftsregionen sind Rundtouren

Foto links: Kakteen an der Straße bei Randa

beschrieben, die von kürzesten bis längsten Tagestouren aller Schwierigkeitsgrade jede Variante enthalten. Durch Verknüpfung mit den Etappen benachbarter Ausgangsgebiete oder mit den im Abschluß genannten Insel-Verbindungsstrecken ist eine beliebige Ausweitung der radfahrerischen Pensums ebenso möglich wie die Nutzung der Streckenvorschläge zu einer Inselrundfahrt.

Die Routenempfehlungen beinhalten keine Vorschriften über die zu vollbringende „Tagesleistung" – Kürzungen und Ausweitungen sind leicht möglich, die Länge der Tagesstrecken bestimmen Sie ausschließlich selbst.

Die in den Beschreibungen enthaltenen Details über Ortschaften sollen sowohl der Vorauswahl der jeweils zu Aufenthalt und/oder Übernachtung angepeilten Dörfer und Städte dienen als auch touristische Tips „vor Ort" geben. Sie nehmen Ihnen jedoch nicht das Selbstentdecken der Orte ab; Näheres dazu in den Kapiteln über Übernachtung und Kulinarisches.

Die Auswahl der Informationen ist darauf gerichtet, daß sie einen guten Mittelweg zwischen den strikten Vorschriften einfacher Radwanderführer und den für Radtouristen unbrauchbaren Angaben gewöhnlicher Reiseführer bieten. Anhand dieses Fahrrad-Reiseführers allein werden Sie aber keine eigenverantwortliche Mallorcareise unternehmen können: als Ergänzung sind gute Straßenkarten (s. Karten-Kapitel) unbedingt erforderlich. Die nötige Präzision einer vielfarbigen Karte kann mit den in diesem Buch enthaltenen Skizzen nicht erreicht werden.

Damit Sie nicht mit dem aufgeschlagenen Buch in der Hand über Mallorca fahren müssen und womöglich dabei die besten Eindrücke verpassen, ist es sinnvoll, die Streckenführung im voraus mit einem Stift oder Textmarker auf die von Ihnen benutzte Karte zu übertragen. Markieren Sie sich Punkte mit Besonderheiten, zu denen Sie Informationen dann an Ort und Stelle nachschlagen können. Auf diese Art und Weise ist auch die Umkehrung einer Etappenbeschreibung kein Problem.

Verwendete Symbole bei Adressen:
✆: Telefon, 🖹: Telefax

Land und Leute

Blick auf Pollença

Fläche und Topografie

Mit einer Fläche von 3640 km² stellt Mallorca die größte Insel der Balearen dar. Rund 400 km lang ist die Küste; die Buchten von Alcúdia im Norden und Palma im Süden bilden die „Beulen" in den Konturen einer Raute, die Mallorca aufweist.

Die nordwestliche Seite dieser Raute wird von dem hoch aufragenden, teils sehr schroffen Gebirgszug der **Sierra de Tramontana** (= *Sierra del Norte*) mit etlichen Gipfeln über 1000 m gebildet, der die dahinter liegende zentrale Ebene weitestgehend vor westlichen Wettereinflüssen schützt. Der Übergang von den Niederungen zur Bergwelt vollzieht sich schnell und abrupt, und auch innerhalb der *Sierra de Tramontana* tun sich zwischen den Bergen eher Schluchten als Täler auf.

Seit den Zeiten der Araber sind die Berghänge, wo immer sinnvoll und möglich, durch Terrassierung und ausgeklügelte Bewässerungssysteme kultiviert worden. Dadurch konnten Orangen- und Zitronenhaine angelegt werden, Wein, Mandeln und Oliven wurden und werden angebaut.

Die **Llanura del Centro** genannte Ebene im Zentrum der Insel ist in großem Umfang landwirtschaftlich genutzt und beeindruckt durch ihre Mischung von Obstplantagen und wildwuchsähnlicher Strauchvegetation. Einzelne hügelige Regionen erreichen aber auch in der Ebene noch Höhen von 300 m.

Zum (Süd-)Osten hin begrenzt die – verglichen mit der *Sierra de Tramontana* deutlich niedrigere und nicht lückenlose – Hügelkette der **Serranías de Levante** die Insel und läßt ausreichend Raum für zahlreiche Buchten, die überwiegend zur Anlage von Urlaubsorten genutzt wurden. Die Aktivität des Meeres ist hier deutlicher spürbar als in den sanften Buchten von Palma und Alcúdia, Brandung erfreut das Auge des Betrachters ebenso wie die davon angezogenen Surfer.

Wasserläufe finden sich auf Mallorca nur unterirdisch, dafür aber zahlreich genug für die Versorgung mit Trinkwasser; Probleme bereiten allerdings die Spitzenzeiten des Wasserbrauchs im Sommer wegen der Zigtausenden von Touristen, die ihre tägliche Dusche verlangen. Es gibt keine Bäche oder Flüsse; nur trockenliegende Felsbetten deuten darauf hin, daß dies nicht immer so war.

Ein sichtbares Zeichen des relativen Wasserreichtums ist u.a., daß die Insel über einen zwar niedrigen, aber relativ dichten Bestand an Bäumen aller Art verfügt, auch wenn die These etwas arg optimistisch erscheint, daß Affen sich von Baum zu Baum schwingend Mallorca überqueren könnten.

Cala Penyas Rojas

Die traditionellen und auch heute noch beherrschenden Siedlungsräume Mallorcas liegen zum einen an den geschützten Buchten von Palma und Alcúdia, zum anderen im Zentrum der Insel, wo etliche Städte von nach mallorquinischen Maßstäben mittlerer Größe (10.000-20.000 Einwohner) ein Landleben abseits des Tourismus führen.

In den letzten Jahrzehnten sind neuere nicht-touristische Ansiedlungen („Urbanisation") vor allem im weiteren Einzugsbereich von Palma planvoll angelegt worden, um Wohnraum für die wachsende mallorquinische Bevölkerung zu schaffen.

Klima

Das Wetter auf den Balearen ist nach mitteleuropäischen Kriterien ganzjährig frühlingshaft bis hochsommerlich und damit wohl noch vor den landschaftlichen Qualitäten für die Urlauber die Hauptattraktion.

Die ersten ausländischen Touristen auf Mallorca waren vor allem Engländer, die hier im Winter Temperaturen vorfanden, die ihnen sommerlich vorkamen, und sich an den relativ geringen Niederschlägen erfreuten. Dabei ist der Winter auf den Balearen die „Regenzeit", in der sich gewöhnlich der im Sommer über Gebühr ausgelaugte Wasserhaushalt der Insel stabilisiert.

Im Dezember und Januar sind Tage mit Höchsttemperaturen von 20 °C und mehr nicht zu erwarten, und obwohl man auch nicht mit Frostbeulen rechnen muß, gehört warme Bekleidung (Pullover) unbedingt ins Gepäck. Speziell abends und nachts findet oft empfindliche Abkühlung statt. Dies gilt noch bis in den April hinein; zwar kündet schon im Januar die Mandelbaumblüte den mallorquinischen Frühling an, die Tagestemperaturen können im März sommerliche Werte erreichen, aber die Kraft der Sonne ist noch reduziert. Erfreulicher Nebeneffekt: die urlauberseits angestrebte Sonnenbräune kommt allmählich und ohne Verbrennungserscheinungen.

Ab Mitte/Ende Mai herrscht Sommer auf Mallorca, und im Juli und August klettern die Quecksilbersäule in Höhen, die eine ganztägige Siesta am Strand angeraten sein lassen. Das Meer wird dann so stark aufgeheizt, daß bei zurückgehenden Lufttemperaturen im Oktober das Wasser manchmal der wärmste Aufenthaltsort sein kann.

Für die Benutzung des Fahrrades zu Ausflügen, längeren Touren und/oder sportlicher Betätigung ergibt sich dabei eine lange Saison. Nur während der heißesten Sommermonate verbietet sich intensiveres Pedalieren aus gesundheitlicher Vernunft. Je nach sportlicher Einstellung und Ausgangsbereich kann das Fahrrad von Mitte/Ende September bis Anfang/Mitte Juni als vollwertiges Reiseverkehrsmittel eingesetzt werden. Im mitteleuropäischen Winter dient Mallorca als Standard-Trainingsquartier vor allem für deutsche und englische Radrennsportler, die dann in dichten Pulks durch die Berge hecheln.

Bevölkerung

Mallorcas einheimische Bevölkerung umfaßt rund 600.000 Menschen, deren Hälfte sich in der Hauptstadt Palma ballt; alle anderen Siedlungen haben dörflichen bis kleinstädtischen Charakter. Dabei handelt es sich durchweg um Spanier in der „Variante" des Mallorquiners.

Die beträchtliche Ausdehnung des spanischen Festlandes mit seinen Unterschieden in geschichtlicher und kultureller Entwicklung im allgemeinen und selbstverständlich auch die Sonderrolle, die Mallorca aufgrund seiner exponierten Lage immer gespielt hat, lassen es gerechtfertigt erscheinen, den Mallorquinern einen eigenständigen Regionalcharakter zuzubilligen.

Diese Eigenarten zeigen sich gegenüber dem Touristen u.a. recht deutlich in der Art und Weise, in der die Vereinnahmung der Insel durch den Fremdenverkehr verarbeitet worden ist. So ist eine gewisse Distanz im privaten Bereich kombiniert mit der selbstverständlichen Bereitschaft, die von den Urlaubern erwarteten Dienstleistungen auch dann freundlich zu erbringen, wenn die Umgangsformen der Gäste zu wünschen übrig lassen.

So professionell und zügig in allen touristischen Bereichen gearbeitet wird, bewahren sich die Mallorquiner einen anachronistisch erscheinenden Rest von Gemächlichkeit im ländlichen Leben. Es erfordert keinen besonderen Aufwand, bei einer Fahrt durch das Binnenland vor allem an Wochenenden Nebenerwerbs- und Freizeitbauern beobachten zu können, die ihre Feldarbeit mit Hilfe von Eseln und Pferden absolvieren und sich reichlich Zeit dabei nehmen.

Marktfeste und religiöse Feiertage werden gern und ausgiebig begangen. Zwar ist die römisch-katholische Konfession seit 1979 nicht mehr spanische Staatsreligion, faktisch aber konkurrenzlos. Die oft beachtlich großen Kirchen der Landstädtchen erfreuen sich nach wie vor regen Besuchs, wohingegen die Urlaubsorte an den Küsten eher „religionsfreier Bereich" sind.

Zeugen der Geschichte

Eine mittelgroße Insel wie Mallorca mit freundlichem Klima, verkehrsgünstig in Reichweite verschiedener Küsten des Mittelmeers gelegen, konnte wohl kein anderes Schicksal haben, als Zankapfel und Beute der Mächtigen zu werden, bevor der Tourismus die vorläufig letzte (friedliche?) Invasion vornahm. Nicht alle der wechselnden Herren der Balearen hatten bleibenden Einfluß, aber einige wirkten bis heute prägend.

Bereits ca. 5000 v.u.Z. hat es auf Mallorca — wie in vielen Teilen des Mittelmeerraumes — eine Höhlenkultur gegeben, von der aber keine Relikte erhalten sind. Die ältesten steinernen Geschichtszeugen sind Ringburgen aus großen Felsblöcken, die sogenannten *Talayots*, die im zweiten Jahrtausend vor unserer Zeitrechnung errichtet wurden. Die Historiker vermuten die Herkunft der Erbauer irgendwo im östlichen Mittelmeer, vielleicht auch auf Sardinien. Nur wenige dieser Megalithdenkmäler sind erhalten, außer einer kleineren Anlage bei *Artá* vor allem die Siedlung bei *Capocorp Vell*. Ehrfurcht vor solchen Bauten war in den nächsten Jahrtausenden nicht die Einstellung der Bewohner Mallorcas; sie dienten schlicht als Steinbruch.

In den letzten Jahrhunderten vor der Zeitenwende siedelten Phöniker sich an, Griechen trieben Handel mit ihnen, die Karthager besetzten das benachbarte Ibiza und rekrutierten auf Mallorca Steinschleuderer für ihre Elitetruppen. Nachdem diese machthungrigen Nachbarn vom großen Konkurrenten, dem Römischen Reich, in den Punischen Kriegen eliminiert worden waren, wurde Mallorca zum Stützpunkt von Piraten — ein Verwendungszweck, der bis weit über das Mittelalter hinaus der Insel immer wieder zuteil wurde. Und diese ungebetenen Gäste, die mit ihren Aktivitäten im Mittelmeer den Welthandel Roms störten, brachten den Balearen im Jahr 123 v.u.Z. schließlich die Eroberung durch römische Truppen ein.

Die Römer betrieben als erste Invasoren systematisch Landkultivierung (z.B. Weinbau), gründeten die Städte Palma, Inca und Pollentia, bauten eine verbindende Heerstraße quer über die Insel. Aber die prachtvollen Römerbauten erlitten das gleiche Schicksal wie die Talayots der Megalithkultur — ihre Steine wurden in neuen Bauwerken sekundärverwertet. Von *Pollentia* beim heutigen Alcúdia sind nur noch wenige Mauern und das kleine Römertheater erhalten, und die Römerbrücke bei *Pollença* ist der einzige sichtbare Überrest der Straßenbaumaßnahmen.

Nach dem Untergang des römischen Reiches eroberten im Jahr 430 die Vandalen Mallorca und benahmen sich dort in ihrer sprichwörtlichen Art und Weise, was die Römerrelikte zügig beseitigte. Als 100 Jahre später die Byzantiner die Vandalen vertrieben, war von der römischen Kolonie nur ein Scherbenhaufen geblieben.

Die islamischen Araber, die im achten Jahrhundert zusammen mit der iberischen Halbinsel auch die Balearen besetzten, vollbrachten wahre Wunder in der Rekultivierung Mallorcas. Die Mauren, damals in Bezug auf Baukunst und Ackerbau fortgeschrittener als die abendländischen Kulturen, machten aus der Insel mit Terrassierungen und Bewässerungssystemen ein blühendes Paradies, gründeten zahlreiche Städte und bauten prachtvolle Landsitze. In vielen Ortsnamen wie Alcúdia (= „der Hügel"), Bunyola (= „kleiner Weingarten") u.ä. ist die prägende Handschrift der Araber bis heute spürbar; einige ihrer Prachtbauten, z.B. *Alfabia* und *Raxa*, sind erhalten.

Die Mauren brachten jedoch nicht nur ihre Kultur, sondern auch ihre Unsitten mit. Die Piraterie gehörte zu den bevorzugten arabischen Beschäftigungen, und Mallorca wurde aufgrund seiner idealen Lage zum Hauptstützpunkt der Seeräuber, die sich auch noch nach der weitgehenden Vertreibung der Araber vom spanischen Festland halten konnten. Ein erster Versuch eines Gemeinschaftsheeres von Pisa und Barcelona, diese Laus im christlichen Handelspelz zu beseitigen, scheiterte 1114/15; erst 1229 startete der katalanisch-aragonesische König *Jaime I.* mit einer Flotte von 115 Schiffen und einer Truppenstärke von 12.000 Mann eine neue Expedition, die als *Reconquista*, als Rückeroberung Mallorcas, in die spanische Geschichte einging. Nach über dreimonatigen Kämpfen setzte der Einzug in die Hauptstadt *Medina Mayurca*, das heutige Palma, den Schlußpunkt unter die Maurenherrschaft.

Jaime I., *el Conquistador* („der Eroberer"), kümmerte sich intensiv um seine Neueroberung, holte Siedler ins Land und setzte sich durch den Bau der Kathedrale von Palma ein Denkmal. Daß dafür die an gleicher Stelle angetroffene Moschee verschwinden mußte, war ein erwünschtes Zeichen; soweit arabische Befestigungen und islamische Bauwerke nicht durch Umbauten verändert und umgewidmet wurden, mußten sie zumindest in den Städten weichen. So sind die Geschichtszeugen der Araberzeit – abgesehen von den erwähnten Landsitzen – eher indirekter Art: außer den zahlreichen Stadtgründungen mit arabischen Namen vor allem die Landkultivierung und der Wohnstil mit massiven Außenmauern und großzügigen Innenhöfen.

Im Zug von Erbstreitigkeiten unter den Nachfolgern des Eroberers war Mallorca zuerst ein unabhängiges Königreich, bis die Verwandten aus Aragón sich die Balearen gewaltsam aneigneten; 1469 brachte *Ferdinand von Aragón* sein Herrschaftsgebiet in die Ehe mit *Isabella von Kastilien* ein, was den spanischen Nationalstaat schuf. Von den üblichen wechselseitigen Gebietsabtrotungen zwischen den europäischen Kriegsnationen abgesehen (und weitgehend unbeeinflußt), veränderten sich diese Besitzverhältnisse danach nicht mehr.

Römertheater bei Alcúdia

Dennoch hielten kriegerische Auseinandersetzungen und Überfälle auch in den folgenden Jahrhunderten die Mallorquiner in Atem: Seeräuber blieben die Geißel Mallorcas, vor allem als die Türken sich durch die Verknüpfung von militärischen Eroberungsplänen und räuberischen Überfällen zum Schrecken des Mittelmeeres entwickelten. Zur Abwehr wurden überall auf der Insel *Atalayas* errichtet, Wacht- und Verteidigungstürme an exponierten Stellen der Küste, die aber nicht verhindern konnten, daß immer wieder ganze Ortschaften von türkischen Piraten ausgerottet wurden. Zwar konnte ein vereinigtes christliches Heer im Jahr 1571 die türkische Flotte schlagen, bis weit ins 19. Jh. hielten Überfälle von Freibeutern jedoch an.

Am großen Weltgeschehen war Mallorca aber in Hinkunft nicht mehr beteiligt, auch die innereuropäischen Querelen fanden hier nicht statt – allerdings fast vor der Tür, denn das benachbarte Menorca wechselte im 18. Jh. mehrmals den Besitzer. Seit Ende des 19. Jh., als Mallorca von wohlhabenden und einflußreichen Gästen zunehmend zur Sommer- bzw. Winterfrische erkoren wurde, begann schließlich die bis heute anhaltende Invasion durch den Fremdenverkehr, der sich die Insel willig unterwarf.

Sprache

Obwohl der deutsche Tourist in der Regel nicht gezwungen sein wird, sich auf Mallorca der Landessprache zu bedienen – Kenntnisse des Deutschen bzw. des Englischen sind in Mallorca aufgrund der absolut vorherrschenden Anteile dieser Sprachgruppen am Tourismus weit verbreitet –, sind Landkarten etc. viel leichter zu lesen, Auskünfte sicherer zu erzielen, wenn ein paar Grundkenntnisse vorhanden sind.

Das „offizielle" Spanisch ist das Kastilische, mit über 70 % Anteil in der spanischen Bevölkerung zwar beherrschend (und von Francos Diktatur gefördert), aber nicht die einzige Sprache Spaniens. Mit rund 18 % recht bedeutend ist Katalanisch, dessen Variante das Mallorquinische ist. Weitere Sprachgruppen auf dem Festland sind Galizisch (6,5 %) und Baskisch (1,5 %).

Auf Mallorca zeigt sich die Konkurrenz des Kastilischen zum Katalanischen u.a. im steten Nebeneinander von Schreibweisen der beiden Varianten (s.u.). Da das kastilische Spanisch nach wie vor beherrschend ist, werden vor allem dessen Regeln erläutert, obwohl die mallorquische Regionalregierung den Inseldialekt für offizielle Schreibweisen auf Straßenschildern etc. als verbindlich erklärt hat.

Bei den *Vokalen* gilt:

Alle Vokale werden relativ kurz ausgesprochen. Im kastilischen Spanisch haben die Vokale den gleichen Lautwert wie im Deutschen, während im Katalanischen/Mallorquin das unbetonte *a* und *e* wie das deutsche *e* in *Nabe* pronunciert werden. Das unbetonte *o* entspricht im Katalanischen dem deutschen *u*, im Mallorquin teils auch betont (z.B. spanisch *Juan*, katalanisch identisch gesprochen, aber geschrieben *Joan*).

Alle Vokale behalten auch in Kombination ihren eigenen Lautwert, also „au" gesprochen „a-u" usw.

Ausnahmen im Katalanischen: *-aitx* wie *-atsch*, *-oig* wie *-otsch*, *-uig* wie *-utsch*.

Für die *Konsonanten* gelten folgende Besonderheiten:

b sehr weich, fast wie *w*
c vor den dunklen Vokalen *a, o, u* wie *k*

c vor den hellen Vokalen *e* und *i*, *z* vor dunklen Vokalen im Kastilischen wie
scharfes englisches *th*

c vor den hellen Vokalen *e* und *i*, *ç* vor dunklen Vokalen im Katalanischen wie
stimmloses *s (ß)*

ch im Kastilischen wie *tsch*, im Katalanischen wie *k*

g vor dunklen Vokalen wie im Deutschen

gu vor hellen Vokalen wie *g*

g vor hellen Vokalen im Kastilischen wie *ch* in „Krach", im Katalanischen wie
das französische *g* in „Genie"

h wird stumm, also gar nicht gesprochen

j kastilisch wie *ch* in „Krach", katalanisch wie *g* in „Genie"

ll wie *lj*, auf Mallorca wie *j*

ñ (kastilisch) bzw. *ny* (katalanisch) wie *nj*

qu wie *k*

s im Kastilischen stimmlos *ß*, im Katalanischen auch oft stimmhaft („Rose")

v immer stimmhaft wie *w*

x im Kastilischen vor Konsonanten wie *s*, im Katalanischen immer wie *sch*

y kastilisch wie *j* (katalanisch häufig *j* geschrieben), am Wortende wie *i*

Für Touristen bedeutsam, weil auf Landkarten und Hinweisschildern auftauchend, sind die Abweichungen zwischen Kastilisch und Katalanisch/Mallorquin vor allem in der Schreibweise; die Artikel „La" und „Le" werden dabei zu „Sa" und „Son".

Z.B.: kastilisch *La Puebla* = katalanisch *Sa Pobla*.

Betonung

Wörter, die auf einen Vokal, auf *n* oder *s* enden, werden auf der vorletzten Silbe betont. (Ca**r**men, Pae**ll**a)

Wörter, die auf andere Konsonanten enden, werden auf der letzten Silbe betont. (Jer**ez**)

Ausnahmen werden durch den Akzent gekennzeichnet. (M**á**laga)

Staat, Verwaltung, Wirtschaft

Mallorca gehört mit Menorca, Ibiza, Formentera und Cabrera als Provinz der Balearen zu Spanien. Spaniens Staatsform wurde 1978 in einem Volksentscheid beschlossen: eine parlamentarisch-demokratische Monarchie mit einem Zweikammern-Parlament. Seit 1983 ist die Umstrukturierung des Landes in 17 Autonome Gemeinschaften abgeschlossen. Eine davon sind die Balearen, deren größte Insel Mallorca mit der Hauptstadt Palma ist.

Die Balearen verdanken dem Tourismus, daß sie das höchste Prokopf-Einkommen Spaniens haben und in der Arbeitslosenstatistik zu den wenigen Regionen gehören, die „nur" etwas über 10 % Erwerbslose verzeichnen. Der Fremdenverkehr trägt fast 70 % zu diesem Wohlergehen bei, was gleichzeitig bedeutet, daß andere Einkommensquellen unterdurchschnittlich entwickelt sind. Zwischen 4 und 5½ Millionen Gäste kommen im Jahr, davon jeweils über 1 Million Deutsche und Engländer, die sich in der Führungsposition der Statistik stetig abwechseln – nur auf Mallorca bezogen, haben allerdings die Deutschen seit Jahren die Nase vorn.

Bedeutsam ist desweiteren die Landwirtschaft. Zwar werden Felder und Plantagen in den beliebtesten Ausflugsregionen der *Sierra de Tramontana* manchmal zugunsten des Tourismus vernachlässigt, im Binnenland aber eifrig bestellt; wichtigste Agrarprodukte sind Orangen, Zitronen, Oliven, Johannisbrot, die dank des freundlichen Klimas und der stark eingesetzten Bewässerungssysteme bis zu dreimal jährlich geerntet werden können.

Die mallorquinische Küche nennt als eines ihrer Standbeine die Verarbeitung von Fisch zu allerlei kulinarischen Köstlichkeiten. Zur Befriedigung des dadurch vorgegebenen Bedarfs ist die Fischereiflotte der Insel nicht auf dem Altar des Tourismus geopfert worden, sondern floriert nach wie vor. Zwar sind viele kleinere Fischerdörfer heute Urlaubsorte, ihre Häfen mit Segeljachten gefüllt, aber z.B. in Palma und Cala Ratjada üben Fischer ihren Beruf noch aus. Da die Fanggründe bei den Balearen wenig ergiebig sind, muß über das Fangergebnis von ca. 5000 Tonnen pro Jahr in etwa die fünffache Menge „importiert" werden, um den Bedarf der Touristenmägen zu decken, was u.a. die relativ hohen Preise für Frischfisch erklärt.

Arbeitstier der Nebenerwerbs-Landwirtschaft...

Die industrielle Entwicklung Mallorcas hingegen ist eher zurückgeblieben. Hergestellt werden vorrangig traditionelle Produkte wie Lederwaren (Schuhe, Lederbekleidung), Möbel, Glas, Keramik, Likör, Kunsthandwerksgegenstände, also Artikel, die z.B. als Reiseandenken für Urlauber dienen. Das große Geld wird außer in Palma in den Urlaubsorten verdient, und es gibt weniger ein Stadt-Land-Gefälle als eines zwischen Küste und Binnenland.

Gewarnt sei – wie auch zu Hause – vor Verkaufsveranstaltungen à la Kaffeefahrt, bei denen die Preise stets stark überhöht sind!

Das Reisen

Talayot von Capocorp Vell

Informationsmaterial

Zuständig für allgemeine Informationen über Spanien und touristisches Werbematerial sind folgende Stellen der spanischen Fremdenverkehrswerbung.

Für Deutschland:
❏ Spanisches Fremdenverkehrsamt, Myliusstr. 14, 60323 Frankfurt
   ✆ (069) 725033, 🖷 725313
   http://www.tourspain.es/aleman/marcoa.htm
Das Büro unterhält außerdem Filialen in Berlin, Düsseldorf und München.

Für Österreich:
❏ Spanisches Fremdenverkehrsamt, Walfischgasse 8, 1010 Wien
   ✆ (01) 5129580, 🖷 5129581

Für die Schweiz:
❏ Spanisches Fremdenverkehrsamt, Seefeldstr. 19, 8008 Zürich
   ✆ (01) 2527930/31, 🖷 2526204
Für die französischsprachige Schweiz ist ein Büro in Genf zuständig.

Für die Niederlande:
❏ Spaans bureau for vreemdelingenverkeer, Laan van Meerdervoort 8A, 2517 AJ s'-Gravenhage, ✆ (070) 3465900, 🖷 3649859
   http://www.spaansverkeersbureau.nl

Dort bekommt man u.a. folgende Publikationen:
Eine allgemeine Broschüre über Urlaub in Spanien mit nützlichen Anschriften; eine weitere über die Balearen mit Sehenswürdigkeiten usw.; eine Karte mit Verzeichnis von offiziell anerkannten Campingplätzen; ein Verzeichnis der Hotels, Pensionen, Gasthöfe. Die vorgenannten Publikationen sind für jeden daran Interessierten sinnvoll; außerdem gibt es zu jeder Region, also auch für die Balearen im allgemeinen und Mallorca im besonderen, Spezialprospekte. Fordern Sie deshalb Material gezielt an, z.B. ggf. Prospekte über Wanderungen, attraktive Übernachtungsregionen u.ä.

Während des Aufenthalts auf Mallorca erhält man Informationen zur jeweiligen Gegend am zuverlässigsten im örtlichen *Oficina de Información*.
Bei manchen Büros können auch Unterkünfte oder Ausflüge gebucht werden. Das Netz der Informationsbüros ist nicht sehr dicht, da sich die örtlichen Stellen überwiegend darauf verlassen, daß die Pauschaltouristen von ihren Veranstaltern betreut werden. Die Adressen stehen in den Etappen- bzw. Ortsbeschreibungen weiter hinten.

Die Büros verfügen kaum über Material anderer Orte. Insgesamt ist das verfügbare Informationsmaterial eher spärlich. Die meisten Pauschalreiseveranstalter, die im Regelfall wohl Unterkunftsvermittler für Sie sind, haben im jeweiligen Hotel aber Sprechstunden oder sogar Willkommenstreffs für ihre Reisenden, bei denen alle entsprechenden Fragen beantwortet werden – in der Nebensaison naturgemäß individueller.

Internet

Auf folgenden deutschsprachigen Internetseiten gibt's mehr oder weniger fundierte und aktuelle Infos zu Mallorca:
- http://www.caib.es/dfcont.htm (Seite der Balearen-Regierung)
- http://www.mallorca.de
- http://www.mallorca-info.de
- http://www.mallorca-homepage.de
- http://www.mallorcaonline.com
- http://www.mallorca-topline.com
- http://www.mallorca-hotels.com

Rundfunk / Fernsehen

Zum einen kann man auf Mallorca auf Kurzwelle deutsche Rundfunksender empfangen, zum anderen werden deutsche Fernsehsender über Satellit von nahezu allen Hotels aufgefangen und im Fernsehraum einige Stunden am Tag präsentiert bzw. permanent in die Hotelzimmer übertragen.
Der deutschsprachige Rundfunksender auf Mallorca ist „Mallorca 95,8 – Das Inselradio"; den deutschen Satelliten-TV-Programmen versucht „Mallorca Fernsehen" Anteile abzujagen.

Zeitungen

Die wichtigsten überregionalen deutschen Zeitungen und fast alle größeren Zeitschriften sind im Buch- und Zeitschriftenhandel Mallorcas schon am Erscheinungstag erhältlich.

Eine keineswegs provinzielle Wochenzeitung in deutscher Sprache namens *Mallorca Magazin* wird auf der Insel jeweils ab samstags verkauft.

Anreise

Urlauber aus Mitteleuropa gelangen im allgemeinen per Flugzeug nach Mallorca. Es gibt jedoch prinzipiell auch die Möglichkeit, auf dem Land- und Seeweg anzureisen: mit der Eisenbahn oder dem Auto zu einem der unten genannten Fährhäfen und dann per Schiff nach Palma de Mallorca. Nicht nur der Zeitaufwand, sondern auch die hohen Kosten sprechen eigentlich durchweg gegen diese Lösung. In Kombination mit einer allgemeinen Spanienreise oder für eine größere Gruppe mag der Land- und Seeweg in Einzelfällen dennoch akzeptabel sein.

Zu den grundsätzlichen Problemen des Fahrradtransports empfiehlt sich das Kapitel *Anreise* in *Der Wind kommt immer von vorn* (s. Literatur).

Mit dem Flugzeug

Durch die Lüfte geht's natürlich am schnellsten und auch am preisgünstigsten. Der Flughafen *San Juan* von Palma de Mallorca hat im Sommer mehr Starts und Landungen zu verkraften als z.B. London oder Frankfurt/Main, und dieser Umstand macht schon deutlich, daß es ganzjährig reichlich Möglichkeiten gibt, per Flugzeug die Insel zu erreichen. Die dank der EU mittlerweile legale Restplatzverwertung von Charterflügen bietet dabei auch solchen Reisenden einen preiswerten Transport, die keine Hotels bei Pauschalreiseveranstaltern mitbuchen möchten (s. Kapitel *Ein Dach überm Kopf*).

Mallorca als eines der Lieblingsziele deutschsprachiger Urlauber ist von jedem Flughafen mit Charterverkehr aus zu erreichen, und Chartermaschinen sind denn auch das Hauptverkehrsmittel. Linienmaschinen nach Palma starten nur noch von Frankfurt (Lufthansa sa/so, IBERIA tägl.) und Zürich (IBERIA tägl.).

IBERIA fliegt außerdem ab Amsterdam, Berlin, Hamburg, Düsseldorf, München, Zürich, Genf und Wien nach Barcelona, wo Umsteigen erforderlich ist — aber Durchbuchung ist auch zu Sondertarifen möglich!

Die Liniengesellschaften haben alle diverse Spartarife eingeführt, die an die unterschiedlichsten Bedingungen geknüpft sind: manchmal nur feste Vorausbuchung (14 Tage vor Abflug) der Flugtermine mit Vorschriften über die Mindestaufenthaltsdauer (in der Regel mindestens über ein Wochenende, also kein Problem), in anderen Fällen nur für bestimmte Alters- oder Personengruppen, manchmal nur für kurzfristige Buchungen in letzter Minute. In jedem Fall lohnt es sich, die Tarife zu vergleichen und mehr als nur ein Reisebüro aufzusuchen. Im Regelfall wird das Angebot der Charterflieger aber größer und preiswerter sein; Liniengesellschaften haben nur bei der Bequemlichkeit (weniger volle Maschinen, angenehmere Abflugzeiten) die Nase prinzipiell vorn.

Soweit es sich um Linienmaschinen handelt, können prinzipiell Fahrräder mitgenommen werden, aber der Andrang durch Radsportler hat auch Charterfirmen an derartiges Sperrgepäck gewöhnt. Vorbedingung ist in jedem Fall die Anmeldung dieses „Sondergepäcks", da die Transportkapazität in der Regel beschränkt ist; Ausnahme: in Spezialtaschen verpackte Fahrräder, was aber nur bei Verzicht auf Gepäckträger und Schutzbleche funktioniert.
Theoretisch wird von Liniengesellschaften das ggf. anfallende Übergepäck mit 1 % des Erste-Klasse-Flugpreises berechnet; in der Praxis entfällt das jedoch meist aus Bequemlichkeit, „Kulanz" genannt. Sinnvoll ist aber in jedem Fall die Beschränkung auf nicht zu viele Gepäckstücke. Wer mit 4 Packtaschen, Zelt, Isomatte und Schlafsack fliegt, darf sich nicht wundern, wenn das Abfertigungspersonal die Übergepäcktoleranz als etwas zu weit ausgereizt ansieht. Vorsichtshalber sollte man kleine, aber schwere Dinge (z.B. Werkzeug, Fotoapparat, Reiseführer etc.) ins Handgepäck nehmen, das meist nicht gewogen wird. Achten Sie bei der Auswahl des Werkzeugs aber darauf, daß es nicht als Waffe angesehen werden kann; sonst gibt's Probleme mit der Sicherheitskontrolle!

Die wichtigsten Fluggesellschaften (sowohl Linie als auch Charter) erheben mittlerweile einen Tarif für den Fahrradtransport in Höhe von ca. DM 50 (teils je Strecke, teils hin & zurück). In diesem Fall steht das normale Freigepäck zusätzlich zur Verfügung.

Die meisten Fluggesellschaften verlangen gewisse Veränderungen am Fahrrad für den Transport: meist Lenker in Längsrichtung verdrehen, Pedale abschrauben (nicht nach innen schrauben; Beschädigungsgefahr der Schaltwerks bei evtl. Schieben des Rades auf dem Flughafengelände!), Luft aus den Reifen lassen. Es empfiehlt sich somit, frühzeitig am Flughafen zu sein – was auch schon deshalb sinnvoll ist, um das Rad sicher mitzubekommen – und das ggf. notwendige Werkzeug bereitzuhalten. Überprüfen Sie vorher zu Hause, ob die entsprechenden Gewinde nicht festsitzen, um unliebsame Überraschungen zu vermeiden.

Lassen Sie die Luft nicht vollständig ab, damit der Reifen sich ggf. beim Schieben zum Flugzeug nicht von der Felge lösen kann. Falls gleichzeitig Tiere im Frachtraum transportiert werden, herrscht dort Druckausgleich, so daß ein Luftablassen aus den Reifen eigentlich unnötig ist. Leider kann sich das Flughafenpersonal oft nicht verkneifen, Hand ans Ventil zu legen, was nicht immer sachgerecht geschieht – es ist daher sicherer, selbst ausreichend Luft für den optischen Eindruck „platt" abzulassen.

Start mit dem Fahrrad vom Flughafen Palma

Falls Sie nicht mit einem zerlegten und verpackten Fahrrad nach Mallorca kommen, sondern auf Ihrem Drahtesel zum heimischen Flughafen geradelt sind, also in Palma genauso weiterfahren möchten, so tut sich auf den ersten Blick ein unüberwindlich erscheinendes Hindernis auf: der Flughafenzubringer ist eine Autobahn. Es gibt zwei — je nach Mentalität und Zielrichtung sinnvolle — Auswege aus diesem Dilemma.

Der Respekt der Spanier vor Autofahrerreservaten ist wenig ausgeprägt. Es darf Sie daher nicht wundern, wenn Sie auf dem Autobahnzubringer Fußgänger spazieren gehen sehen. Ein Autobahn-Anfangsschild fehlt ganz, nur Verbotsschilder für Fußgänger, Radfahrer und Fuhrwerke tauchen in gewissen Abständen auf. Faktisch ist deshalb unkompliziert möglich, dem Flughafengelände auch als Radfahrer auf der Autobahn zu entfliehen — allerdings selbstverständlich verboten. Ein gewisser Strecken- und Zeitvorteil ergibt sich nur, wenn Sie vom Flughafen aus Richtung Ca'n Pastilla/El Arenal fahren möchten.

Die Alternative ist hingegen vorschriftentreu. Wenn Sie vom Flughafengebäude des Terminals A kommend nach ca. 500 m den Rand des inneren Geländes erreichen, befindet sich rechts neben der Straße das Gebäude der Spanair. Parallel zum Flughafenzubringer verläuft an diesem Gelände entlang eine schmale Straße (beschildert u.a. zu den Firmen Aduana und Aldeasa), die sich zwischen ein paar Lagerhallen hindurchwindet und dann eine Rechtskurve beschreibt. Parallel zur Autobahn PM-19 Rchtg. Palma führt die Straße westwärts, passiert einen riesigen Supermarkt (*Continente*) und trifft unmittelbar danach auf einen Kreisverkehr. Hier haben Sie die freie Wahl: rechts geht es am Großmarkt von Palma vorbei nach *Son Ferriol*, geradeaus weiter nördlich der Autobahn nach Palma, links über die Autobahn hinweg nach *Coll d'en Rebassa*, wo Sie auf die Küstenstraße El Arenal-Palma stoßen.

Falls Sie zu den Freunden und Trägern von Fahrradkleidung gehören, verständlicherweise den Flug aber nicht darin absolvieren möchten, so bietet sich am Supermarkt *Continente* ganz rechts eine günstige Umkleidemöglichkeit in den Waschräumen/Toiletten der Cafeteria.

Land-/Seeweg

Für alle Nicht-Fluggäste bildet das Mittelmeer eine Barriere auf dem Weg nach Mallorca, die nur mit Hilfe einer Fähre zu überwinden ist. Die Entfernung ist in jedem Fall relativ weit, und es gibt geringen Preiswettbewerb — zum einen, da die Strecken in der Hand weniger Gesellschaften sind, zum anderen wegen der ohnehin zu hohen Nachfrage.

Wer mit einem Auto auf die Fähre rollen möchte, muß in jedem Fall vorbuchen – teils mehrere Monate im voraus. Für ein Fahrrad findet sich zwar gewöhnlich immer noch ein Plätzchen, auf den längeren Strecken sind Kabinenbuchungen aber bei den Nachtverbindungen ebenfalls erforderlich.

Folgende Fährverbindungen werden geboten:

⇨ aus Süd-Frankreich (ca. 400 km kürzere Anreise, ggf. Ersparnis der Wartezeit an der spanischen Grenze): dreimal wöchentlich mit dem *Balear-Express* von Sète (bei Montpellier) nach Palma, allerdings nur Mitte Mai bis September, Fahrzeit 15 Stunden, Preis je Strecke ab € 30 (Nebensaison);

⇨ von Barcelona nach Palma ca. 3-5 mal täglich mit verschiedenen Fähren: Normalfähre (*Tra(n)smediterránea*) Fahrzeit 7 Stunden, Preis je Strecke ab € 42 (Nebensaison);
Schnellfähren (*Tra(n)smediterránea* und *Buquebus*), Fahrzeit ca. 3 Stunden, Preis je Strecke ab € 54 (Nebensaison);

⇨ von Valencia nach Palma ca. 2 mal täglich (*Tra(n)smediterránea*), Fahrzeit 8½ (Normalfähre) bzw. 6½ Stunden (Schnellfähre, aber mit Zwischenstopp in Ibiza), Preis je Strecke ab € 42 (Nebensaison).

Generell sind die Schnellfähren ca. 20-25 % teurer, ausgenommen sie „bummeln" (nachts oder mit dem Ibiza-Stopp).

Infos: http://www.balearexpress.com
http://www.transmediterranea.net
http://www.buquebus.com

Die niedrigsten Preise beinhalten jeweils nur den Deckplatz. Fahrradtarife wurden bislang bei allen Gesellschaften nicht festgesetzt, und *Buquebus* wirbt sogar mit dem schönen Wort „Gratis".

Vielleicht finden Sie ja auch über eine Mitfahrzentrale eine Transportmöglichkeit für Mensch und Rad nach Spanien.

Selbstverständlich sind die Fährhäfen auch mit der *Eisenbahn* zu erreichen. Wichtigste Einschränkung: die Mitnahme eines (unverpackten) Fahrrades auf Fahrradkarte als begleitetes Reisegepäck ist in französischen Fernzügen (die ja benutzt werden müßten) grundsätzlich nicht möglich. Wer sein eigenes Rad benutzen will, muß es als Reisegepäck verpacken – und natürlich entsprechend zerlegen. Nur französische Regionalzüge sehen den (kostenlosen) Fahrradtransport generell vor, allerdings werden Sie dann mehrere Tage für An- und Rückreise benötigen. Der Versand von Fahrrädern per Bahn ist weder nach Frankreich (z.B. zum Fährort Sète) noch nach Spanien z.Z. möglich. Die Post macht's natürlich (verpackt) – aber die Kosten!!

Je nach Abfahrtort liegen die Preise für eine Rückfahrkarte 2. Klasse nach Barcelona zwischen DM 450 und DM 700 zzgl. Platzreservierung (in Spanien auf

Fernzügen obligatorisch) zzgl. Fahrradtransport zzgl. Fähre. Finanziell sinnvoll ist die Bahnanreise daher im allgemeinen nur für Reisende unter 26 Jahren per Jugend-Ticket.

Linienbusse des Europabus-Systems verkehren mehrmals wöchentlich von mehreren deutschen Großstädten nach Barcelona und zurück; Fahrradtransport ist nur in (Spezial-)Koffer verpackt möglich.

Preisbeispiel: normale Rückfahrkarte Frankfurt – Barcelona DM 277, Fahrzeit 20-21 Stunden. Auf manchen Linien sind Hotelübernachtungen obligatorisch mitzubuchen.

Auskunft über alle Strecken von:
❑ Deutsche Touring GmbH, Am Römerhof 17, 60486 Frankfurt, ✆ (069) 790350; eMail: service@deutsche-touring.com
http://www.deutsche-touring.com
Auskunft außerdem bei DER-Reisebüros.

Eine weitere attraktive Möglichkeit, nach Spanien transportiert zu werden: mit einem *Fahrradbus*, bei dem die Fahrräder in einem speziellen Anhänger befördert werden. Die Preise liegen für Radler über 26 sogar unter denen der Bahn (ca. DM 400). Das Programm „Bike & Bus" wird von drei Veranstaltern angeboten, einer davon steuert Ziele in Südfrankreich an. Nutzbar für die Anreise nach Mallorca ist nur diese eine Strecke nach Montpellier (Frankreich). Abfahrtsorte sind Osnabrück, Dortmund und Köln. Günstige Bahntickets zu den Abfahrtsorten werden vermittelt.

Für nähere Informationen und Buchungen wendet man sich am besten direkt an den Veranstalter:

❑ Natours Reisen
Untere Eschstr. 15
49179 Ostercappeln
✆ (05473) 9229-0
🖹 (05473) 8219
eMail: natours@t-online.de
Internet: http://www.natours.de

Einreise

Personen

Personalausweis oder Reisepaß genügen, Visum entfällt; die Papiere müssen noch mindestens drei Monate gültig sein. Wer länger als drei Monate bleiben will, muß eine Aufenthaltsgenehmigung beantragen.

Tiere

Für Tiere ist ein amtlich beglaubigtes Gesundheitszeugnis vorzulegen. Hunde benötigen zusätzlich ein Tollwutimpfzeugnis (zwischen ein und zwölf Monaten alt).

Zoll und Devisen

Die Einfuhr von Zahlungsmitteln ist unbegrenzt. Bei der Ausreise dürfen maximal Ptas 100.000 ausgeführt werden. Für die Einfuhr von Waren gelten folgende Beschränkungen:

Reisende aus Nicht-EU-Staaten:
- ❑ 200 Zigaretten oder 100 Zigarillos oder 50 Zigarren oder 250 g Tabak; 1 Liter Spirituosen (über 22 % Alkohol) oder 2 Liter Liköre u.ä. (max. 22 % Alkohol); 2 Liter Wein; 50 g bzw. ¼ Liter Parfüm/Eau de Toilette; 500 g Kaffee; 100 g Tee; sonstige Waren im Wert von DM 115.
  Tabak und Alkohol dürfen nur von Reisenden ab 17 Jahre eingeführt werden, bei Kaffee ist die Altersgrenze 15 Jahre.
  Dinge des sonstigen persönlichen Bedarfs (sprich Reisegepäck) sind immer zollfrei.

Für die Einfuhr von Waren gibt es, wenn Sie direkt aus einem EU-Land einreisen, seit der Einführung des Binnenmarktes nur die schwammige Beschränkung auf Mengen des privaten Verbrauchs. Dabei wurde aber definiert, wie hoch die „üblichen Mengen des privaten Verbrauchs" zu sein haben, damit sie nicht vom Zoll belangt werden:

- ❑ 800 Zigaretten und 400 Zigarillos und 200 Zigarren und 1 kg Tabak; 90 l Wein; 20 l Sherry u.ä. (unter 22 Vol %); 10 l Spirituosen.

Hauptreisezeit

Die inner-mallorquinischen Urlaubszeiten spielen für ausländische Urlauber faktisch keine Rolle; die Saisonzeiten orientieren sich an deutschen und englischen Ferienzeiten. Spitzensaison ist somit Juli/August. Wer kann, sollte deshalb möglichst vorher nach Mallorca aufbrechen; das hat außerdem den Vorteil relativ gemäßigter Temperaturen bei schon umfassendem touristischen Angebot. Vieles spricht für die Zeit von Anfang April bis Mitte Juni und den Oktober (s. *Klima*).

Im Winterhalbjahr (November bis März) schließen viele Hotels, so daß dann eine gewisse Vorplanung ebenso sinnvoll ist wie Flexibilität vor Ort.

Serpentinenstraße nach Betlém

Auf Mallorca unterwegs

Der seit Jahrzehnten zunehmende Massentourismus hat bezüglich Mallorcas Straßennetz und -beschaffenheit im wesentlichen positive Auswirkungen gehabt. Der ins Land gebrachte Wohlstand hat im großen und ganzen ausreichende Mittel zum Straßenbau bereitgestellt; wenige Urlauber kommen mit dem eigenen Auto, so daß die Mallorquiner sich ihre Straßen nur mit Mietwagentouristen teilen müssen.

Somit sind heute alle Straßen von regionaler und überregionaler Bedeutung asphaltiert, wenn auch manchmal etwas holprig. Zusätzlich zu Palma sind einige (auch kleinere) Städte im Binnenland mit Umgehungsstraßen versehen worden, um die meist sehr engen Ortszentren vom Verkehr zu entlasten. Die früher vollkommen überlasteten küstenbegleitenden Straßen an der *Bahía de Palma*, bei denen nur eine Vielzahl von Fußgängerampeln eine annähernd unfallfreie Anbindung der Hotels an die Strände ermöglichte, sind heute durch die im Bereich der Bucht fertiggestellten Autobahnen PM-1 und PM-19 vom großen Blechandrang befreit und vor allem im Bereich von El Arenal zu Fußgänger-/Radfahrerzonen umgestaltet worden.

Ein Tribut an den umfangreichen Fahrradtourismus ist, daß an zahlreichen Straßen Radlerstreifen markiert wurden. Diese „Mallorca-Radwege" müssen benutzt werden; die spanische Polizei verteilt ggf. auch „Knöllchen".

Ende 1999 hat das spanische Parlament Gesetzesänderungen beschlossen, die von Fahrradverbänden als „Anti-Radfahrer-Gesetz" bezeichnet werden. Danach müssen Radler außerhalb geschlossener Ortschaften reflektierende Kleidung und Helme tragen und dürfen mehrspurige Überlandstraßen generell nicht mehr benutzen (ausgenommen, eine Beschilderung erlaubt dies ausdrücklich). Allerdings wäre Spanien nicht Spanien, wenn die Umsetzung des Gesetzes nicht lasch gehandhabt würde. In der Praxis werden Sie gerade auf der Radrennsportinsel Mallorca selten Helmträger sehen, und die bunten Radsportdresse dürften dem Kriterium „reflektierend" ausreichend Genüge tragen. Einen Rechtsanspruch haben Sie darauf natürlich nicht!

Übrigens ist Spanien damit das einzige europäische Land mit einer Helmpflicht für Radfahrer. Erfahrungen aus Übersee (z.B. Neuseeland) zeigen eigentlich auch, daß eine solche Pflicht kontraproduktiv ist, da sie den „sanften" Fahrradverkehr zugunsten motorisierter Fahrzeuge reduziert...

Zu den Eigenarten spanischen/mallorquinischen Autoverkehrs gehört die Sitte, auf Bergstrecken vor Kurven, vor dem Überholen, aber auch innerörtlich an Kreuzungen die Hupe zu betätigen.

Die Ausschilderung von Straßen und Ortschaften ist auf Mallorca lückenhaft, manchmal auch irreführend, was bedeutet, daß man sich nicht allein darauf verlassen kann. Ausreichendes Kartenmaterial ist unbedingt erforderlich, auch wenn manchmal die Beschilderung eher zur Korrektur der Karte dient als umgekehrt.

Neben den Autobahnen (PM-...) sind die wichtigsten Hauptstraßen als „C..." numeriert, auf Mallorca durchweg mit Zahlen zwischen 700 und 720. Diese Nummern tauchen auf allen gängigen Karten auf und werden (grün) auf Kilometersteinen neben der Straße genannt.

Darüber hinaus sind zahlreiche Landstraßen und Lokalverbindungen mit Nummern versehen, die z.B. „PMV-323" lauten können. Die (gelbe) Nennung auf Kilometersteinen ist nicht konsequent durchgeführt; auf Landkarten sind die Numerierungen nicht enthalten. Dementsprechend werden diese Nummern bei den Routenvorschlägen dieses Reiseführers nur selten genannt, vor allem dann, wenn so die Orientierung erleichtert wird.

Zu beachten ist, daß die Numerierung einiger Hauptstraßen im Zug des Autobahnbaus verändert bzw. auf zu Hauptstraßen aufgewertete Nebenstraßen verlegt worden ist, sich die alten Nummern aber in touristischen Publikationen und auf Landkarten hartnäckig halten; Korrekturen sind im Text der Streckenbeschreibungen erwähnt.

Öffentliche Verkehrsmittel

Wer ohne Fahrrad von einem Ort der Insel zu einem anderen gelangen und sich dabei öffentlicher Verkehrsmittel bedienen möchte, ist vor allem auf Autobusse angewiesen. Es gibt eine ganze Reihe von staatlichen, halbstaatlichen und privaten Gesellschaften, die Mallorca von Palma ausgehend strahlenförmig versorgen. Verbindungen zwischen Orten des Hinterlandes sind selten, so daß es meist einfacher ist, erst nach Palma zu fahren und dort den Anschlußbus zu suchen.

Da es keinen zentralen Busbahnhof gibt, ist dazu etwas Pfadfindergeschick erforderlich. Die meisten Busse haben ihren Ausgangspunkt im Bereich des *Plaza España*.

Als letzte Strecke des mallorquinischen Eisenbahnnetzes der *Ferrocarriles de Vía Estrecha* (FEVE) wird ein Triebwagen zwischen Palma und Inca täglich in etwa stündlichem Rhythmus (6-21 h) eingesetzt. Die Fortsetzungen der Trasse nach *Sa Pobla* und *Artá* sind zwar auf manchen Karten noch verzeichnet, teils aber schon seit Jahrzehnten nicht mehr in Benutzung, sondern z.B. mit Müll zugeschüttet oder schlicht zuasphaltiert. Zur Orientierung auf Nebenstrecken ist die Einzeichnung auf den Karten vom Radfahrer durchaus sinnvoll einzusetzen.

Touristisch bedeutsam ist die Ausflugsstrecke der privaten Schmalspurbahn von Palma nach *Sóller*, die stilvoll fortgesetzt wird durch Mallorcas einzige Straßenbahn hinunter zum *Puerto de Sóller*.

Karten

Dank der kompakten Abmessungen Mallorcas gibt es diverse Straßenkarten in einem für die Fahrradreise geeigneten Maßstab; allerdings hapert es häufig mit der Präzision. Das liegt vor allem an der stark veralteten Kartografie der spanischen Vermessungsämter, die als Grundlage für fast alle (kommerziellen) Karten dient. Aktueller sind nur digitalisierte Karten aufgrund von Satellitenaufnahmen, die aber die faktische Benutzbarkeit und Bedeutung der einzelnen Straßen nicht korrekt darstellen können. Alle verfügbaren Karten sind somit ein schwer einschätzbarer Kompromiß aus verschiedenen „Fehlerquellen".

In Alcúdia

Von den zahlreichen Karten in Maßstäben zwischen 1:100.000 und 1:200.000 sind folgende als brauchbar einzustufen.

❏ *Generalkarte* Mallorca 1:175.000, Mairs Geografischer Verlag, Ostfildern
Diese auf den ersten Blick sehr korrekt und detailliert wirkende Karte wird häufig in aktualisierter Form nachgedruckt, wobei die Laufzeit – wie üblich leicht „geschönt" – auf dem Kartenrand steht. Allerdings sind neueste Veränderungen im Nebenstraßennetz ebenso wenig enthalten wie neuere Ortsumgehungen; manche mittlerweile breit ausgebaute Nebenstrecken fehlen ganz oder sind lediglich als Fahrweg verzeichnet. Höhenpunkte bei Orten und Bergen sind genannt, aber keine Steigungskennzeichnung oder gar Höhenlinien gegeben.

Die zahlreich eingezeichneten Gehöfte etc. sind ohne Orientierungswert und erschweren eigentlich nur die Übersichtlichkeit.

Vom gleichen Verlag gibt es zusätzlich die *Allianz Freizeitkarte* im Maßstab 1:120.000, die aber nichts anderes ist als eine aufgeblähte Generalkarte, bei der die theoretisch bessere Lesbarkeit gleich wieder geopfert wurde, um allerlei bunte Besichtigungshinweise einzudrucken.

Eher brauchbar und zudem „Gratis"-Dreingabe beim Baedeker Allianz Reiseführer *Mallorca* ist die dem Buch beigefügte Karte, die in Kombination mit der Radtourenkarte der Bielefelder Verlagsanstalt (s.u.) durchaus ausreichend ist.

❏ *ADAC Karte* Mallorca 1:150.000, ADAC Verlag München
Wer's lieber etwas größer im Maßstab mag als bei der Generalkarte, ist hier richtig bedient, denn abgesehen davon, vom Umschlag und vom Preis werden Sie keinen nennenswerten Unterschied feststellen – die Generalkarte ist schlicht vergrößert worden. Theoretisch gibt es zwar auch noch redaktionelle Ergänzungen des ADAC, aber die darf man mit der Lupe suchen. Die Karte ist in zwei Varianten (Regionalkarte / Urlaubskarte) im Handel.

❏ *RV EuroCart* 1:150.000 (Euro-Regionalkarte Blatt 11), Reise- und Verkehrsverlag, Stuttgart
Hinsichtlich der Präzision ist die RV-Karte der Generalkarte ebenbürtig; die Unterschiede beschränken sich auf einige wenige unbedeutende Nebenstraßen. Allerdings liegt der Redaktionsschluß oft arg weit zurück, und die Farbgebung ist etwas unübersichtlicher; bezüglich unnötiger Details (Gehöfte, s.o.) ist die RV-Karte etwas sparsamer, also günstiger.

❏ *Firestone*-Karte 1:125.000 (Blatt T26) mit Stadtplan Palma 1:6000
Diese Karte kann den Standortvorteil für sich verbuchen, daß sie in Spanien erstellt wird. Bezüglich neuer Straßen ist sie deshalb teils überdurchschnittlich aktuell. Im Gegenzug sind auf ihr Nebenstraßen relativ breit verzeichnet, die *de facto* gar nicht vorhanden oder reine Feldwege sind. Ortsumgehungen etc. sind ähnlich lückenhaft oder falsch wie auf den anderen genannten Karten. Zwei

Haupt-Vorteile machen die Firestonekarte jedoch eindeutig empfehlenswert: sie enthält Steigungsmarkierungen (durch Pfeile), und der rückseitige Stadtplan von Palma ist für alle normalen Besichtigungen und Stadtdurchquerungen ausreichend detailliert und korrekt. *Achtung:* es gibt eine ähnlich aussehende Touristenkarte 1:175.000 mit Palma-Stadtplan des gleichen Verlags, die vollkommen unbrauchbar ist, da viele Straßen fehlen.

❏ *Radtourenkarte Mallorca Biking* 1:100.000, Bielefelder Verlagsanstalt
Eine auf den ersten Blick bestechend exakte Karte, bei der auf übersichtlichem Kartenbild auch Höhenlinien und einzelne Gehöfte eingezeichnet sind. Leider hat die Übernahme aus digitaler (also nicht ortsgestützter) Kartografie dafür gesorgt, daß die Infos über Nutzbarkeit und Bedeutung der Straßen unzuverlässig sind. Dennoch wird die Karte hiermit empfohlen, allerdings nur in Kombination mit einer anderen der vorgenannten Karten. Die Tourenvorschläge der Karte orientieren sich an leistungsfähigen Radrennsportlern.

Alle genannten Karten kosten weniger als DM/sFr 15. Während die meisten Karten vor der Reise besorgt werden können (und müssen; auf Mallorca schwer erhältlich), ist die Firestone-Karte in Deutschland nur selten, auf Mallorca als Marktführer aber auch im Zeitschriftenhandel verfügbar.

Die Routen- und Etappenbeschreibungen dieses Buches gehen davon aus, daß entweder die RV- oder die Generalkarte vorhanden ist; vor allem im Raum Palma ist zusätzlich der Erwerb der Firestone-Karte dringend anzuraten; generell sinnvoll ist die Radtourenkarte (s.o.). – Zu warnen ist vor *Hildebrand's Urlaubskarte* 1:125.000, die hinsichtlich neuerer Straßen und Nebenstraßen sehr unzuverlässig ist.

Von den spanischen Vermessungsämtern sind auch *topografische Karten* im Maßstab 1:50.000 sowie *Wanderkarten* 1:100.000 erhältlich, die u.a. Höhenlinien aufweisen. Sie sind durchweg betagt (Kartografie von 1984-1992) und eignen sich vorrangig für Wanderer, kaum zum Radfahren. Faktisch erweist sich zudem der Erwerb auf Mallorca jedoch als problematisch bis unmöglich; in Deutschland erfolgt der Vertrieb als „ILH Kartensets" über ILH GeoCenter zum Preis von ca. DM 10 je Blatt (nur komplette Sätze erhältlich), die in der Regel über jede kompetente Buchhandlung innerhalb eines Tages zu bestellen sind.

Reiseführer und -Literatur

Zum Thema Fahrradreise

Jürgen Rieck: *Der Wind kommt immer von vorn.* Mit dem Fahrrad auf Reisen. 6., bearb. und erw. Auflage, Verlag Wolfgang Kettler 1993.

Reiseführer (allgemein)

Hans J. Aubert: *DuMont Reisetaschenbuch* Mallorca. DuMont Buchverlag, Köln 1998 (Farbig aufgepepptes Taschenbuch).
Baedeker-Allianz Reiseführer Mallorca/Menorca. Baedeker Verlag, Ostfildern 2000 [Konventionell, beigelegte brauchbare Übersichtskarte].
Hans-R. Grundmann: *Mallorca.* Reise Know-How Verlag, 2000 [Voluminös, sehr detailliert, die „Bibel" des Mallorca-Tourismus]. Vom gleichen Verlag diverse Parallel-Literatur, z.B. zum Urlaub mit Kindern.
Jochen Knüpling: *Mallorca.* (Insel-Reiseführer). Iwanowski's Reisebuchverlag, 1999. [Voluminös; direkte Konkurrenz zu Reise Know-How]
Gisela Völger: *Mallorca.* (Richtig Reisen) DuMont Buchverlag, Köln 2000 [Relativ großformatig, üppig bebildert und schwer]

Spezielle Reiseführer und landeskundliche Literatur

Roland Motz: *Mallorca.* (Anders reisen) Rowohlt TB Verlag, Reinbek 1998. [„Alternativ"-Führer. Wer die Reihe mag, sollte zugreifen: sie wird eingestellt!]
Merian-Heft 2/51 Mallorca, Verlag Hoffmann und Campe, Hamburg 1999 [Sammlung interessanter Hintergrundberichte].
R. Goetz: *Mallorca. Erholen und wandern mit Genuß.* (Peter Meyer Reiseführer) Peter Meyer Verlag, 2000. [Aktuellster Wanderführer]
Henning Böhme: *Mallorca – Die schönsten Wanderungen.* Bruckmann Verlag, München 2000 [Wanderführer; Destillat aus früheren Büchern des renommierten Autors].
Gerhard Beese: *Mallorca, Menorca, Ibiza, Formentera.* (Reiseführer Natur) BLV-Verlaggesellschaft, München 1994.
APA Guide Mallorca / Ibiza, Menorca & Formentera. Polyglott APA Guide Verlag, München 2000 [Opulenter Bild-/Textband in gewohnter Qualität].
Wolf Hanke: *Mallorca.* Verlag C. J. Bucher, München/Luzern [preisgünstiger Bild- und Textband].
George Sand: *Ein Winter auf Mallorca.* (dtv-klassik Band 2157) Deutscher Taschenbuch Verlag, München [Der Klassiker der Mallorca-Literatur].

Ein Dach überm Kopf

Bei aller Quantität der Übernachtungsstätten, wie sie angesichts der 70%igen Wirtschaftsabhängigkeit Mallorcas vom Tourismus selbstverständlich ist, sind die qualitative Bandbreite und unkonventionelle Sonderformen weniger ausgeprägt als anzunehmen wäre. So sind z.B. Privatzimmer und die auf dem spanischen Festland vorhandenen Landgasthöfe auf Mallorca schlicht nicht existent.

In manchen Teilen der Insel sind die Hotels derart fest in der Hand von Pauschalreiseunternehmen, daß individuelles Reisen erschwert wird. Andererseits ist das Reisen nach Katalog auch für eine reine Fahrradreise durchaus erwägenswert, da manche Standorte eine Vielzahl möglicher Touren zulassen und jeder bessere Veranstalter Hotelwechsel nach einer Woche ermöglicht — auch wenn's nicht im Katalog steht und meist teurer ist als eine gewöhnliche Verlängerungswoche.

Hotels, Hostales und Pensionen

Die Hotellerie ist wohl der am differenziertesten entwickelte Teil des mallorquinischen Beherbergungswesens. Von kleinsten Hostales bis zum 5-Sterne-Luxushotel ist alles in großer Zahl und mit hoher Bettenkapazität verfügbar.

Die *Hotels* sind in Kategorien von einem bis fünf Sternen eingeteilt und draußen an der Tür mit einem großen „H" und der Sternzahl gekennzeichnet. Der Ausstattungsstandard ist nach internationalen Maßstäben leicht überdurchschnittlich, obwohl die Preissteigerungen der letzten Jahre das Preis-Leistungs-Verhältnis verschlechtert haben. Bei Hotelzimmern ist ein eigenes Bad nahezu selbstverständlich, während die Mahlzeiten in manchen Urlaubsorten auch in der 3-Sterne Kategorie kaum über Kantinen- und Mensaniveau hinauskommen — Ausnahmen bestätigen die Regel.

Hotelappartements bieten etwas mehr Platz und können meist wahlweise mit oder ohne Verpflegung gebucht werden.

Hostales sind hotelähnliche Gasthöfe, die beträchtliche Größe erreichen können, das übliche Drumherum eines Hotels (Swimmingpool, Tennisplatz usw.) jedoch nicht aufweisen und somit zur finanziellen Entlastung der Gäste beitragen. Sie sind in Kategorien bis zu drei Sternen eingeteilt und auf dem Eingangsschild dadurch gekennzeichnet, das in den oberen Teil des „H" ein kleines „s" eingefügt ist. Manche Hostales sind atmosphärisch deutlich stilvoller als gleich teure oder auch teurere Hotels; besonders luxuriöse Häuser schmücken sich mit vier oder gar fünf Sternen.

Von allen drei Beherbergungsvarianten gibt es die Stufe *Residencia*, was das Fehlen eines vollständigen Mahlzeitenangebots markiert. Der Buchstabe „R" hinter dem „H" zeigt dies nach außen hin.

Eine Übersicht über das Hotellerieangebot befindet sich in der entsprechenden Broschüre des Spanischen Fremdenverkehrsamts und – aktueller – auf dessen Internetseiten (s. „Informationsmaterial").

Ferienwohnungen

Für eingefleischte Selbstversorger und Freunde landestypischer Restaurants stellt die Ferienwohnung schon ab zwei Personen eine erwägenswerte Variante dar. In der Nebensaison belegen manche Pauschalreiseanbieter ihre Flugzeuge teils mit bezuschußten Appartementbuchungen, so daß die Preise dann manchmal ins Bodenlose stürzen.

Zwischen Orient und Alaró

Niedrigpreisunterkünfte

Die Zeiten, in denen Mallorca Billigreiseziel für Leute war, die sonst zu Hause hätten bleiben müssen, sind vorbei. Das allgemeine Preisniveau in allen touristischen Bereichen ist soweit gestiegen, daß z.B. die ärmeren Schichten aus Großbritannien eine Mallorcareise nicht mehr finanzieren können. Dieser Trend, von Tourismusmanagern „Qualitätsverbesserung" genannt, liegt im Interesse der mallorquinischen Fremdenverkehrswirtschaft; extreme Niedrigpreisangebote sind deshalb äußerst dünn gesät und vor allem im Winterhalbjahr vorhanden.

Jugendherbergen

Die stolze Zahl von zwei Herbergen macht klar, daß eine Mallorca-Reise auf Jugendherbergsweise nicht möglich ist. Die beiden Jugendherbergen bei Alcúdia im Norden und Ca'n Pastilla im Süden können lediglich als eine Variante der Übernachtungsarten betrachtet und eingesetzt werden. Sie haben allerdings den nicht zu unterschätzenden Vorteil, beide innerhalb ihrer Region überdurchschnittlich günstig gelegen zu sein; Selbstversorgung ist möglich. Und das Haus in Ca'n Pastilla ist nur wenige Kilometer vom Flughafen *San Juan* entfernt, also als erstes oder letztes Quartier zu nutzen.
Die Übernachtung in einer spanischen, also auch mallorquinischen Herberge setzt einen gültigen Jugendherbergsausweis des Heimatlandes voraus.

Camping

In Spanien ist „wildes" Camping noch erlaubt. Ausnahme außer den üblichen (Privatgrund, kultiviertes Ackerland): am Strand und bis zu 150 m davon entfernt reagiert die Polizei auf Zelte äußerst unfreundlich. Sowohl in den Bergen als auch im Binnenland verbleiben aber genügend Möglichkeiten für Freunde dieser Art von Unabhängigkeit.
Hingegen beschränkt sich das offizielle Angebot für Camper auf zwei Plätze im Norden der Insel bei Ca'n Picafort an der Bahía de Alcúdia bzw. bei Artá.

Wandererherbergen

Für Wanderer, teils auch für Pilger, unterhalten Klöster u.ä. in den einsamen Gegenden der *Sierra de Tramontana* einfache Unterkünfte, die grundsätzlich nur für den besonderen Bedarfsfall gedacht sind. Touristische Nutzung z.B. als Ausgangspunkt zu Touren ist im allgemeinen nicht vorgesehen. Die wenigen entsprechenden Herbergen im Einzugsbereich der Routen dieses Reiseführers sind dort jeweils genannt.

Die einzige ausdrücklich für den Tourismus unterhaltene Herberge ist die Berghütte bei Lloseta (Etappe 14).

Mallorca selbst entdecken

Bei der Auswahl von Übernachtungsmöglichkeiten und Restaurants stoßen Reiseführer an die Grenzen ihrer Möglichkeiten. Die Überprüfung vieler hundert Quartiere und Lokale würde Jahre dauern und notwendigerweise am Schluß ein größtenteils veraltetes Ergebnis bieten – ein Punkt, an dem die entsprechenden Führer auch stets kranken. Das „Selbst-Entdecken" von Stätten mallorquinischer Gastlichkeit soll daher dem Reisenden nicht abgenommen werden. Dieses Buch bietet lediglich Hilfestellung.

Unterkünfte sind deshalb nur in äußerst enger Auswahl aufgeführt, außer bei den Ausgangsbereichen vor allem in Gegenden, in denen das Beherbergungsangebot gering ist. Die Nennungen sind nicht als Empfehlungen einzustufen, sondern beschränken sich vorrangig auf ganzjährig geöffnete bzw. besonders preiswerte Unterkünfte.

Das Verzeichnis der Fremdenverkehrszentrale können diese Informationslücke besser, d.h. aktueller, vollständiger und zuverlässiger füllen als jeder Reiseführer. Wer sich entschließt, auf seiner Mallorcareise hauptsächlich Hotels und Hostales zur Übernachtung aufzusuchen, sollte die paar hundert Gramm Papiergewicht für dieses Verzeichnis nicht scheuen oder vorab im Internet eine entsprechende Auswahl treffen.

Restaurants sind nur in seltenen Fällen aufgeführt. Während des obligaten Orientierungsspaziergangs am Übernachtungsort ist das vergleichende Studium von Speisekarten und Erscheinungsbild ein selbstverständlicher Nebeneffekt, der zum Einleben gehört wie der Einkauf im Laden oder eine *ensaimada* zwischendurch.

Es liegt nicht in der Absicht dieses Buches, Restaurants und Gaststätten mit dem Prädikat „touristisch interessant" zu versehen – zum einen sind die Geschmäcker zu verschieden, zum anderen wechseln Personal, Publikum und Preise zu schnell und zu unüberschaubar, um halbwegs verläßliche Angaben ermöglichen zu können.

Kulinarisches

Die mallorquinische Küche zeichnet sich dadurch aus, daß sie ungeachtet der Einflüsse des Tourismus ihre Eigenständigkeit bewahrt hat. Und diese ist eine ländlich-deftige Variante der spanischen Küche.

In den Restaurants der Pauschalreise-Hotels ist davon allerdings wenig bis nichts zu bemerken. Wer die *cocina mallorquin* genießen will, muß sich aufs Land begeben.

Essenszeiten und Schwerpunkte werden von den Mallorquinern anders gehandhabt als in mitteleuropäischen Breiten; die meisten Touristenhotels haben sich jedoch den Sitten ihrer Gäste zumindest angenähert.

Der Mallorquiner frühstückt gewöhnlich eher zurückhaltend, ein großer *café con leche* (Milchkaffee) und ein Hörnchen oder eine *ensaimada* genügen ihm. Letztere ist eine echte Inselspezialität: eine Hefeschnecke, gebacken in Schweineschmalz und mit Puderzucker bestreut, manchmal auch mit Schlagsahne gefüllt und dabei so locker, daß auch ein solcher Inhalt daraus keinen Magenfüller macht. Eine wahre Köstlichkeit, die am besten ganz frisch in darauf spezialisierten Bäckereien (*Forn des Teatre* in Palma ist die berühmteste) gekauft und gleich vertilgt wird; *ensaimadas* eignen sich auch hervorragend als Zwischenmahlzeit.

In den Urlauberhotels wird das Frühstück (*desayuno*), meist am Büffet, üblicherweise um allerlei Brotsorten, Säfte und Beläge erweitert, die je nach Hotel-Preisklasse auch gehobene Ansprüche befriedigen können.

Als Zwischenmahlzeit zur Überbrückung der „Fastenzeit" bis zum Mittagessen (*almuerzo*) dienen die *tapas*, die Appetithäppchen in Restaurants, Bodegas und Bars, die nach Augenschein beurteilt und bestellt werden, oder auch *bocadillos*, große belegte Brötchen.

Die Hauptmahlzeit nehmen die Eingeborenen mittags zu sich – bzw. nach mitteleuropäischem Verständnis nachmittags: Kernzeit ist 14.00-16.00 h, und vor 13.00 h wird man kein geöffnetes Restaurant finden. In der Tat hat diese Sitte ihren Sinn, da so die heißeste Zeit des Tages mit Essen und der Verdauungspause zur *Siesta* genutzt wird. Fast alle Restaurants bieten zu dieser Zeit ein *menu del día* (Tagesmenü) an, das aus drei bis vier Gängen (Vorspeise/Suppe, Fisch, Fleisch, Dessert) besteht und zwischen Ptas 900 und Ptas 1500 kostet – inklusive Tischwein, Brot, Mineralwasser und manchmal auch Oliven und/oder Knoblauchmayonnaise. Die Atmosphäre eines ländlichen Restaurants oder einer Bodega ist als Gratisgabe dabei, und à la carte kostet das alles das Doppelte bis Dreifache.

Das späte Mittagessen findet seine Entsprechung in einem noch späteren Abendmahl (*cena*), das der Mallorquiner gern erst nach 21 h beginnt. In Touristenhotels und in Restaurants von Urlaubsorten wird aber durchweg deutlich früher getafelt (Kernzeit: 19.00-20.30 h), was dem einheimischen Personal ermöglicht, die eigenen Gewohnheiten beizubehalten...

Gaststätten

Die einfachste Form spanischer Gastronomie ist die *bar*, ausgestattet mit ein paar Tischen und einer großen Theke, an der sich die Gäste in der Regel stehend aufhalten, ein Getränk schlürfen und vielleicht eine Zwischenmahlzeit in Form von *tapas* oder *bocadillos* (s.o.) zu sich nehmen. Als vollwertige Mahlzeit wird gewöhnlich nur das Tagesmenü geboten.

Eine *bodega* ist im Prinzip nicht mehr als ein Weinkeller, einfach möbliert und mit Flaschenregalen und Weinfässern versehen; außer Wein werden auch dort einfache Mahlzeiten serviert. Manchmal schmücken sich aber Restaurants ebenfalls mit der Bezeichnung *bodega*, um Traditionsverbundenheit auszudrücken.

Ein *celler* ist die zum Restaurant aufgewertete Variante einer *bodega*; hier ist das Essen die Hauptsache. Bodenständige Küche paßt zu dieser rustikalen Atmosphäre besonders gut, weshalb *cellers* in Städten wie Inca bei Einheimischen wie bei Touristen zu Recht beliebt sind.

Die übrigen theoretischen Unterscheidungen im Restaurantwesen wie *fonda*, *méson* etc. spielen de facto keine Rolle; *restaurante* ist der allgemein übliche Begriff. Die „echten" Restaurants sind wie Hotels etc. durch staatliche Aufsichtsbehörden in Kategorien eingeteilt, die mit 1-5 Gabeln gekennzeichnet sind. Die Gabeln sind an der Tür und auf der Speisekarte angegeben und markieren vor allem die Reichhaltigkeit der Auswahl, weniger die faktische Qualität. So kann das Essen in einem Zwei-Gabel-Restaurant durchaus erstklassig sein. Die meisten Restaurants schließen an einem Wochentag, bevorzugt sonntags oder montags.

Fast-Food-Betriebe für Hamburger u.ä. kulinarische Entgleisungen sind auf Mallorca eher eine Seltenheit; gängiger sind schon allerlei Arten importierter Etablissements wie deutsche und italienische Restaurants, englische Pubs und andere Einrichtungen, die dem Urlauber heimischen Gewohnheiten unter südlicher Sonne garantieren sollen – vom deutschen Metzger bis zum (auf Mallorca in Lizenz gebrauten) „Import"-Bier vom Faß.

Aquädukt bei Gorg Blau

Essen

Frischer Fisch, kräftige Fleischspeisen (vorrangig Schwein) und aromatische Gemüse bilden das Rückgrat der Gerichte, zubereitet mit viel – manchmal zuviel – Olivenöl, einer guten Portion Zwiebeln und dem Hauptgewürz südländischer Speisen: Knoblauch. Wer seinen Magen zu Hause eher mit Friteusenfett und Currywürsten quält, wird ihn möglicherweise mit der Umstellung auf so gehaltvolle Köstlichkeiten überlasten, so daß ein wenig Zurückhaltung angeraten sein kann.

Wer hingegen einen gesunden Magen besitzt und ohnehin an nähr- und ballaststoffreiche Nahrung gewöhnt ist, findet auf Mallorca die spanische Variante des Schlaraffenlandes vor.

Spezialitäten

paella – sie darf nicht fehlen. Zwar ein pan-spanisches Gericht, aber auf Mallorca gleichermaßen zu Hause: ein Pfannengericht aus Safranreis, allerlei

Fleisch-, Fisch- und Gemüsesorten, prinzipiell frisch bereitet. Varianten: *paella valenciana* (klassisch im obigen Sinne), *paella marinera* (fleischlos, auf Meeresgetier fixiert), *paella ciega* (= „blinde" Paella: von beiden vorstehenden Versionen abgewandelte, entbeinte Fassung ohne Knochen/ Schalen und deshalb etwas teurer).

coca mallorquina — Pizza-ähnlich; auch als Imbiß angeboten

cocarrois — gefüllte Teigtaschen, wahlweise mit Hackfleisch und Gemüse oder mit Kohl und Rosinen

arroz brut — angedickte Reissuppe mit Huhn, Lamm, Erbsen und Safran. Als Vorspeise gebräuchlich, als Hauptgericht einzusetzen.

sopas mallorquinas — flüssiger Gemüseeintopf aus Kohl, Zwiebeln, Tomaten, Lauch und Geflügelstückchen

tumbet — fester Gemüseeintopf aus Auberginen, Tomaten, Zwiebeln und Kartoffelscheiben, einzeln gegart und schichtweise in einem Tontopf überbacken

tortilla — eigentlich schlicht „Omlett", aber je nach Variante mit allerlei Zutaten von Kartoffeln über Wurst bis Krabben angereichert

zarzuela de pescado — Fischstücke in Zwiebeln, Tomaten, Lorbeer und Wein

pierna de cordero — Lammkeule mit Bratkartoffeln und Salat

conejo con cebollas — gegrilltes Kaninchen mit Zwiebeln, Paprika und Tomaten

lechona a la parilla — Spanferkel gegrillt

torta de requesón — Quarkkuchen

flan — Portion Pudding

Eine Sonderrolle spielen die mallorquinischen Produkte *sobrasada* und der luftgetrocknete Schinken der Insel, der den vom spanischen Festland noch übertrifft. Eine *sobrasada* ist eine weiche Schweinswurst, die mit allerlei Gewürzen knallrot gefärbt wurde. Sie wird traditionell süß-sauer serviert: scheibenweise im Ofen erhitzt und mit Honig bestrichen — angeblich ein Geschmackerbe der Araber.

Die Liste der mallorquinischen Gerichte ist noch weit länger; obige Angaben stellen lediglich die Besonderheiten dar.

Trinken

Auch auf Mallorca — wie in allen mediterranen Gebieten — ist Wein das wichtigste Getränk. Auf der Insel wird er, vorrangig in Tischweinqualität, in den Regionen von Binisalem, Petra und Felanitx angebaut; bessere Sorten kommen vom spanischen Festland. Serviert wird er zu allen Mahlzeiten (außer dem Frühstück) ohne Pfennigfuchserei: beim Tagesmenü wird im allgemeinen eine volle Flasche auf den Tisch gestellt, und niemand achtet darauf, ob ein Gast sie allein und vollständig leert, was der Preiskalkulation wohl entgegen stehen würde.

A la carte und im Hotelrestaurant ist dergleichen Großzügigkeit natürlich unangemessen, dort wird kassiert – zu international üblichen Preisen.

Rotwein ist der wichtigste Bestandteil des Erfrischungsgetränks *sangría*, zu dem außerdem Mineralwasser, etwas Weinbrand, allerlei frische und konservierte Früchte und eine gute Kühlung gehören. Sangría kommt vor allem als muntermachender Durstlöscher im Sommer zum Einsatz.

Bier (*cerveza*) in akzeptabler Qualität wird vor allem in Flaschen angeboten. Da in Spanien das deutsche Reinheitsgebot nicht *usus* ist, sollte man auch bei aus Deutschland importierten Sorten nicht auf heimische Qualität hoffen. Im Praxistest erweisen sich spanische Produkte als durchaus akzeptabel, die von Mallorquinern im wesentlichen als Durstlöscher „zwischendurch" genossen werden. Als Ersatz für Tischwein dient Bier allenfalls für Touristen.

Geradezu „unnatürlich" preiswert ist spanischer Weinbrand (im Verstoß gegen internationale Rechtsnormen oft schlicht *coñac* genannt), da er nur wenig steuerbelastet ist. Alle diese Brandysorten sind mild, und die bekanntesten sind keineswegs die besten – das Probieren kleinerer Marken lohnt sich.
Zu den mallorquinischen Spezialitäten gehört der gewöhnlich als Aperitif genossene Likör *palo*, der ein beliebtes Mitbringsel ist.

Wichtigstes alkoholfreies Getränk – von internationalen Entgleisungen wie Coca-Cola abgesehen – ist Mineralwasser in diversen Varianten: z.B. *con gaz*, d.h. mit Kohlensäure, was in der Regel zusätzlich bedeutet, daß es mit Zitronenaroma versetzt ist und in der Mischung mit Rotwein ungeahnte Geschmacksvarianten hervorbringt; Wässer ohne Kohlensäure (*natural*) sind im allgemeinen nicht mit Zusatzstoffen versehen. Es gibt aber auch *aqua natural con gaz*, das vor allem an Touristen gleich in 2-Liter-Kanistern verkauft wird, weil sich hartnäckig das Gerücht hält, daß mallorquinisches Leitungswasser kein Trinkwasser sei. Richtig ist, daß in weiten Teilen der Insel das Leitungswasser schlicht nicht gut schmeckt; gesundheitliche Bedenken sind allenfalls im Sommer angebracht.

Das zweite Standbein im alkoholfreien Bereich ist der Kaffee. Zum Abschluß einer Mahlzeit wird er meist als *café solo* (Espresso) bzw. *café cortado* (mit einem Spritzer Milch bzw. Sahne) genossen, zum Frühstück als *café con leche* in größeren Tassen mit recht viel Milch. Als Tribut an den Tourismus versuchen sich manche Restaurants auch im Brauen eines sogenannten „deutschen Kaffees" (= Filterkaffee), was nicht immer zur Zufriedenheit der Kundschaft gelingt.

Geld

Die nationale Währung Spaniens ist die Peseta, abgekürzt Pta (ISO-Norm für Angaben auf Schecks, bei Geldwechsel u.ä.: ESP). Im Umlauf sind Münzen zu 5, 10, 25, 50, 100, 200 und 500 Pesetas (Ptas) sowie Banknoten zu 1000, 5000 und 10.000 Pesetas; von etlichen Münzen kursieren alte (silberfarbene) und neue (messingfarbene, kleinere) Prägungen, die aber alle gültige Zahlungsmittel sind.

Für die zukünftigen Euro-Mitgliedsländer sind die folgenden Wechselkurse festgesetzt: ESP 100 = DM 1,18, ÖS 8,27, HFL 1,33, € 0,60. Schweizer können bei einem Umtausch davon ausgehen, für ESP 100 etwa sFr 0,93 bezahlen zu müssen.

Die Einfuhr aller Währungen ist unbeschränkt. Einschränkungen bestehen nur für Ausfuhr von Zahlungsmitteln über Ptas 100.000 und sind somit für Touristen im allgemeinen unerheblich.

Der Umtausch von Bargeld, Reise- und Euroschecks kann bei fast jeder Bank erfolgen. Probleme gibt es faktisch deshalb nicht, da überall genügend Wechselstellen bestehen. Bei der Einlösung von Schecks wird ein günstigerer Kurs als beim Bargeldumtausch zugrunde gelegt, allerdings fallen bei Reiseschecks bei der Ausstellung 1 % Gebühren an. Eurocheques werden in Landeswährung (und der Betrag in Landessprache!) ausgestellt (maximal Ptas 25.000); Gebühren werden erst bei der Abbuchung erhoben (in Deutschland 1,75 %, mindestens DM 2,50 je Scheck). Da das Eurocheque-System insgesamt ein „Auslaufmodell" ist (die entsprechenden Vereinbarungen sind spätestens bei Einführung des Euro hinfällig), gibt es jetzt schon Probleme bei der Verwendung von ECs zum Geldwechsel. Ersatz: EC-Karten am Geldautomat (s.u.).

Außer bei Banken kann man auch in Wechselstuben und bei manchen Hotels, allerdings zu meist schlechterem Kurs, Geld wechseln.

Persönliche Schecks von Ausländern – Eurocheques – werden von Geschäften usw. akzeptiert, sofern das bekannte EC-Symbol darauf hinweist. Außerdem sind Kreditkarten recht verbreitet (im wesentlichen Eurocard und VISA).

Für den Geldwechsel sind die Plastikkarten z.Z. jedoch die günstigste Lösung. Außer mit den gängigen Kreditkarten läßt sich auch mittels der EC-Karte an Geldautomaten Bares beschaffen; deutsche Geldinstitute berechnen dafür für bis zu DM 1000 je Tag lediglich freundliche DM 5 je Abhebung.

Allerdings ist es riskant, sich nur auf Plastikgeld zu verlassen. Ein beschädigter Magnetstreifen oder ein defekter Geldautomat kann leicht zum Einzug der Karte führen, und die kontoführende Bank ist weit…

Briefpost

Die spanische Post arbeitet nicht ganz so schnell und zuverlässig, wie man es von mitteleuropäischen Ländern gewohnt ist; man muß mit Brieflaufzeiten von mindestens einer Woche rechnen, obwohl Standardbriefe und Postkarten angeblich grundsätzlich ohne Aufpreis per Luftpost befördert werden. Hilfreich für schnelleren Transport ist gewöhnlich, wenn Ansichtskarten im Briefumschlag verschickt werden.

Die Portokosten betragen in alle europäischen Länder für Postkarten und Standardbriefe (bis 20 g) Ptas 70.

Briefmarken sind außer bei Postämtern auch in Tabakläden oder direkt beim Kauf von Postkarten erhältlich, meist auch an der Hotelrezeption.

In Spanien existiert ein Postleitzahlensystem, das dem deutschen ähnelt, also fünfstellig numerisch ist. Die ersten zwei Ziffern signalisieren die jeweilige Provinz, wobei die Balearen durch „07" kenntlich sind.

Zur Vermeidung von Verwechslungen und Fehlleitungen ist es erforderlich, im Auslandsbriefverkehr das Nationalitäts-Kennzeichen des Bestimmungslandes der Postleitzahl mit einem Bindestrich voranzustellen, also:
- nach Spanien   „E-"
- aus Spanien   nach Deutschland „D-"
                  nach Österreich „A-"
                  in die Schweiz „CH-"
                  nach den Niederlanden „NL-"

Die spanischen Briefkästen sind ebenso wie die Schilder der Postämter gelb gestrichen und mit der Beschriftung *cartas* (= „Briefe"!, Postkarten heißen *tarjetas*) versehen. Sofern ein gesonderter Schlitz für Auslandspost vorhanden ist, steht *extranjero* daran.

Wenn keine Leerzeiten angegeben sind, unterliegen diese dem Zufallsprinzip. Es ist daher anzuraten, Briefe direkt beim Postamt oder im Hotel abzugeben.

Telefon

Das Telefonsystem Spaniens ist voll auf Selbstwählverkehr ausgerichtet und entspricht größtenteils europäischen Normen. Die von der Post unabhängige Telefongesellschaft *Telefónica* unterhält eigene „Ämter", häufig in Form von Mehrzweckcontainern an Promenaden etc.

Lückenhaft ist das Netz der öffentlichen Sprechstellen; auf dem Land sind Telefonzellen teils mit der Lupe zu suchen, während in den lukrativen Urlaubszentren die Zahl der Telefone in den letzten Jahren stark zugenommen hat. Nutzen Sie daher ggf. die (öffentlichen) Telefone in Hotels etc. Aber Vorsicht: was sich nicht mit Münzen füttern läßt, ist im Zweifelsfall ein kommerzielles Peseta-Grab. Am preisgünstigsten ist das Telefonieren in den Zentralen von *Telefónica*, in denen nach Impulstarif berechnet und erst nach Gesprächsende bezahlt wird, sowie an den blau/grün gestrichenen Telefónica-Zellen und -Säulen.

Am Mal Pas, Cabo Formentor

Dem internationalen Trend folgend, hat auch in Spanien die Kartentelefon-Seuche um sich gegriffen; Telefonkarten gibt es in Tabakläden (zwar „estanco" genannt, aber mit „Tabacos" beschildert). Außer reinen Karten-Telefonapparaten gibt es auch Kombigeräte, die sowohl mit Karten als auch mit Münzen arbeiten. Eine recht praktische Universallösung sind zudem international gültige Telefonkarten, die über nationale Einwahlnummern und einen PIN-Code in vielen Ländern nutzbar sind. Es gibt so etwas von den meisten nationalen Gesellschaften (auch bei der Deutschen Telekom: T-Card), aber auch von kommerziellen Betreibern wie ATTC oder WordLine Telekom (z.B. travel phone card, s. www.worldline.de).

Die Mindestgebühr für ein Ortsgespräch beträgt Ptas 25. Die Gebühren für Ferngespräche sind nach der Entfernung gestaffelt. Die Telefonapparate geben keine Münzen zurück, die sie einmal vereinnahmt haben; bei Nichtzustandekommen der Verbindung (z.B. Besetztzeichen) wird aber nicht kassiert.

Bei der Direktwahl ins Ausland gelten folgendes:
- Zuerst ist als Zugangsnummer zum Auslandsnetz **00** zu wählen.
Nach dieser Ziffernfolge ist zuerst ein neuer Signalton abzuwarten, dann gelten als Länder-Vorwahlnummern:

aus Spanien nach Deutschland **49**
                 nach Österreich **43**
                 in die Schweiz **41**
                 in die Niederlande **31**

Anschließend sind die Ortskennzahl des Zielortes — wie üblich bei Auslandsgesprächen ohne die Anfangs-Null — und die Rufnummer des Teilnehmers zu wählen.

Bei Gesprächen aus allen mitteleuropäischen Ländern nach Spanien gilt die Vorwahl **0034**; die frühere „Ortsvorwahl" (für die Balearen **971**) muß seit einiger Zeit immer — auch innerhalb Spaniens bei Ortsgesprächen — mitgewählt werden, ist also keine Vorwahl mehr! Die Telefonnummern dieses Buches berücksichtigen diesen Umstand; sofern Sie in veralteten Reiseführern noch Nummern finden, die nicht mit „971" beginnen, müssen Sie diese entsprechend ergänzen.

Die Zeit

Uhrzeit

Wer nach Spanien reist, kann die Bedienungsanleitung für seinen Chronometer zu Hause lassen: es gilt sommers wie winters die gleiche Zeit wie in Mitteleuropa. Eine Umstellung der Uhr entfällt also.

Öffnungszeiten

Die auffälligste und wichtigste Unterscheidung spanischer Öffnungszeiten von denen Mitteleuropas wird durch die wohlbegründete Sitte der *Siesta* vorgegeben: zwischen 13 h bzw. 14 h und etwa 16 h, im Sommer manchmal auch bis 17 h ruht das allgemeine Wirtschaftsleben — mit Ausnahme der Gastwirtschaften, versteht sich. Dem ordnen sich auch Sehenswürdigkeiten, Kirchen, Museen etc. weitestgehend unter.

Postämter

Standardöffnungszeit der Postämter ist mo-fr 9.00-14.00 h, samstags bis 12 h, es gibt aber beträchtliche Abweichungen. Außer stationären Postämtern sind vor allem in touristischen Gegenden auch „rollende Einheiten" unterwegs, die immer nur kurz in einem Ort halten.

Die meisten Postämter auf Mallorca unterhalten einen Geldwechseldienst; allerdings ist die Zahl der Ämter relativ gering.

Banken

Die Banken sind im allgemeinen geöffnet mo-fr 9-14 h, samstags 9-13 h (im Sommer meist nur mo-fr). Kleine bankeigene Wechselstellen sind allerdings oft auch kürzer dienstbereit, Probleme entstehen daraus aber nicht.

Geschäfte

Die Ladenöffnungszeiten werden in Spanien weniger rigide gehandhabt als in Deutschland; sie werden im großen und ganzen den Inhabern überlassen. De facto bedeutet das, daß die meisten Geschäfte mo-fr 9.30-13.30 h und 16.30-

20.00 h, samstags teils nur vormittags geöffnet haben.

Wie in Ortschaften mit hohem Fremdenverkehr üblich, haben auf Mallorca viele Geschäfte erweiterte Öffnungszeiten und lassen auch sonntags Kunden hinein. Dadurch ergibt sich faktisch eine völlig unproblematische Selbstversorgung.

Feiertage

Außer den üblichen Feiertagen wie Weihnachten, Karfreitag, Ostern, Pfingsten, Himmelfahrt und Neujahr sind in Spanien auch der 6. Januar (Hl. Drei Könige), der 1. Mai, Mariä Himmelfahrt (15.8.), Allerheiligen (1. November), der Verfassungstag (6. Dezember) und Mariä Empfängnis (8.12.) Feiertage. Eine Sonderrolle spielt der gemeinsame Feiertag aller spanischsprachigen Länder: der Jahrestag der Entdeckung Amerikas durch Kolumbus (12. Oktober). Auf Mallorca kommt als regionaler Feiertag der Tag der Balearen (1. März) hinzu.

Die Karwoche ist der Höhepunkt im Feiertagskalender Spaniens und wird gerne zu ein paar zusätzlichen, „inoffiziellen" Feiertagen genutzt.

Den landesweit begangenen Festivitäten gesellen sich zahlreiche lokale Feste zu, so daß es vor allem in Landstädtchen keine Seltenheit ist, vor verschlossenen Ladentüren zu stehen. Sofern Einkaufstouren geplant werden, ist deshalb Erkundigung vor Ort stets angesagt.

Schulferien sind in der Karwoche und Ende Juni bis Mitte September.

Normen

In Spanien gilt in allen Bereichen das metrische System, so daß eine Umorientierung nicht erforderlich ist.

Auf allen Waren liegt eine Mehrwertsteuer von z.Z. 16 % (Regelsatz, ermäßigter Satz 7 %). Für Touristen aus Nicht-EU-Ländern gibt es ein *Tax-free*-System, bei dem die Mehrwertsteuer bei der Ausreise erstattet wird – vorausgesetzt, der Lieferant ist mit Hilfe von entsprechenden Vordrucken darauf eingestellt. Bei preiswerteren Geschäften sollte man darauf aber nicht rechnen.

Als elektrische Spannung wird in Spanien 230 V oder 115 V Wechselstrom verwendet – auch gemischt im gleichen Gebäude! –, wobei in seriösen Reiseprospekten diese Informationen vorab gegeben werden. In besseren Hotels gibt es zudem Adapter/Transformatoren.

Service

Krankenversicherung

Aufgrund eines Behandlungsabkommens zwischen Spanien und den anderen EU-Staaten kann man auf Mallorca im Krankheitsfall bei Krankenhäusern weitgehend kostenlose ambulante Behandlung bekommen. Welche Formalitäten man dabei beachten muß, steht in einem Informationsblatt der jeweiligen Krankenkasse, das man zusammen mit dem Anspruchsausweis E111 erhält.

Privatversicherte und Reisende aus der Schweiz können bei ihrer jeweiligen Versicherung erfragen, welche Leistungen ggf. gewährt bzw. erstattet werden. Die Heimführung (Flug o.ä.) im Fall schwerster Erkrankungen wird von den gesetzlichen Krankenkassen nicht ersetzt. Wer auf Nummer Sicher gehen will, sollte sich dafür (evtl. im Rahmen der Reisegepäckversicherung) zusätzlich reisekrankenversichern.

Preisermäßigungen

Für Auszubildende, Schüler und Studenten gibt es nur wenige Preisnachlässe, so z.B. für Museen. Voraussetzung für die Gewährung bildet einer der folgenden standardisierten Ausweise:
– der ISIC-Studentenausweis der International Student Travel Corporation (ISTC), Postbus 15827, NL-1001 NJ Amsterdam, den man bei Jugendreisebüros und den AStAs der Universitäten bekommt; Info im Internet: http://www.istc.org bzw. www.isic.de (verschiedene Inhalte).
– die europäische Jugendkarte EURO<26 für jedermann unter 26 Jahren, deren Vertriebsnetz erst im Aufbau ist (z.Z. in Deutschland keine direkte Bezugsmöglichkeit). Details am besten im Internet unter http://www.eyca.org recherchieren. Die besten Rabatte gewährt die Karte bei staatlichen Institutionen (Eisenbahn, Museen).

Hilferufe

Wenn man sich finanziell verkalkuliert hat oder völlig ausgeraubt wurde, wird man in die Zwangslage kommen, um Hilfe betteln zu müssen.
Die einfachste und auch billigste Art ist immer noch, von Freunden oder Verwandten Geld nachschicken zu lassen. Wichtig: der Empfänger einer Internationalen Postanweisung muß sich bei Entgegennahme der Barschaft ausweisen können. Bei Verlust des Personalausweises oder Passes also lieber einen

Ersatzempfänger suchen (z.B. Leiter der Unterkunft, in der man aufs Geld wartet).

Internationale Postanweisungen sind bis zum Höchstbetrag von Ptas 300.000 (auch Eilzustellung) möglich. Wer mehr haben will, muß sich eine Scheck-Postanweisung (bis zum Gegenwert von DM 20.000 möglich) oder mehrere Anweisungen schicken lassen. Falls man sich ausweisen kann, ist die schnellste Empfangsadresse immer das jeweilige Hauptpostamt, postlagernd („poste restante"), abzuholen am Schalter *Lista de Correos*. Allerdings kann der Höchstbetrag bei Bar-Postanweisungen nur ausgenutzt werden, wenn keine Postlageradresse und auch kein Hotel etc. in der Anschrift auftaucht (Auskunft am heimischen Postschalter).

Nur bei abgelegenen Dörfern muß man mit längeren Laufzeiten rechnen; telegrafische Anweisungen bietet die Deutsche Post seit Juni 2000 nicht mehr an, statt dessen den „Minutenservice" von Western Union (s.u.).

Wenn es mal furchtbar eng ist, lässt sich Bargeld innerhalb von 30 Minuten nach Mallorca transferieren. Diesen nicht ganz billigen Service bietet Western Union für 150 Länder an. Für die ersten 1000 DM zahlt der Absender 65 DM, für jede weiteren 500 DM werden 30 DM abverlangt. Ausgezahlt wird der Betrag bei einer Agentur vor Ort in Landeswährung. Weltweit arbeitet Western Union mit mehr als 25.000 Agenturen zusammen. Wichtigster Partner von Western Union ist in Deutschland die gute alte Post. Hier können Sie Ihren Auftrag erteilen und Infos einholen.

Wenn alle Stricke reißen, ist die diplomatische Vertretung zur Hilfe verpflichtet. Da man hinterher aber alles mit Zinsen und Gebühren zurückzahlen muß, sollte man dort wirklich nur im äußersten Notfall anklopfen.

Die Anschriften:

- ☐ Deutsches Konsulat
  Passeig d'es Born 1, 6. Stock, Palma de Mallorca, ✆ 9/1722997 & 971722371, 🖷 971728089, mo-fr 9-12 h
- ☐ Österreichisches Konsulat
  Calle San Miguel 36, Palma de Mallorca, ✆ 971723733, 🖷 971719277
- ☐ Schweizer Konsulat, c/o Sociedad Suiza de Mallorca, ✆/🖷 971452641
- ☐ Niederländisches Konsulat
  Plaza Rosario 5-2C, Palma de Mallorca, ✆ 971716493, 🖷 971717947

Das Fahrrad

Die Streckenbeschreibungen in diesem Buch gehen davon aus, daß zum Erfahren Mallorcas ein tourentaugliches Fahrrad benutzt wird.

Wer versucht, die unvermeidlichen Steigungen in den Bergen mit einem behäbigen Hollandrad oder gar einem Klapprad ohne Gangschaltung zu bewältigen, wird notwendigerweise frustriert, d.h. schiebend, enden.

Auch gewöhnliche Sporträder mit Dreigangschaltung sind den verschiedenen Anforderungen nicht gewachsen und sollten allenfalls für leichte Binnenlandrouten eingesetzt werden. Wer die Absicht hat, für die Reise ein Fahrrad neu anzuschaffen oder ein vorhandenes umzurüsten, sollte den folgenden Empfehlungen folgen:

Fahrradtyp: sogenanntes Leicht- oder Rennsportrad richtiger Rahmenhöhe; alternativ sind auch Rennräder und All-Terrain-Bikes (Mountain-Bikes) einsetzbar, aber nicht erforderlich.

Reifengröße: 25-/28-/32-622 (früher 28 x 1/1¼ Zoll) oder ggf. ATB-/MTB-Bereifung.

Gangschaltung: mindestens 12-18 oder mehr Gänge mit Kettenblättern (vorn) 52/42 Zähne oder besser weniger, Freewheel (Mehrfachfreilaufzahnkranz hinten) mit 14-28 oder 15-28 Zähnen, bei geeigneter Gangschaltung bis 32 Zähne.
Diese Übersetzung ist unbedingt erforderlich, da sonst Steigungen nicht bewältigt werden können. Hingegen können die Schnellgänge ohnehin meist nicht genutzt werden, so daß kleinere Zahnkränze als 14 Zähne in jedem Fall überflüssig sind.
Auch Dreifachkettenblätter (z.B. 28/38/48 Zähne) können durchaus sinnvoll eingesetzt werden. Vor allem in den Bergen der Westküste ist eine 1:1-Übersetzung (gleiche Zähnezahl vorn und hinten) erforderlich.

Ausstattung: Solide Gepäckträger sind erforderlich, soweit Gepäck mitgeführt werden soll. Bei einer Mallorca-Reise auf der Basis von Tagestouren mit festen Ausgangspunkten kann darauf verzichtet werden.

Die Kriterien für ein tourentaugliches Fahrrad und Hinweise zu Wartung vor der Reise bzw. Reparatur sind ausführlich dargestellt in dem Buch *Der Wind kommt immer von vorn* von Jürgen Rieck (s. Literatur).

	Wegen der geringen Niederschlagsneigung sind Schutzbleche nicht unbedingt erforderlich.
Bremsen:	Wegen des häufigen und teils starken Gefälles sind zwei gut funktionierende Bremsen unverzichtbar; möglichst keine Trommel- und Rücktrittbremsen (neigen zum Blockieren). Leistungsstark sind Cantilever-Felgenbremsen, wie sie z.B. an MTBs und Trekking-Bikes Standard sind.

Reparaturausstattung

Wer sein Fahrrad mit nach Mallorca nimmt, wird einige Ersatzteile dort nicht oder nur schwer beziehen können, zumal Fahrradläden und Werkstätten viel seltener sind als Vermieter. Folgende Werkzeuge und Ersatzteile gehören deshalb ins Gepäck.

```
Luftpumpe
Flickzeug
Reifenheber
Ersatzschlauch – (zu beachten: 27- und 28-Zoll-Schläuche gleicher Dicke
sind austauschbar)
Ersatzreifen – bei abweichender Norm; auf jeden Fall vor der Reise neue
Reifen aufziehen
Maul- oder Ringschlüssel
Schraubendreher
Inbusschlüssel
Zahnkranzabzieher für Kettenschaltung
Ersatzspeichen, Nippel, Nippelspanner
Nähmaschinenöl oder Kettenfließfett
Taschenmesser
Brems- und Schaltzüge
Bremsschuhe mit Bremsgummis
Ersatzschrauben und Muttern für Schutzbleche etc.
```

Mitnehmen oder mieten?

Die Mitnahme anderer Fahrradtypen als vorstehend geschildert kann nicht empfohlen werden, da sie auf Mallorca nur bedingt einsatzfähig sind. Derartige Räder (z.B. mit 26-Zoll-Reifen) sind fast überall zu mieten. Die Transportkosten für das eigene Fahrrad lassen sich so ggf. sparen.

Das Mitnehmen des eigenen, tourentauglichen Fahrrades ist eigentlich stets die beste Lösung, aus finanziellen Gründen oder wegen des Transportaufwandes aber in Ausnahmefällen nicht anzuraten.

Wer nur einen Teil des Urlaubs per Fahrrad verbringen möchte, wird teils günstiger fahren, wenn er das Rad auf Mallorca mietet. Da das Fahrrad auf der Insel zu den populärsten Freizeit-„Sportgeräten" gehört, sind Fahrräder überall zu mieten, selbst in kleineren Orten. Wo es keinen speziellen Fahrradhändler gibt, besorgen meist Autowerkstätten oder branchenfremde Händler dieses Geschäft.

Allerdings ist es so in der Regel schwierig, die Fahrradtouren wirklich gut ausgestattet durchzuführen. Erhältlich sind nämlich vor allem Räder billigster Machart ohne Gangschaltung, meist im instabilen „Damen"-Rahmen, ganz selten 5-Gang-Räder (mit nicht ausreichend bergtüchtiger Schaltung), mit 26-Zoll-Bereifung (Reifengröße 47-559 bzw. 26 x 1¾ Zoll).

Wirklich tourentauglich sind im Grunde nur die MTBs und Trekkingräder, die es zwar gibt, aber in geringerer Auswahl und in der Regel etwa dopelt so teuer. Überhaupt sind die Unterschiede in Preis und Qualität enorm, weshalb Vorbuchung nicht zu empfehlen ist.

Adressen von einigen Vermietern sind im Etappenbeschreibungsteil dieses Buches bei den jeweiligen Orten angegeben. In jedem Fall sollten die gebotenen Räder zuerst einer gründlichen Prüfung unterzogen werden, da teils abenteuerliche Primitivprodukte vermietet werden.

Jedes Fahrrad muß grundsätzlich beim Ausleihort zurückgegeben werden; gewöhnlich wird eine Kaution erhoben.

Ein besonders heikler Punkt bei Mietfahrrädern sind üblicherweise die Sättel. Wer schon einmal seinen Allerwertesten auf einem zu weichen oder zu harten Sattel wund gesessen hat, wird den folgenden Rat nicht mehr als Obskurität abtun: Wer zu Hause ein Fahrrad mit ihm genehmem Sattel besitzt, möge, wenn schon nicht das ganze Rad, zumindest den Sattel mitnehmen und gleich im Vermietergeschäft ummontieren.

Fahrradteile-Vokabular

Im Falle eines Falles werden Sie in keinem normalen Wörterbuch die Übersetzungen für die wichtigsten Fahrradteile finden. Damit Sie sich gegenüber Fahrradhändlern und -werkstätten verständlich machen können, ist hier eine Liste der entsprechenden Vokabeln zusammengestellt.

Rahmen — cuadro

Oberrohr	tubo superior
Unterrohr	tubo inferior
Sattelrohr	tubo del sillin
Steuerkopfrohr	tubo de dirección
Vorder-Gabel	horquilla
vorder. Ausfallende	puntera de horquilla
hinter. Ausfallende	pata de cuadro
Hinterrohr (Kettenstrebe)	horquilla inferior
Hinterstreben	horquilla superior

Laufrad — rueda

Reifen	neumático
Schlauch	cámara de aire
Ventil	válvula
Felge	llanta
Speiche	rayo de rueda
Nabe	buje
Achse	eje

Antrieb

Tretlager	caja de pedalier
Tretkurbel	biela
Kettenblatt	plato
Pedal	pedal
Kette	cadena
Kettenwerfer (vorn)	desviador central
Schaltwerk (hinten)	cambio de marchas
Schaltzug	cable del cambio

| Schalthebel | maneta del cambio |
| Freilauf-Zahnkranz | rueda libre |

Ausstattung

Lenker	manillar
Vorbau	potencia
Steuerkopfsatz	juego de dirección
Bremse (vorne, hinten)	freno (delantero, trasero)
Bremsgriff	maneta de freno
Bremszug	cable de freno
Sattelstütze	tija del sillin
Sattel	sillin
Schutzblech	guardabarros
Gepäckträger	portaequipajes
Luftpumpe	bomba de aire
Lampe	lámpara

Werkzeuge

Schraubendreher	desarmador
Schraubenschlüssel	llave inglesa
Zange	tenazas
Hammer	martillo

Unterwegs

Bei Galilea in der Sierra de Tramontana

Unterwegs

Mallorca ist flächendeckend, in 89 Etappen unterteilt, ausführlich behandelt. Das Netz der Etappen ist in 53 Rundstreckenempfehlungen integriert, die – orientiert an den wichtigsten Urlaubsorten – Tips zu Tagestouren darstellen sollen. Die Etappen dienen aber andererseits als frei verwendbare „Bausteine" für individuelles Radfahren, ob in Form von Tagestouren unterschiedlichster Länge oder zu einer mehrtägigen Inselrundfahrt zusammengefügt.

Der Reigen der Streckenbeschreibungen geht von Palma de Mallorca und den umliegenden Urlaubsorten zuerst durch die südliche Hälfte der *Sierra de Tramontana*, dann südöstlich zum südlichsten Punkt der Insel, an der Ostküste nordwärts und schließlich an der Nordküste entlang zurück zu der westlichen Bergkette. Den Abschluß bilden Verbindungsstrecken über die Insel, die Lücken im Etappen-Netz füllen.

Umkehrung aller Strecken ist unproblematisch möglich.

Die Etappenbeschreibungen nennen die benutzten Straßen (mit Numerierung, soweit relevant bzw. vorhanden), schildern die durchradelten Ortschaften und am Wege liegende Sehenswürdigkeiten, verweisen auf interessante Abstecher und mögliche Varianten. Orte und Stätten, die einer ausführlichen Darstellung gewürdigt werden, sind mit Rasterstreifen am Rand hervorgehoben. Dort finden Sie auch Details wie Adressen von Touristeninformationen, ausgewählte Unterkünfte (Hotels, Jugendherbergen, Campingplatz), Fahrradläden (Verkauf und Reparatur) und Fahrradvermieter.

Alle Angaben entsprechen dem Stand von 2000.

Den Rundtouren bzw. Etappenbeschreibungen sind Kartenskizzen im Maßstab ca. 1:250.000 zugeordnet, die den Streckenverlauf markieren. Die Skizzen enthalten alle befahrenen Straßen, alle Hauptstraßen der entsprechenden Region (d.h. alle auf Landkarten farblich gekennzeichneten Strecken) und – ansatzweise gezeichnet – alle Abzweigungen von der befahrenen Straße. Das ermöglicht Ihnen das Radeln nach den Skizzen bei Beachtung der markierten Abzweigungen einerseits und die Umsetzung der Kartenskizzen auf die während der Reise benutzten Landkarten andererseits. Mängel und Unkorrektheiten der Straßenkarten, die im Text genannt sind, wurden auf den Skizzen korrigiert.

In die Kartenskizzen sind Ortschaften, Jugendherbergen und Campingplätze eingezeichnet. Dabei werden folgende Zeichen und Symbole verwendet:

✱ Anfangs- oder Endpunkt einer Etappe
🠶 Rundtourführung
•• Etappenführung innerhalb einer Rundtour
🮲 Ortschaft
▲ Campingplatz
🛧 Flughafen
🏛 historische Sehenswürdigkeit (Burgen, Klöster etc.)

Die Symbole sind den jeweiligen Orten — nach Möglichkeit lagerichtig — zugeordnet. Näheres ist dem Text zu entnehmen.
Die genaue Lage von Ortschaften, Übernachtungsstätten usw. kann nur präzisen Landkarten entnommen werden. Für die Umsetzung der Lageskizzen ist mindestens die empfohlene General- bzw. ADAC-Karte bzw. GeoCart bzw. die Firestone-Karte erforderlich.

Die Skizzen sind nicht dazu gedacht oder geeignet, als Landkartenersatz zu dienen; eine derart präzise Darstellung würde ein eigenes Kartenwerk in entsprechendem Maßstab und vielfarbigem Druck erfordern. Eine Umsetzung der Skizzen auf die während der Reise benutzten Landkarten ist unbedingt erforderlich!

Nobody is perfect

Und Reiseführer sind „schnellverderbliche Ware".

Deshalb werden sich auch in diesen Reiseführer Fehler eingeschlichen haben. Bei aller Sorgfalt ist es unvermeidlich, daß dieses Buch dem Anspruch der Unfehlbarkeit nicht gerecht werden kann.

Wir bemühen uns, bei jeder Neuauflage eine komplette Aktualisierung aller Informationen durchzuführen, und sind deshalb dankbar für jeden Hinweis zu Korrekturen, Ergänzungen, für Tips zu der Streckenführung, für jede Art konstruktiver Kritik.

Für verwertbare Tips revanchieren wir uns mit einem (anderen) Buch aus unserem Programm.

Schreiben Sie uns:

Verlag Wolfgang Kettler
Redaktion „Mallorca per Rad"
Bergstr. 28
D-15366 Neuenhagen b. Berlin
🖷 (03342) 202168
eMail: KettlerVerlag@t-online.de

Etappen-Übersicht

Eine Etappen-Übersichtskarte (ausklappbar) befindet sich am Ende des Buches.

Etappe   1: Palma – Calviá – Capdella (23 km)
Etappe   2: Capdella – Sa Granja (19 km)
Etappe   3: Sa Granja – Esporlas – Esglaieta – Palma (18 km)
Etappe   4: Palma – Establiments – Sa Granja (16 km)
Etappe   5: Sa Granja – Valldemosa (11 km)
Etappe   6: Valldemosa – Palma (18 km)
Etappe   7: Valldemosa – Sóller (20 km)
Etappe   8: Sóller – Bunyola (19 km)
Etappe   9: Bunyola – Indioteria – Palma (18 km)
Etappe 10: Palma – Palmañola – Bunyola (17 km)
Etappe 11: Bunyola – Orient – Alaró (21 km)
Etappe 12: Alaró – Consell – Santa María del Camí – La Cabañeta – Son Ferriol (– Palma) (30 km)
Etappe 13: Ca'n Pastilla – Indioteria – Bunyola (21 km)
Etappe 14: Alaró – Lloseta – Inca (12 km)
Etappe 15: Inca – Sancellas – Algaida (22 km)
Etappe 16: Algaida – Ca'n Pastilla (18 km)
Etappe 17: Ca'n Pastilla – Las Ollerias – Algaida (27 km)
Etappe 18: Algaida – Randa – Llucmajor (8 km)
Etappe 19: Llucmajor – El Arenal/Ca'n Pastilla (17 km)
Etappe 20: Playas de Mallorca – S'Aranjassa – Llucmajor (17 km)
Etappe 21: Llucmajor – Capocorp (12 km)
Etappe 22: Capocorp – Bahía Grande – El Arenal (30 km)
Etappe 23: Capocorp – Vernissa – Sa Sorda – Campos (18 km)
Etappe 24: Campos – Porreras (10 km)
Etappe 25: Porreras – Llucmajor (13 km)
Etappe 26: Capdella – Paguera (5 km)
Etappe 27: Paguera – Santa Ponsa – Magalluf – Palma Nova (20 km)
Etappe 28: Paguera – Puerto de Andraitx – Andraitx (13 km)
Etappe 29: Andraitx – San Telmo – Andraitx (16 km)
Etappe 30: Andraitx – Capdella (9 km)
Etappe 31: Capdella – Calviá – Palma Nova (10 km)
Etappe 32: Andraitx – Estellencs – Banyalbufar – Sa Granja (37 km)
Etappe 33: Esglaieta – Palmañola – Santa María del Camí (13 km)
Etappe 34: Capdella – Calviá – Santa Ponsa (12 km)
Etappe 35: Bunyola – Palmañola – Esglaieta – Esporlas – Sa Granja (18 km)

Etappe 36: Puerto de Sóller – Gorg Blau – Lluc (36 km)
Etappe 37: Lluc – Selva – Inca (16 km)
Etappe 38: Colònia – Baños de San Juan – La Rápita – Vernissa (35 km)
Etappe 39: Campos – Ermita de Son Blas – Colònia (13 km)
Etappe 40: Colònia – Baños de San Juan – Ca'n Vaca – Campos (14 km)
Etappe 41: Campos – Felanitx (11 km)
Etappe 42: Felanitx – Ca's Concos – Santanyí (18 km)
Etappe 43: Santanyí – Llombarts – Ses Salines – Colònia (13 km)
Etappe 44: Vernissa – Llucmajor (12 km)
Etappe 45: Felanitx – Ca's Concos – Alqueria Blanca – Porto Petro (18 km)
Etappe 46: Porto Petro – Santanyí (8 km)
Etappe 47: Felanitx – Porto Colom (14 km)
Etappe 48: Porto Colom – S'Horta – Calonge – Cala d'Or (12 km)
Etappe 49: Cala d'Or – Calonge – Carritxó – Felanitx (15 km)
Etappe 50: Felanitx – San Juan Jaume – Manacor (15 km)
Etappe 51: Manacor – Sa Cabana Veya – S'Hospitalet (16 km)
Etappe 52: S'Hospitalet – S'Horta – Calonge – Cala d'Or (17 km)
Etappe 53: S'Hospitalet – Son Macía – Manacor (13 km)
Etappe 54: Manacor – Porto Cristo (13 km)
Etappe 55: Porto Cristo – S'Hospitalet (12 km)
Etappe 56: Felanitx – Petra (18 km)
Etappe 57: Petra – Manacor (10 km)
Etappe 58: Manacor – Sant Llorenç – Son Servera (16 km)
Etappe 59: Son Servera – Porto Cristo (12 km)
Etappe 60: Son Servera – Pula – Capdepera (11 km)
Etappe 61: Capdepera – Artá (8 km)
Etappe 62: Artá – Son Servera (10 km)
Etappe 63: Cala Bona – Pula – Artá (14 km)
Etappe 64: Cala Millor – Son Carrió – Manacor (20 km)
Etappe 65: a) Manacor – Colònia de San Pedro (16 km)
           b) Manacor – S'Avall – Colònia de San Pedro (22 km)
Etappe 66: Colònia de San Pedro – Artá (10 km)
Etappe 67: Petra – Colònia de San Pedro (18 km)
Etappe 68: Ca'n Picafort – Santa Margalida (9 km)
Etappe 69: Santa Margalida – Petra (11 km)
Etappe 70: Colònia de San Pedro – Ca'n Picafort (13 km)
Etappe 71: Ca'n Picafort – Muro (10 km)
Etappe 72: Muro – Sineu (12 km)
Etappe 73: Sineu – Petra (10 km)
Etappe 74: Muro – Inca (13 km)
Etappe 75: Inca – Sineu (14 km)
Etappe 76: Sineu – Santa Margalida (12 km)
Etappe 77: Ca'n Picafort – Puerto de Alcúdia – Alcúdia (12 km)
Etappe 78: Alcúdia – Pollença (10 km)

Kathedrale La Seo in Palma

Ausgangsbereich: Palma

Palma de Mallorca ist ein Paradoxon: die Hälfte der mallorquinischen Bevölkerung lebt hier auf einem Bruchteil der Inselfläche, die gesamte Infrastruktur Mallorcas einschließlich des Verkehrsnetzes ist auf diesen äußersten Südosten hin ausgerichtet, alle Touristen landen hier per Fähre oder auf dem benachbarten Flughafen, und das Stadtzentrum quillt tagtäglich über von Urlaubern auf der Suche nach Palmas Geschichte und Gegenwart. Und dennoch ist Palma der einzige Küstenort, in dem deutlich weniger Touristen als Einheimische übernachten, denn die großen Hotel- und Appartementsiedlungen wurden außerhalb des Stadtgebiets an der ausgedehnten Bahía de Palma errichtet.

Insofern ist Palma de Mallorca eigentlich gar kein sinnvoller Ausgangsbereich für Fahrradtouren. Da jedoch viele Wege aus den benachbarten Urlaubszentren in oder durch die Hauptstadt führen, ergeben sich fast zwangsläufig diverse Möglichkeiten, Palma zum Bezugspunkt zu machen.

Wer Palma näher erkunden möchte oder beabsichtigt, mehrfach ganz oder teilweise hindurch zu radeln, sollte unbedingt zumindest die im Kapitel *Karten* genannte *Firestone*-Mallorca-Karte 1:125.000 mit rückseitigem Stadtplan von Palma erwerben — besser natürlich einen speziellen Palma-Stadtplan!

Wege hinein, hinaus und hindurch

Die Hanglage Palmas, das organisch gewachsene Stadtzentrum mit seinem höchst komplizierten Einbahnstraßensystem und die vielspurig ausgebauten Schnell- und Umgehungsstraßen machen es für den ortsfremden Radfahrer sinnvoll, sich je nach Start- und Zielrichtung auf einige wenige Straßenzüge zu beschränken.

Für die *Durchquerung* Palmas von einer Seite der Bucht zur anderen ist die Wahl leicht zu treffen: die vielspurige Hauptstraße am Hafen entlang ist entgegen der Einzeichnung in den meisten Straßenkarten keineswegs durchgehend Autobahn und bietet dadurch auch dem Radfahrer eine kurze Querverbindung an.

Dies gilt insbesonders in Ost-West-Richtung. Zwischen der Kathedrale und dem Abzweig zur alten Hauptstraße C719 Rchtg. Cala Major/Palma Nova sind keine Fahrrad-Verbotsschilder installiert. In Gegenrichtung findet sich zwar am südlichen Stadtrand ein Verbotsschild, das aber im weiteren Streckenverlauf nicht bestätigt wird, so daß ein Einschwenken auf die Straße möglich ist.

Als Alternative existiert unmittelbar neben der Hafen-Fußgängerpromenade auf deren gesamter Länge ein Gegenrichtungsradweg, der allerdings viel zu schmal, häufig arg fußgängerbelastet und zudem mit etlichen baulichen Mängeln versehen ist. Als Vorteil weist der Radweg allerdings auf, daß auf ihm sämtliche der zahlreichen Ampeln auf der Hafenstraße vermieden werden.

Zu den Ausfallstraßen in Richtung Norden gelangt man am unkompliziertesten über einen annähernd halbkreisförmigen Straßenzug, der u.a. den wichtigsten Punkt des öffentlichen Nahverkehrs, den Plaza España, berührt.

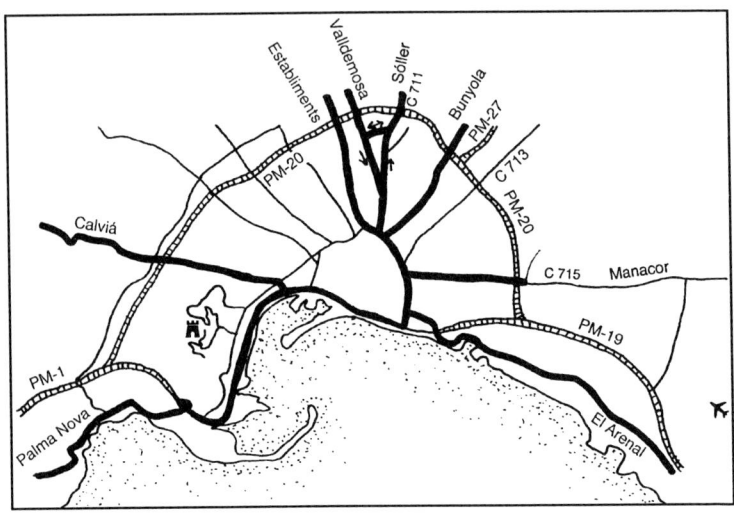

Richtung Palma Nova/Magalluf

Der Weg nach Palma hinein gestaltet sich denkbar einfach: die C719 trifft am südlichen Ortsrand von Palma nahtlos auf die Hafenuferstraße bzw. den oben beschriebenen Gegenrichtungsradweg neben der Promenade. Zum Zentrum, das unmittelbar nördlich der unübersehbaren Kathedrale liegt, und in Richtung Playa de Palma (s.u.) sind diese beiden Alternativen gleichermaßen günstig.

In Gegenrichtung unterscheidet sich die Streckenführung nur geringfügig. Am südlichen Stadtrand geht die mehrspurige Ausfallstraße in die rechtzeitig angekündigte Autobahn PM-1 Rchtg. Andraitx über, und kurz vorher verlassen Sie die Straße nach rechts und fahren in einem weiten Bogen auf einer Brücke über die Schnellstraße hinweg nach Cala Major, wodurch Sie nahtlos die C719 erreichen.

Als Verbindung zu den Ausfallstraßen Richtung Norden bietet sich an, bereits im äußersten Südwesten Palmas, unmittelbar nach Erreichen der Küstenuferstraße bzw. des Radwegs, links auf eine etwas höher verlaufende Parallelstraße auszuweichen. Der Straßenzug *Avenida Joan de Miro − Calle Marques de la Cenia* macht am *Plaza Puente* die Biegung der Bucht jedoch nicht mit, sondern entfernt sich in der Verlängerung (*Calle Espartero − Calle de Fatima*) nordostwärts vom Hafen. Am *Plaza Hornabeque* wird die Straße breiter, erhält durch einen Grün-/Parkstreifen getrennte Fahrspuren und erreicht über die *Via Portugal* und *Via Alemania* den nördlichsten Punkt dieser innerörtlichen Umgehungsstrecke. Hier bzw. am südöstlich gelegenen *Plaza Conquista* bieten sich die Abzweigungen zu den nördlichen Zielen (s.u.).

Richtung Playas de Mallorca (Playa de Palma/El Arenal)

Da die Straße zu diesen Touristenzentren auf voller Länge durch die Autobahn PM-19 entlastet wird, hält sich der Autoverkehr in Grenzen. Beim Weg hinein nach Palma durch die alten Dörfer Coll d'en Rebasse und Molinar erreichen Sie am Südostrand Palmas eine Kreuzung, an der rechts die Autobahn PM-19 (Rchtg. Flughafen bzw. Llucmajor) beginnt und auch nach links noch Verbotsschilder für Radfahrer stehen. Wenn Sie geradeaus darüber hinwegfahren, gelangen Sie auf der *Calle de Juan Maragal* nach ca. 500 m zu der innerörtlichen Umgehungsstraße *Avenida Gabriel Alomar y Villalonga*. Diese eröffnet Ihnen nach links den Weg zur Uferstraße mit dem daneben verlaufenden Radweg, nach rechts zu den nördlichen Ausfallstraßen.

In Gegenrichtung sind die gleichen Straßenzüge zu nutzen. Falls Sie auf dem Promenadenradweg die Bucht von Palma umrunden, kommen Sie (ohne den Schlenker via *C. de Juan Maragal*) nahtlos zur Straße nach Molinar und Richtung Coll d'en Rabassa. Am Ende der Promenade ist allzuviel Schwung unangemessen, da der Radweg dort ohne Vorwarnung im Sand des Strandes versinkt, so daß ein Wechsel auf die Straße nötig ist.

Richtung Calviá/Capdella

Aus dem Zentrum Palmas bzw. von der Uferstraße aus weisen die Schilder Richtung *Pueblo Español* den Weg zur *Calle de Andrea Doria*, deren unmittelbare Verlängerung (Beschilderung: Rchtg. Genova) an einem Krankenhaus (Residencia Sanitaria) vorbei führt und bereits die richtige Ausfallstraße (s. Etappe 1) darstellt. Kurz hinter der Überquerung der Autobahn PM-20 geht's an einem Kreisverkehr optisch geradeaus Rchtg. Base General Asensio.

Schaltstelle für die Abzweigung an der innerörtlichen Durchgangsverbindung (s. Rchtg. Palma Nova) ist der Plaza Puente.

Aus Richtung Palma Nova ist der Weg ggf. sinnvoll abzukürzen, in dem gemäß der Beschilderung die Straße durch Genova Rchtg. La Vileta benutzt wird.

Richtung Establiments

Am nördlichsten Punkt der innerörtlichen Umgehungs- und Durchgangsstrecke, dem Übergang der *Via Alemania* in die *Avenida Conde Salent*, zweigt nach Norden die *Calle del General Riera* ab, deren Verlängerung die Landstraße nach Establiments ist.

Richtung Valldemosa

Einige hundert Meter südöstlich des Abzweigs nach Establiments befindet sich der Plaza España, der Hauptumschlagplatz des öffentlichen Personen-Nahverkehrs für Mallorca im allgemeinen und Palma im besonderen. Hier starten nahezu alle Buslinien, die Insel-Eisenbahn nach Inca und die Touristenbahn nach Sóller. 100 m nordwestlich beginnt am Plaza Conquista die *Calle 31 de Diciembre*, die als Zufahrt sowohl Richtung Sóller als auch Valldemosa dient. An ihrem Ende befindet sich eine Gabelung; während von halblinks die *Calle Francisco Suau* als Einbahnstraße aus Richtung Valldemosa kommt, führt halbrechts die *Calle Capitan Salom* (ebenfalls als Einbahnstraße) Richtung Sóller, die aber bis zum Stadtrand auch als Zufahrt Richtung Valldemosa dient. Noch vor Erreichen des Autobahnrings PM-20 stellt eine beschilderte Querverbindung den Anschluß an die Landstraße nach Valldemosa her.

In Gegenrichtung entfällt dieser Schlenker, da die Landstraße nahtlos in die Einbahnstraße Rchtg. Zentrum übergeht.

Richtung Sóller

Bis kurz vor dem Autobahnring PM-20 ist diese Strecke identisch mit der oben beschriebenen Richtung Valldemosa; ein Verlassen der *Calle Capitan Salom* ist aber unnötig, da sich die C711 unmittelbar anschließt.

Hingegen ist in Gegenrichtung ein (beschilderter) Schlenker zur *Calle Francisco Suao* (Einbahnstraße ins Zentrum) erforderlich.

Richtung Bunyola

An der Ostseite des Plaza España beginnt zwischen den Bahnstationen der Linie nach Inca und des Touristenbähnchens nach Sóller die Straße *Eusebio Estada*, die anfangs auch als Trasse für die Schmalspurbahn dient. Wenn die Sóller-Bahn nach links schwenkt, halten Sie sich geradeaus und sind damit schon auf der korrekten Landstraße nach Bunyola angekommen.

Richtung Manacor/Sineu

Im östlichen Teil der innerörtlichen Umgehungs- und Durchgangsstrecke beginnt die *Calle Heroes de Manacor* (= C715), die ostwärts aus der Stadt führt. Im Gegensatz zur Darstellung auf manchen Straßenkarten befindet sich die Abzweigung (links) Richtung Sineu erst unmittelbar hinter der Unterquerung des Autobahnrings.

La Ciutat – Palma de Mallorca

Palma de Mallorca, 315.000 Einw., ist Hauptstadt der Insel und der Provinz der Balearen (und zehntgrößte Stadt Spaniens). Sie zieht sich über 20 km an einer ausgedehnten Bucht entlang. Ihr heutiger offizieller Name ist die Wiederaufnahme eines Begriffs der Römer, deren hiesige Kolonie *palmaria* hieß; der Standort des römischen Palma ist hingegen nicht geklärt. Im 16. Jahrhundert bastelten spanische Sprachreiniger daraus *Palma de Mallorca*, unter Verwendung der damals gebräuchlichen Bezeichnung *Ciutat de Mallorques*, was nichts anderes bedeutet als „Stadt von Mallorca". Die vorherrschende Bedeutung, die Palma damals bereits hatte, manifestiert sich in diesen Wörtern: es war und ist *die* Stadt der Insel schlechthin und wird von den Inselbewohnern noch heute mit ihrem früheren Namen bezeichnet. Regionalpatriotische Schilderstürmer lassen es sich häufig nicht nehmen, auf Wegweisern überall auf Mallorca den Namen „Palma" durch „Ciutat" zu ersetzen.
In der heutigen Form geht Palma auf eine Gründung der Sarazenen zurück, die hier eine Befestigung errichteten, deren Zentrum der Palast *Almudaina* (s.u.) war. *Medina Mayurca* hieß die Stadt damals, die zu dieser Zeit noch nicht die Nummer Eins war: der maurische Regierungssitz war anfangs in *Alcúdia*, und die größte Stadt der Insel war das Landwirtschaftszentrum *Inca*. Am Silvestertag 1229 marschierten die katalonischen Truppen des Königs Jaime von Aragón in Palma ein und setzten damit den Schlußpunkt unter die Rückeroberung Mallorcas. Mit „christlichem" Eifer wurden die Bauwerke der Araber gründlich zerstört; u.a. entstand die prunkvolle Kathedrale am Stand-

ort der früheren Moschee. Nur wenig ist erhalten geblieben: die arabischen Bäder, beinahe einzige (kleine) Überbleibsel der maurischen Stadt (Calle Serra 15), der Torbogen *Calle de la Almudaina* als letzter Rest der maurischen Befestigung, und der allerdings stark umgebaute Palast *Almudaina* neben der Kathedrale.

Abgesehen vom Meer aus (ggf. bei Ankunft mit der Fähre) bietet sich der beste Blick über Palma von der Burg *Bellver* (14. Jh.) auf einer Anhöhe (112 m) hoch westlich der Stadt. Im Inneren der kreisrunden Festung mit vier Türmen befindet sich heute eine Museum.

Trotz der beträchtlichen Flächenausdehnung der Stadt befinden sich die meisten Sehenswürdigkeiten historischer, wirtschaftlicher oder sozialer Art auf recht engem Raum im Dunstkreis der *Kathedrale*. Dieser Monumentalbau verdankt seine Entstehung angeblich einem Gelübde des Eroberers Jaime I. und wird in seinen Ausmaßen (in Spanien) nur von der Kathedrale in Sevilla übertroffen. Die Kirche, von den Mallorquinern *La Seo* genannt, gibt einen Überblick über die Kunstströmungen vom 14. bis 19. Jh., ohne dabei zum stilistischen Chaos zu werden; imposant sind der mächtige Glockenturm und die drei Portale, darunter vor allem das Außenportal *Puerta del Mirador*, entworfen von Guillem Sagrera. Zutritt (mit Gebühr) erfolgt wochentags durch das Dommuseum (lange Mittagspause), das sonntags geschlossen ist, weshalb dann (nur vormittags) die Kathedrale ohne diesen Umweg zugänglich ist. Gleich hinter der Kirche steht das Bischöfliche Palais mit dem Diözesan-Museum, das eine sehenswerte Sammlung sakraler Kunst enthält.

Am entgegengesetzten Ende der Kathedrale, gegenüber der Hauptfassade, erhebt sich *La Almudaina*, der königliche Palast (s.o.), der in Teilen heute noch das Militärhauptquartier der Insel beherbergt. Ansonsten sind die schönen Arkaden und das Nationalmuseum im Rest des Palastes aber im Rahmen von Führungen zugänglich (so und sa-nachmittags geschlossen).

Nördlich und östlich der Kathedrale und des Palastes erstreckt sich mit der Altstadt *La Portella* ein konzentriertes Gebiet dichtgedrängter Sehenswürdigkeiten. Nicht nur die Überreste der arabischen Stadt (s.o.) sind hier zu finden, sondern auch die Kirchen San Francisco und Montisión, das *Museo de Mallorca* im Palau Ayamans (La Portella 5, mo geschl.), Herrenhäuser mit schönen Innenhöfen wie Casa Oleo und Casa Oleza, der Palau Vivot (privates Museum) und das Rathaus (Ayuntamiento) am Plaza de Cort mit einer schönen Renaissancefassade des 17. Jh. und geschnitztem Schirmdach.

Westlich des königlichen Palastes warten weitere historische Bauten auf Besucher. Der Palast *Lonja*, erbaut im 15. Jh. von Guillem Sagrera im gotischen Stil (mo geschl.), verfügt über eine schöne Fassade und ein imposantes Inneres und wurde als Domizil für das Balearenparlament ausgewählt.

Foto rechts: Mallorcas berühmteste Ensaimada-Bäckerei: Forn des Teatre

Einen Steinwurf weiter befindet sich das *Consulado del Mar*, das ehemalige Handelsgericht in einem Bau des 17. Jh., in den die Provinzregierung eingezogen ist.

Abseits des Stadtkerns wird seit 1967 ein „spanisches Dorf" am Stadtrand nordwestlich der Calle Andrea Doria errichtet; der *Pueblo Español* wurde nach dem Vorbild eines gleichnamigen Projektes in Barcelona geschaffen und umfaßt heute bereits über 90 Bauwerke aus allen Teilen Spaniens, erbaut aus Original-Materialien. Das „Museumsdorf" ist tägl. 10-18 h zugänglich (Eintrittsgebühr) und dient nicht nur dem Auge, sondern auch als Domizil für Künstler, Handwerker und gastronomische Versorgungsbetriebe.

Abgesehen vom Schloß Bellver und dem Pueblo Español sind alle historischen Sehenwürdigkeiten in Fuß-Entfernung um das heutige Stadtzentrum gruppiert, dessen wichtigste Straße zum Einkaufen und Bummeln der *Passeig d'es Born* (kurz „Born") ist. Eine weitere Anlaufstätte zum Konsum ist der Trödelmarkt *Mercado Baratillo* auf dem Plaza Porta des Camp (samstagvormittags 8-13 h), der allerdings vorrangig dem Touristen-Nepp dient; authentischere Eindrücke vermittelt ein Besuch in den Markthallen am Plaza del *Olivar* (nahe dem Plaza España), wo in zwei Stockwerken die gesamte Sinnenfreude südländischen Warenangebots präsentiert wird.

Information: Oficina de Turismo de la Communidad Balear, Plaça de la Reina 2, 07012 Palma de Mallorca, ✆ 971712216; dto., Flughafen, ✆ 971260803; Oficina Municipal de Turismo, Santo Domingo 11, 07001 Palma de Mallorca, ✆ 971724090; dto., Plaça d'Espanya, 07002 Palma de Mallorca, ✆ 971711527, mo-sa.

Unterkunft: Obwohl Palma kein Urlaubsort im engeren Sinne ist, gibt es eine große Zahl von Hotels. Das Preisniveau ist etwas höher als außerhalb, aber dafür bekommt man auch zu jeder Jahreszeit ein Zimmer ganz nach *gusto*. Auswahl von ganzjährig geöffneten, zentral gelegenen Häusern unterer Preisstufen: Hostal Ritzi *, Calle Apuntadores 6, ✆ 971714610, 17 Z.; Hostal San Lorenzo *, Calle San Lorenzo 6, ✆ 971728200, 6 Z.; Hotel Born **, Calle San Jaime 3, ✆ 971712942, 29 Z.

Fahrräder: Ciclos Mallorca, Carrer Joan Alcover 23, ✆ 971467616; Bicicletas Caldentey, Carrer Grua 8, ✆ 971744455; Bimont, Plaza Progreso 19, ✆ 971731866; Ciclos Gomila, ✆ 971292255.

Fahrradreparatur: Ciclos Gomilla, ✆ 971292255; Bimont, Pl. Progres 19, ✆ 971731866; Casa Capo, General Ricardo Ortega 28, ✆ 971469561; Ciclos Ferra, Archiduque Luis Salvador 7, ✆ 971200700.

Fahrradverleih: J. Martinez Lopez, Avda. Bmé R. Sabator 75, ✆ 971269855; M. Mas Segui, C. B. Calafell 12, ✆ 971490154; Med-Ped SA, C. Perla, ✆ 971265755; A. Reynes Mas, Av. Bmé. R. Sabater, ✆ 971266425.

Rundtour Palma 1: Palma – Capdella – Sa Granja – Palma (60 km)

Mit drei beachtlichen Steigungen und einer Sehenswürdigkeit ersten Ranges gewürzt ist diese Erlebnisrundstrecke durch die südlichen Teile der Sierra de Tramontana. In der hier vorgeschlagenen Abfolge bieten sich in regelmäßigen Abständen erholsame Zwischenstücke und Rastorte; das letzte Drittel der Tour ist schließlich eine einzige langgezogene Abfahrt. In Gegenrichtung gestaltet sich somit die Tour deutlich anstrengender und in ungünstigerer Abfolge hinsichtlich des „Höhepunktes" in Sa Granja.

Rundtour Palma 1 – Etappen 1 – 3

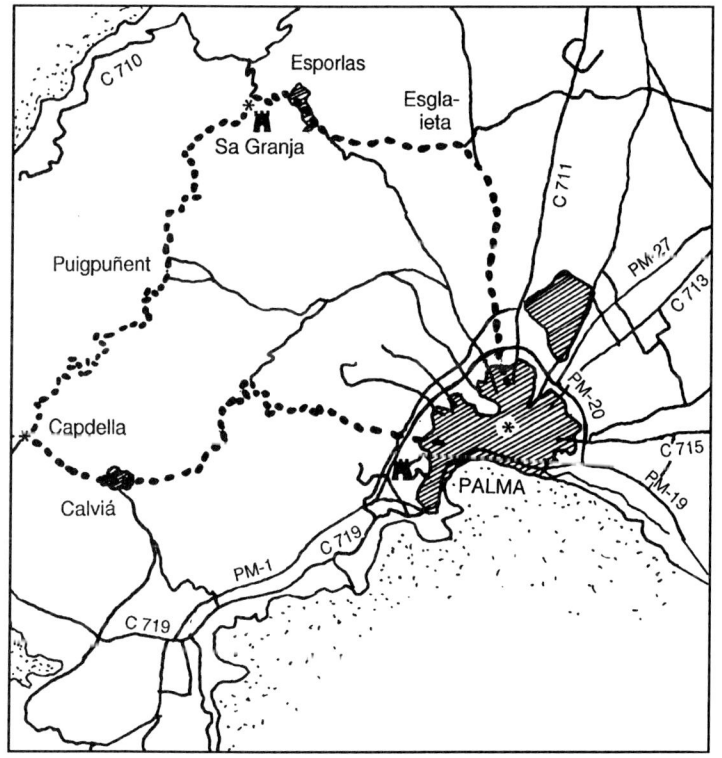

Etappe 1: Palma – Calviá – Capdella (23 km)

Die im Kapitel *Ausgangsbereich Palma* beschriebene Strecke aus der Stadt hinaus Richtung Calviá/Capdella macht den Anfang zu dieser Etappe. Einige hundert Meter hinter dem Krankenhaus führt die Straße fast geradlinig auf ein Kasernentor zu, an dem halbrechts die Strecke Richtung Calviá abknickt. Die Kaserne ist Ausdruck der militärischen Präsenz in diesem Gebiet: auf beiden Seiten der schmalen Straße erstreckt sich ein Truppenübungsgelände, auf dem spanische Soldaten allerlei Zerstörungen trainieren. Um dem damit einhergehenden Lärm zu entgehen, ist der Sonntag der günstigste Tag für diese Etappe.

Es folgt eine langgezogene Steigungsstrecke (ca. 300 m Höhenmeter), die eine gewisse sportliche Einstellung erforderlich macht, hinauf zum *Coll d'es Vent* (auch *Coll de Sa Creu* genannt). Kurz vor Erreichen der Höhe verlassen Sie den Militärspielplatz; es geht nun wieder etwa die Hälfte der gewonnenen Steigung hinab zu einer T-Mündung in die Straße Calviá-Establiments.

Z.Z. der Streckenrecherche befand sich an dieser Mündung in Gegenrichtung keine Beschilderung; als Hinweis kann aber dienen, daß von dort aus in Richtung Establiments eine Entfernung von 10,5 km ausgeschildert ist.

Nach links bringt Sie die Landstraße weiter hinab nach **Calviá**.

> Dieses Städtchen ist Gemeindeverwaltungssitz für die gesamte Urlaubsregion von Illetas bis Paguera (17500 Einw.) und entsprechend wohlhabend. Allerdings haben die örtlichen Behörden mit ihrer Schmarotzerpolitik, die die Einkünfte lieber in eine überdimensionierte Sportanlage in Calviá als in infrastrukturelle Verbesserungen der Urlaubsorte fließen ließ, sich nicht nur Freunde geschaffen.
> Optisch beherrschend ist in Calviá die monumentale Pfarrkirche *San Juan* (13. Jh.). An ihrem Vorplatz befindet sich auch das örtliche Rathaus.

In etwa immer auf der gleichen Höhe verläuft die Straße weiter in das 4 km entfernte Dorf **Capdella** (mallorquinische Schreibweise mit einem Punkt zwischen den beiden „l": Capdel.la!). In dieser unscheinbaren Siedlung bzw. der dortigen Gaststätte machen in der Mittagszeit beachtliche viele Urlauber eine Pause, denn Capdella liegt äußerst günstig am Kreuzungspunkt der Straßen Rchtg. Andraitx, Paguera, Palma Nova und Sa Granja. Die geringe Entfernung nach Paguera (5 km) und die Existenz eines Wanderweges dorthin machen das Dorf in der Wandersaison zu einem bevorzugten Ziel für Reisende auf Schusters Rappen.

Etappe 2: Capdella – Sa Granja (19 km)

Am östlichen Ortsrand von Capdella beginnt eine Landstraße, die in einer langen und kurvenreichen Steigung hinauf bis auf die Höhe von **Galilea** führt. Verglichen mit der Paßhöhe in Etappe 1 ist dieser Anstieg jedoch weniger anstrengend. In dem zur Gemeinde Puigpuñent gehörenden Dorf findet sich traditioneller Kachelschmuck an vielen Häusern, für dessen Erneuerung und Ausweitung die zahlreichen hier ansässigen Künstler sorgen.

Anschließend verläuft die Landstraße wieder bergab hinunter nach **Puigpuñent**.

Dieses Dorf (1000 Einw.) im südlichen Inneren der *Sierra de Tramontana* ist umgeben von sogenannten *Possessions* (befestigte Landgüter), deren interessantestes, *Son Fortezza* (17. Jh.), aber leider nicht zu besichtigen ist.

Vor den Endpunkt dieser Etappe (und Höhepunkt der Rundtour) hat die Natur die Überquerung der dritten Paßhöhe gesetzt. Von Puigpuñent führt eine stramme Serpentinenstrecke bergauf und erreicht nach ca. 4 km den Höhepunkt, von dem aus es schließlich hinunter nach **Sa Granja** geht.

Der dortige, zur Gemeinde *Esporlas* (2700 Einw.) gehörende Landpalast (17./18. Jh.) beeindruckt durch seine schöne, sehr ruhige Atmosphäre (zumindest in der Nebensaison), zu besichtigen tägl. 10-18 h. Sowohl die Gebäude mit der bogengeschmückten Galerie um den Patio als auch die ausgedehnten Park anlagen rechtfertigen es, den nicht billigen Eintritt (Pts 1600) zu entrichten. Außerdem sind darin Proben von diversen Weinen und frischem Schmalzgebäck enthalten, mi/fr ab 15.30 h zusätzlich mit Handwerksvorführungen, Tanz und Folklore – dann natürlich weniger idyllisch.

Etappe 3: Sa Granja – Esporlas – Esglaieta – Palma (18 km)

Bereits kurz hinter Sa Granja führt die Landstraße geradewegs durch das langgezogene, recht nette Straßendorf *Esporlas*. Kurz danach schwenkt die Richtung Palma beschilderte Straße nach halblinks, im Gegensatz zu der von manchen Straßenkarten vorgegaukelten „Hauptstrecke" via Establiments. Bei der Ansiedlung Esglaieta trifft die gut ausgebaute Straße auf die Landstraße Valldemosa – Palma, die geradewegs in die Hauptstadt hinab führt. Sie erreicht **Palma** über die *Calle Francisco Suau* (s. Kapitel *Ausgangsbereich Palma*).

Rundtour Palma 2: Palma – Sa Granja – Valldemosa – Palma (45 km)

Rundtour Palma 2 – Etappen 4 – 6

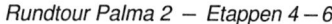

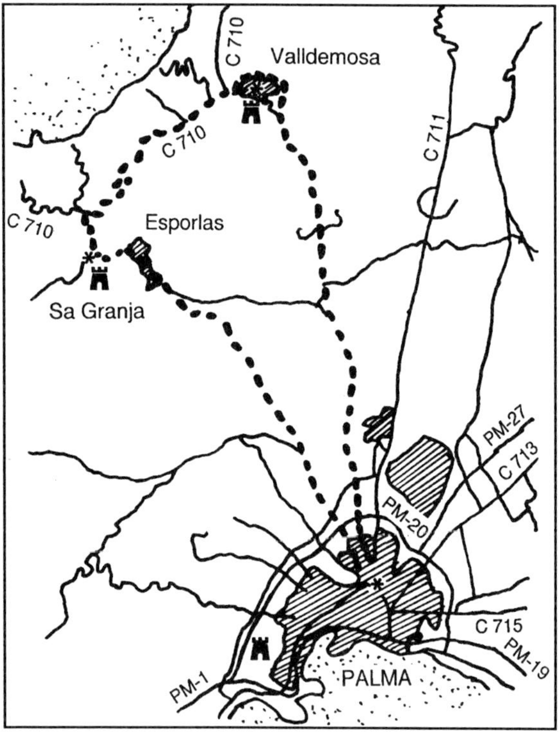

Gleich zwei der zu Recht populärsten Ausflugsziele aus dem Raum Palma werden von dieser Tour erfaßt. Obwohl die dabei zu absolvierende Entfernung vergleichsweise gering erscheint, handelt es sich nicht nur wegen der Sehenswürdigkeiten, sondern auch wegen der im Küstenbereich zu überwindenden Steigungen um eine vollwertige Tagestour.

Etappe 4: Palma – Establiments – Sa Granja (16 km)

Im Gegensatz zu einer ggf. alternativ zu nutzenden Umkehrung von Etappe 3
führt diese Etappe über ruhigere, abwechslungsreichere, aber auch etwas hü-
geligere Straßen. Gemäß der im Kapitel *Ausgangsbereich Palma* beschriebenen Variante verläßt sie Palma auf der geradlinigen Landstraße nach *Establiments*. Dieses noch zum Gemeindegebiet Palmas gehörige Straßendorf wird
geradewegs durchfahren, und ein leicht welliges Teilstück durch *Esporlas* nach
Sa Granja zu dem dortigen Landgut (s. Etappe 2) schließt sich an.

*(In Gegenrichtung ist südlich des Ortsrandes von Esporlas ggf. darauf zu ach-
ten, nicht wie bei Etappe 3 der Beschilderung Rchtg. Palma zu folgen, sondern
halbrechts nach Establiments abzuzweigen.)*

Etappe 5: Sa Granja – Valldemosa (11 km)

Diese Etappe hat es bei aller Kürze in sich, denn schon kurz vor dem Landgut
Sa Granja beginnt die 1300 m lange Steigung hinauf zur Fernstraße C710.
Nach Erreichen dieser im Sommer vielfrequentierten Ausflugsstrecke fahren
Sie rechts Rchtg. Valldemosa/Sóller und haben auf schmalerer Fahrbahn eine
beachtliche Serpentinenstrecke vorbei an mächtigen Felsen hinauf zum *Coll de
Cloret* zu absolvieren. Auf den anschließenden Teilstücken wird es anfangs
wieder deutlich fruchtbarer, Olivenbäume säumen den Weg, um anschließend
von neuen Felsmassiven abgelöst zu werden. Insgesamt gesehen bleibt die
C710 aber auf deutlich größerer Höhe, so daß der Abzweig nach Valldemosa
keine übermäßigen Kletterkünste mehr erfordert.

Valldemosa, 1300 Einw., ist ein altes Städtchen, mit noch etwas steileren
Straßen als ohnehin auf Mallorca üblich. Weder dieser Umstand noch die
ausgesucht schöne Lage bescheren hingegen dem Ort seinen intensiven
Ausflugsverkehr, sondern im wesentlichen ist dafür das Kloster *Cartuja* (Mittagspause; sonntags geschlossen!) verantwortlich. Dabei handelt es sich um
ein 1399 zum Kartäuserkloster umgebautes königliches Schloß, das später
als Schutz gegen Piratenüberfälle mit Türmen befestigt wurde. 1835 wurde
es wie alle spanischen Klöster säkularisiert und als Wohnsitz für Privatleute
umgebaut. Alle Klosterzellen bestanden aus drei Räumen und einer Garten-
terrasse: der prachtvolle Ausblick war wohl das Komfortabelste daran. Zwei
dieser ehemaligen „Zellen" dienten im Winter 1838/39 Frederic Chopin und
seiner Lebensgefährtin George Sand als Domizil. Damals stieß das (unver-
heiratete) Paar auf wenig Gegenliebe bei den Mallorquinern, und George
Sand machte in ihrem Buch „Ein Winter auf Mallorca" keinen Hehl aus ihrem

Unmut. Mittlerweile ist die Erinnerung an das prominente Paar jedoch zum touristischen Werbeargument geworden. Die beiden Klosterzellen wurden mit Mobiliar und allerlei reliquienähnlichen Erinnerungsstücken hergerichtet, und selbstverständlich kann man George Sands Buch in allen gängigen Touristensprachen erstehen.

Als dritte rekonstruierte Zelle ist die des Priors zu besichtigen, die größte und besterhaltene des Klosters, der die Klosterbibliothek angegliedert ist.

Zum Komplex gehören außerdem die Klosterapotheke, das Municipalmuseum mit der „Erzherzogausstellung" zu Ehren des österreichischen Erzherzogs Ludwig Salvator, dem Pionier des internationalen Mallorca-Tourismus, und die Klosterkirche mit alten Gemälden. Älter als letztere ist hingegen die örtliche gotische Pfarrkirche (15. Jh.).

Man sollte einen Besuch in Valldemosa nicht abschließen, ohne einen Bummel durch die steilen Dorfteile unterhalb der Kartause zu machen. Die Touristenströme machen im allgemeinen einen großen Bogen darum (im wahrsten Sinne des Wortes: auf der Umgehungsstraße), so daß das Dorfleben hier noch relativ unverfälscht erhalten ist. Hingegen ist das Ortszentrum zu einer Fußgängerzone ausgebaut und mit allerlei touristischen „Nutzungen" versehen worden.

Information: Delegación Fomento de Turismo, Plaza de la Cartuja 11 l, 07170 Valldemosa, ✆ 971612106, so geschlossen.

Unterkunft: Hostal C'An Mário *, Carrer Uetam 8, ✆ 971612122, 8 Z., ganzj., bei der Kartause.

Blick auf Valldemosa

Etappe 6: Valldemosa – Palma (18 km)

Zwei Wege führen aus Valldemosa hinaus Rchtg. Palma: zum einen die breit ausgebaute Straße, die im weiten Bogen um das Dorf herum verläuft, zum anderen eine steile innerörtliche Serpentinenstrecke (neben der Kartause beschildert), die aber nur mit gut funktionierenden Felgenbremsen anzuraten ist – bei Trommel- oder gar Rücktrittbremse ist mit Heißlaufen und Blockieren zu rechnen. Südlich des Dorfs trifft auch die Nebenstraße auf die Landstraße nach **Palma**.

Fast ohne Unterbrechung geht es nun bergab, davon die ersten 3-4 km etwas steiler, dann eher sanft. Es sind keinerlei Abzweigungen erforderlich, um ins Zentrum der Hauptstadt zu gelangen.

Rundtour Palma 3: Palma – Valldemosa – Sóller – Bunyola – Palma (75 km)

Diese Rundtour zu gleich drei sehenswerten Ausflugszielen ist nur etwas für Radler mit ausgeprägteren sportlichen Neigungen und entsprechender Kondition, denn die zur An- und Abfahrt von Sóller zu bewältigenden Steigungen lassen wegen ihrer Länge und Steilheit das Schieben als Notlösung nicht zu.

Den Anfang macht *Etappe 6* in Gegenrichtung, wozu der im Kapitel *Ausgangsbereich Palma* beschriebene Weg aus der Stadt hinaus zu nutzen ist. Es geht anfangs sanft bergan, und erst ca. 3 km vor **Valldemosa** (s. Etappe 5) wird die Steigung stärker.

Etappe 7: Valldemosa – Sóller (20 km)

Nach dem Besuch der Kartause gelangen Sie in den Wirkungskreis des österreichischen Erzherzogs Ludwig Salvator, der zwischen Valldemosa und Sóller eine große Zahl von Ländereien erworben und kultiviert hatte.

1 km nordwestlich des Ortsrands von Valldemosa trifft die Landstraße auf die Haupt-Küstenstraße C710, der Sie nach rechts folgen. Wie bei einer mit Aussichtspunkten reich garnierten Straße nicht anders zu erwarten, dürfen Sie nicht auf wadenschonenden Verlauf hoffen. Als erster Abstecher zu einem Be-

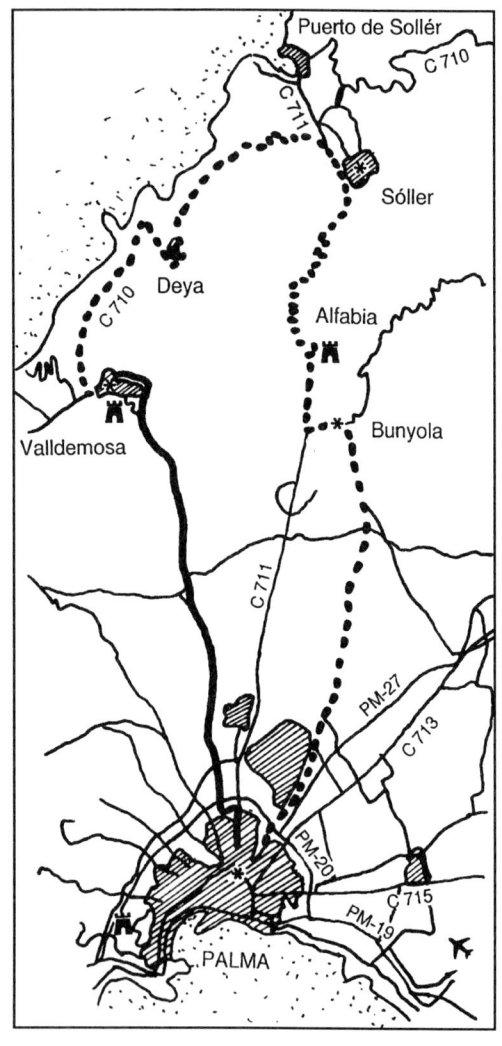

sitztum des Erzherzogs bietet sich die Kapelle der Eremitage von *Trinidad* an, ein schlichter Bau etwa 1½ km abseits der Straße. Auf halbem Weg nach Deyá streift die Strecke den Hauptwohnsitz des österreichischen Blaublütlers, *Miramar*, der der Öffentlichkeit nicht zugänglich ist. Hingegen kann die nächste Residenz besichtigt werden: das Herrenhaus *Son Marroig* (Museum, tägl.), dessen Hauptattraktion aber der Blick von der Terrasse ist. Von Son Marroig ist es dann nicht mehr weit zum pittoresken Künstlerdorf Nummer Eins Mallorcas, Deyá.

Deyá, 550 Einw., ist bereits seit dem späten Mittelalter eine populäre Künstlerkolonie und heute ein hervorragendes Beispiel volkstümlicher Architektur in schöner Umgebung; die Häuser scharen sich um einen freistehenden Bergkegel und die alles überragende Pfarrkirche. Dank einer für mallorquinische Verhältnisse ungewöhnlich strengen Baugenehmigungspolitik ist auch nicht zu befürchten, daß sich an diesem Bilderbuch-Ambiente so bald etwas zum Schlechten hin ändert.

Unterkunft: Hostal Miramar *, C'an Oliver, ✆/🖷 971639084, 17 Z., März-Okt.; Hotel Costa d'Or *, ✆ 971639025, 🖷 971639347, 42 Z., April-Okt., 3 km nördlich bei Lluch Alcari; zudem zwei ausgesprochene Nobelherbergen und ein paar Appartements.

Als teils äußerst windungsreiche Straße, die bei Hochbetrieb von warnendem Hupen widerhallt, trifft die C710 nach weiteren 10 km auf die C711; etwas weiter rechts liegt das Etappenziel **Sóller** (s. entsprechende Ausgangsbereich-Beschreibung).

Etappe 8: Sóller – Bunyola (18 km)

Die geografisch abgeschiedene Lage Sóllers bringt es mit sich, daß auf dieser Etappe der Schweiß rinnen muß, denn nach einem 3 km langen, gemäßigten Anfang folgen eine 5,6 km lange, äußerst anstrengende Serpentinenstrecke und 500 m Höhenunterschied. Schließlich wird der *Coll de Sóller* erreicht. Oben gibt es ein kleines Restaurant, wo die Frucht der Transpiration trocknen kann, bevor es genauso kurvenreich wieder bergab geht (Windschutz überziehen!) Richtung Bunyola und Palma.

[Die gesamte Serpentinenstrecke ist seit einigen Jahren für den Autoverkehr untertunnelt – für Radler ist der Tunnel aber verbotenes Terrain. Dennoch müssen Sie auch auf der Paßstraße mit (Touristen-)Autos rechnen.]

Nachdem die 4,6 km langen Spitzkehren bergab heil überstanden sind, befindet sich östlich der C711 das Landgut *Son Alfabia*, ursprünglich ein großzügiger arabischer Landsitz mit gepflegten Gärten. Mit dem in veralteten Reiseführern euphemistisch gepriesenen Pflegezustand ist es heute nicht mehr weit her, aber dennoch lohnt der Besuch dieser Anlage subtropischer Vegetation (sonntags geschlossen) und des Herrenhauses.

2,5 km weiter zweigt die Landstraße nach **Bunyola** ab. Auch der Name dieses Städtchens (ca. 3000 Einwohner) deutet auf arabische Vergangenheit hin, denn in der damaligen Umgangssprache stand der Begriff für „Kleiner Weingarten", adaptiert vom lateinischen Wort *vineola*.

Etappe 9: Bunyola – Indioteria – Palma (18 km)

Diese Etappe stellt eine geradlinige Nebenstraßenverbindung zur Hauptstadt Mallorcas dar, die deutlich angenehmer, aber nicht komplizierter als die C711 verläuft. Nur ca. 2½ km südlich von Bunyola ist etwas Aufmerksamkeit erforderlich, da dort die Strecke nach **Palma** halbrechts von der Straßenführung abzweigt.

Sie erreichen Palmas Zentrum unmittelbar an der Endstation der Eisenbahn aus Sóller (s. Kapitel *Ausgangsbereich Palma*).

Rundtour Palma 4: Palma – Bunyola – Alaró – Santa María del Camí – La Cabañeta – Son Ferriol – Palma (68 km)

Nur eine erwähnenswerte Steigung ist in dieser Rundtour enthalten, auf der man aber durch die ausgesucht schöne Landschaft für jeden Schweißtropfen reichlich entschädigt wird.

Als Alternative zum ersten Teilstück (Etappe 10) kann selbstverständlich auch die geringfügig längere Umkehrung von Etappe 9 benutzt werden.

Etappe 10: Palma – Palmañola – Bunyola (17 km)

Entsprechend der Schilderung im Kapitel *Ausgangsbereich Palma* verlassen Sie Palma auf der beschilderten Hauptstraße C711 Rchtg. Sóller. Ca. 1½ km hinter der Siedlung *Palmañola* ist auf sämtlichen Straßenkarten links das Landgut von **Raixa** eingezeichnet. Wundern Sie sich aber nicht, wenn Sie keine Hinweisschilder dorthin entdecken können, denn die völlig verwilderten Parkanlagen sind derzeit nicht zugänglich – ein Aktualitätstest für etwaige weitere von

Ihnen benutzte Reiseführer.

Noch bevor die Straße steiler wird, zweigt rechts die Landstraße nach **Bunyola** (s. Etappe 8) ab.

Etappe 11: Bunyola – Orient – Alaró (20 km)

Geradezu winzig ist die Abzweigung im Ortszentrum von Bunyola, an der die Straße nach Orient beginnt. Aber bald erreicht die Strecke normale Nebenstraßenbreite und windet sich in nicht zu schweißtreibender Form allmählich durch bewaldete Hänge zum *Coll de Hono* hinauf. Die Abfahrt auf der anderen Seite hinunter in das Tal von Orient ist demgegenüber vergleichsweise kurz.

Orient ist ein kleines Dorf in einem relativ weiten Hochtal der *Sierra de Tramontana*, das idealer Stützpunkt für Bergwanderungen ist. Während sich sonst viele mallorquinische Täler als verkappte Schluchten darstellen, befindet sich Orient in eher idyllischer Umgebung.

Unterkunft: Hotel L'Hermitage ****, Ctra. Sollerich, ✆ 971180303, 🖹 971180411, 20 Z., in einem alten Herrenhaus (17. Jh.) 1,5 km außerhalb Rchtg. Alaró.

Bis auf kleine Teilstücke geht es nun weiter bergab bis Alaró. Nach 4 km ist das Ende des Tals von Orient erreicht, die Straße macht eine Rechtskurve zwischen zwei schroffen Felsnasen hindurch und verläuft oberhalb der Schlucht von *Sollerich*. Hartgesottene Bergfahrer können noch vor Erreichen des Etappenziels rechts auf die Zufahrt zum *Castillo de Alaró* abbiegen, die auf schottrigem Belag hinauf zu der Burgruine auf dem Vorgebirge führt.

Alaró, 3500 Einw., ist ein kleiner Ort am Ostrand der *Sierra de Tramontana*. Nördlich steht auf einem steilem Vorgebirge die Burgruine aus der Araberzeit (s.o.). Die örtliche Pfarrkirche San Bartolomé mit dem massiven Turm stammt von 1361.
Ein Wochenmarkt wird freitags abgehalten.

Unterkunft: Hostal Ca'n Tiu, Calle Petit 11, ✆/🖹 971510974, 10 DZ/1 EZ., ganzjg., deutsche Besitzer, angeschlossenes Restaurant.

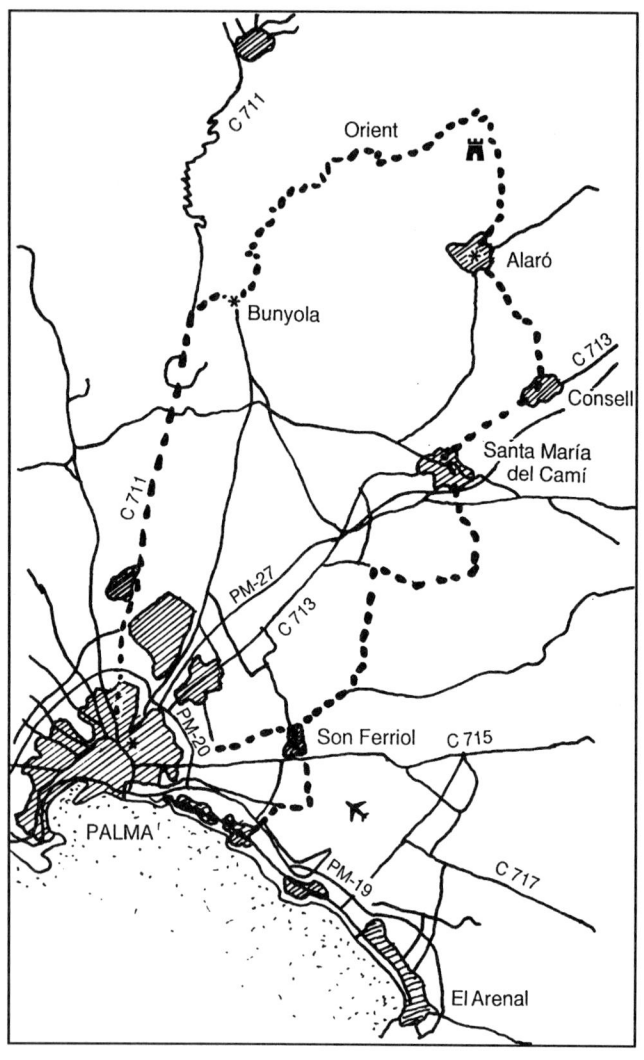

Etappe 12: Alaró – Consell – Santa María del Camí – La Cabañeta – Son Ferriol (– Palma) (30 km)

Nur kleinere Hügel erwarten Sie auf dieser Etappe, deren Ende je nach Zielrichtung in zwei Varianten zu gestalten ist.

Von Alaró nach Consell gibt es eine geradlinige Landstraße nach Consell, wo Sie rechts auf die Hauptstraße C713 Richtung Palma einbiegen. Nach weiteren knapp 5 km erreichen Sie **Santa María del Camí** (5000 Einw.), einen nicht übermäßig interessanten Marktort (Markttag: sonntags).

Die Abzweigung Richtung Portol und La Cabañeta ist gleichzeitig Autobahnzubringer, sie befindet sich 20 m westlich derjenigen Rchtg. Bunyola. Am folgenden Kreisverkehr geht's links zu einer kreuzenden Straße (Stopschild), wo Sie sich rechts halten. Die Landstraße führt aus der Stadt, über die Autobahn hinweg und dann im weiten Bogen durch *Portol* nach *La Cabañeta*. In diesem Dorf weist ein Schild Rchtg. Palma den Weg in eine relativ schmale Straße, der an den nächsten Einmündungen jeweils kurz links/rechts/links/rechts fortgesetzt wird, bis die zuverlässige Beschilderung nach Palma wieder auftaucht. Nun geht es den Hügel hinunter zu einer T-Mündung in die Landstraße Sineu – Palma. Fahren Sie entsprechend der Beschilderung rechts nach Son Ferriol.

Nun haben Sie die Wahl. Ins Zentrum von **Palma** gelangen Sie immer geradeaus auf dieser Straße, die kurz vor dem Autobahnring (PM-20) in die C715 mündet (s. Kapitel *Ausgangsbereich Palma*, Ausfallstrecke Rchtg. Sineu). In die östlichen Vororte führt jedoch besser folgende Strecke: In Son Ferriol links in den Ort und hindurch bis zur C715, darauf links einbiegen, nach knapp 100 m dann rechts Rchtg. Flughafen *(Gegenrichtung s. Etappe 13)*. Die Straße verläuft im Bogen am Flughafen vorbei, kreuzt einen Kreisverkehr beim Großmarkt und danach die Autobahn und trifft in *Coll d'en Rebassa* auf die Küstenstraße durch Molinar nach Palma (s. Durchgangsstrecke von Playa de Palma nach Palma).

Ausgangsbereich: Playas de Mallorca (El Arenal / Ca'n Pastilla)

Es waren einmal zwei Fischerdörfer an der Bucht von Palma, zwischen denen sich ein 5 km langer feiner Sandstrand erstreckte, flach und brandungsarm und breit genug für Tausende von Sonnenhungrigen. Und da das Land dort sandig und wenig fruchtbar war, wurde es schlicht zubetoniert: mit einer Straße am Strand entlang, einer fast lückenlosen Hochhaus-Hotelzeile dahinter, einer weiteren „innerörtlichen" Straße auf der Landseite der Hotels und noch ein paar kleineren Hotel- und Restaurantbauten ohne „direkten" Strandzugang. Letzterer gestaltete sich mit zunehmendem Verkehr aber auch für die Gäste der großen Hotels immer risikoreicher, weshalb die ganze Küstenstraße mit nach unkalkulierbarem Rhythmus umschaltenden Ampelanlagen versehen wurde. Als auch das die widersprechenden Interessen von Autoverkehr und Strandbummlern nicht versöhnen konnte, wurde schließlich die Schnellstraße von Palma zum Flughafen als Autobahn hinter der Bebauung verlängert und mittlerweile die frühere Küstenstraße auf einem längeren Teilstück zur Fußgänger- und Radfahrerzone ausgebaut, in der auch ein touristisches Bimmelbähnchen verkehrt.

Und so präsentiert sich heute die Bucht zwischen Ca'n Pastilla und El Arenal als echtes Touristenghetto, als Musterbeispiel für mißlungene Urlaubserschließung. Zwar gibt es auch auch hier Unterkünfte, die gehobeneren Ansprüchen genügen — ins Land zurückgesetzte Hotels (oft mit dem Attribut „Park" versehen), kleinere Pensionen und einige (wenige) Appartementhäuser —, aber eigentlich richtet sich das hiesige Angebot ausschließlich an Urlauber, die damit zufrieden sind, wenn der Strand in Sichtweite ist, das Hotelessen den Magen zumindest nicht rebellieren läßt und das Nachtleben so intensiv und sexgeladen ist, daß der nächste Tag am Strand mehr oder weniger verschlafen werden kann. Denn der Autolärm des Straßenzugs nördlich der Hotelzeile läßt eine Nachtruhe ohnehin kaum zu.

Und dennoch können die Hotels der Playas de Mallorca auch für radtouristische Gäste ein günstiges Angebot sein. Der Flughafen und die Metropole Palma sind nahe, die landschaftlich reizvollen Touren im südwestlichen Bergland der Insel in Reichweite, und das Landleben östlich und südöstlich kann ebenfalls in Tagesausflügen erfahren werden. Da die größeren Hotels aber fest in der Hand von Pauschalveranstaltern sind, ist zumindest in der Hauptsaison Buchung per Katalog ggf. anzuraten.

Die Playas de Mallorca gliedern sich in drei Bestandteile: **Ca'n Pastilla** als Nordwestende mit schmalem Strand und noch recht gemischter Infrastruktur, **Las Maravillas** mit der Strandbezeichnung *Playa de Palma* (darunter im allgemeinen in Reiseprospekten genannt) in der Mitte und **El Arenal** am Südostende, an einen Hang gelehnt und baulich ziemlich konzentriert. Der Sammelbegriff *Playas de Mallorca* wird selten verwendet, da es zum einen an der Nordküste eine gleichnamige Urbanisation, zum anderen an der Ostküste die *Calas de Mallorca* gibt – Verwechslungen sind also vorprogrammiert. Der Strand ist von Norden nach Süden in numerierte *Balnearios* eingeteilt, die als Bezugspunkt für Verabredungen, Adressen u.ä. dienen, jeweils mit eigenen Sanitäreinrichtungen etc. ausgestattet.

Es gibt keinerlei Sehenswürdigkeiten im üblichen Sinne, so daß ein architektonisch ungewöhnliches Vergnügungszentrum als solches herhalten muß: das *Riu-Centre* hinter Balneario 7 in Las Maravillas präsentiert sich als „Rekonstruktion eines spanischen Dorfes", oder besser: eines Dorf-Platzes mit Arkaden, ein paar Geschäften, Restaurants unterschiedlicher Stilrichtung und – unvermeidlich an der Playa de Palma – einer riesigen (unterirdischen) Disco.

Gastronomisch haben sich die Restaurants vollständig auf deutsche und englische Gäste und deren angeblich reduzierten Geschmack eingestellt. Einheimische Küche gibt es an diesem Küstenstreifen nur in der *Bodega Oliver Grill* in der Calle Albatros 11 am Nordwestrand von Las Maravillas, postalisch schon zu Ca'n Pastilla gehörig, unweit der Straße Rchtg. Sant Jordi (s.u., Anknüpfungspunkte).

Information: Plaça Reina Mª Cristina, 07600 Arenal, ✆ 971440414.
Unterkunft: Zur Hotelbuchung gibt es nur zwei sinnvolle Varianten: aus dem Katalog eines Reiseveranstalters ein Haus heraussuchen (relativ ruhig ist alles, was das Wort „Park" im Namen führt) oder ohne Vorbuchung direkt nach Augenschein auswählen. Alternative zumindest für die erste/letzte Nacht ist die *Jugendherberge:* Calle Costa Brava 13, ✆ 971260892, 🖷 971262012, 65 Betten, ganzj., in einer recht ruhigen Nebenstraße hinter Balneario 6 zwischen Riu-Centre und Ca'n Pastilla, angesichts der Hotelangebote eine „erste Adresse".
Fahrradservice: Bicicletas Caldentey, Carrer Marbella 3, Ca'n Pastilla, ✆ 971744455; Ciclos Quintana, San Cristobal 20, El Arenal, ✆ 971442925.
Fahrradverleih: Belori Rent, Calle Marbella 22, Ca'n Pastilla, ✆ 971490358, http://www.belori-bike.com.

Anknüpfungspunkte

Die bauliche Gestaltung der Playas de Mallorca, insbesondere die Abriegelung zum Hinterland durch die Autobahn PM-19, reduziert die sinnvoll zu nutzenden Anknüpfungspunkte an die Etappen erheblich.

Richtung Westen und Nordwesten führen alle Wege durch Ca'n Pastilla mindestens bis *Coll d'en Rebassa*, wo es entweder geradlinig weiter nach Palma oder über die Autobahn hinweg Richtung Son Ferriol geht (s. Etappe 13).

An der Nahtstelle zwischen Ca'n Pastilla und Las Maravillas kann man nach Nordwesten und Westen auf der C717 (Rchtg. Llucmajor) über die Autobahn hinweg gelangen und ggf. an Sant Jordi vorbei zur C715 fahren.

Die gleiche Straße ist auch die erste der drei Möglichkeiten, zur parallel der Autobahn verlaufenden Nebenstraße durch San Francisco zu kommen: gleich nach der Autobahnüberquerung rechts abbiegen. Die zweite Möglichkeit beginnt in Las Maravillas direkt neben dem Riu-Centre, wo eine Zufahrt zur Autobahn (nach Palma bzw. Santanyí) beschildert ist, sich dann aber schließlich doch eine darüber hinweg führende Brücke dem Radfahrer anbietet. Rechts einbiegend ist Richtung *S'Aranjassa* beschildert; die Nebenstraße stößt nach einem knappen Kilometer auf die von El Arenal kommende Nebenstraße nach S'Aranjassa an der C717 (s. Etappe 20). Die dritte Möglichkeit ist die gerade genannte geradlinige Nebenstraße von El Arenal nach S'Aranjassa, die allerdings in El Arenal gleichzeitig als Zubringer zur Autobahn dient und deshalb mit Fahrradverbotsschildern garniert ist.

Die Wege nach Süden und Südosten führen durch El Arenal, wo die Straßen nach Llucmajor (s. Etappe 19) und die Küstenstraße nach Cabo Blanco bzw. Cala Pi (s. Etappe 22) beginnen.

Rundtour Arenal 1: Ca'n Pastilla – Bunyola – Alaró – Santa María del Camí – Son Ferriol – Ca'n Pastilla (72 km)

Diese Tour ist die für die Playas de Mallorca abgewandelte Variante der Rundtour Palma 4.

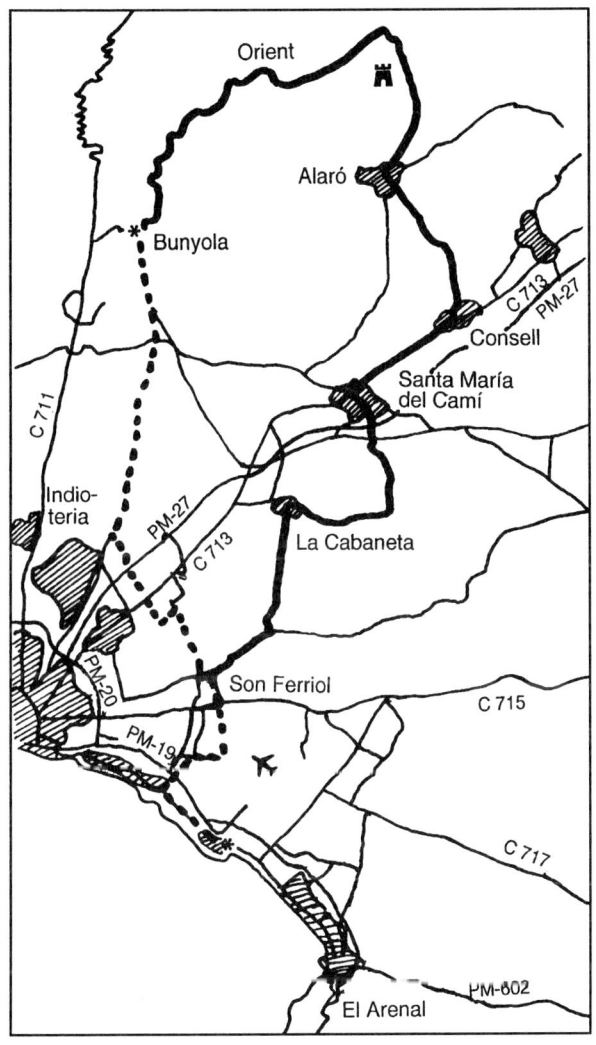

Zur günstigen Umgehung von Palma biegen Sie in Coll d'en Rebassa rechts ab (Rchtg. Autobahn), überqueren die PM-19 und fahren geradeaus über den dahinter befindlichen Kreisverkehr hinweg (rechts liegt der Supermarkt Continente). Im Bogen führt die Straße am Großmarkt und dann am Flughafengelände vorbei und trifft am Südrand von Son Ferriol auf die C715. In Ignorierung der aufgezeichneten durchgezogenen Linie kreuzen Sie die C715 geradeaus und radeln durch die östlichsten Ortsteile hindurch zu der 1 km weiter befindlichen T-Mündung in die Landstraße Sineu-Palma. Biegen Sie links ein; nach einigen hundert Metern kommen Sie zu einer Kreuzung, an der rechts die Straße Rchtg. Pont d'Inca abzweigt. In *Pla de Natesa* biegen Sie links ab (abweichend von nahezu sämtlichen Straßenkarten ist dies keine T-Mündung), radeln um einen Sportflugplatz herum (in etwa wie auf der Firestone-Karte verzeichnet) ins Zentrum von *Pont d'Inca*. Die C713 kreuzen Sie (um 5 m nach links versetzt), kurz darauf überqueren Sie die Eisenbahntrasse Palma – Inca und fahren immer geradeaus über die Autobahn PM-27 hinweg und bis zur Einmündung in die Landstraße nach Bunyola.

Auch in diesem Bereich sind sämtliche Straßenkarten etwas fantasievoll: die Einmündung erfolgt direkt ohne vorherige Schlenker über kleine Nebenstraßen. Es gibt dort zwar keinen regelrechten Wegweiser, aber folgende Hinweise: direkt gegenüber steht ein zweistöckiges Haus mit gelben Fensterläden und einer Sonnenuhr, die den Bauvermerk „Año 1837" trägt; an der Ecke stehen Wegweiser zu den Firmen „Alesa" und „A.B.C. Mueblos de Cocina".

Das Riu-Centre in Las Maravillas

Biegen Sie rechts in die Landstraße ein, die geradewegs nordwärts verläuft, nach 6 km die Landstraße Esporlas – Santa María kreuzt und 2½ km vor Bunyola spitzwinklig in die Straße Santa María – Bunyola mündet. Links den Hügel hinauf ist das Zentrum von **Bunyola** bald erreicht.

Im Rahmen der Rundtour schließt sich nun die Genußstrecke von Etappe 11 nach **Alaró** an. Den Abschluß bildet Etappe 12 mit der einzigen Variante, daß Sie nach Überquerung der Autobahn in Coll d'en Rebassa links zurück nach **Ca'n Pastilla** fahren.

Rundtour Arenal 2: Ca'n Pastilla – Alaró – Inca – Algaida – Ca'n Pastilla (82 km)

Diese Tour begnügt sich damit, die Sierra de Tramontana in greifbare Nähe rücken zu lassen; ausgesprochene Bergstrecken bleiben Ihnen erspart. Wegen des Markttages in Inca ist donnerstags der günstigste Termin für diese Route.

Den Anfang der Rundtour macht Etappe 12 (in Gegenrichtung) über Coll d'en Rebassa, Son Ferriol, La Cabañeta und Portol nach **Santa María del Camí** (Kreuzgang, Museum, s. Etappe 12). Auf der C713 geht es nach Consell und dann links auf der Landstraße hinauf (120 Höhenmeter) nach **Alaró** (s. Etappe 11).

Etappe 14: Alaró – Lloseta – Inca (12 km)

Direkt am Rand der *Sierra de Tramontana* entlang verläuft eine unkomplizierte Landstraßenverbindung, die von Alaró hinab in die 7 km entfernte Kleinstadt **Lloseta** führt.

Am dortigen Hauptplatz steht gleich neben der Kirche der *Palacio Casa Ayamans*, ein Herrenhaus des 17. Jahrhunderts mit einem dazugehörigen Garten. Je nach der momentanen Tourismus-Aufgeschlossenheit der Besitzerfamilie kann es ggf. besichtigt werden.

Unterkunft: Refugi Tossals Verds, ✆ 971182027 & 971173638, 30 Übernachtungsplätze, zubereitete Mahlzeiten nach Voranmeldung, Berghütte, ca. 6 km nordwestlich in 540 m Höhe, Aufstieg vom Parkplatz beim Gut Son Ordines, guter Ausgangspunkt für Wanderungen.

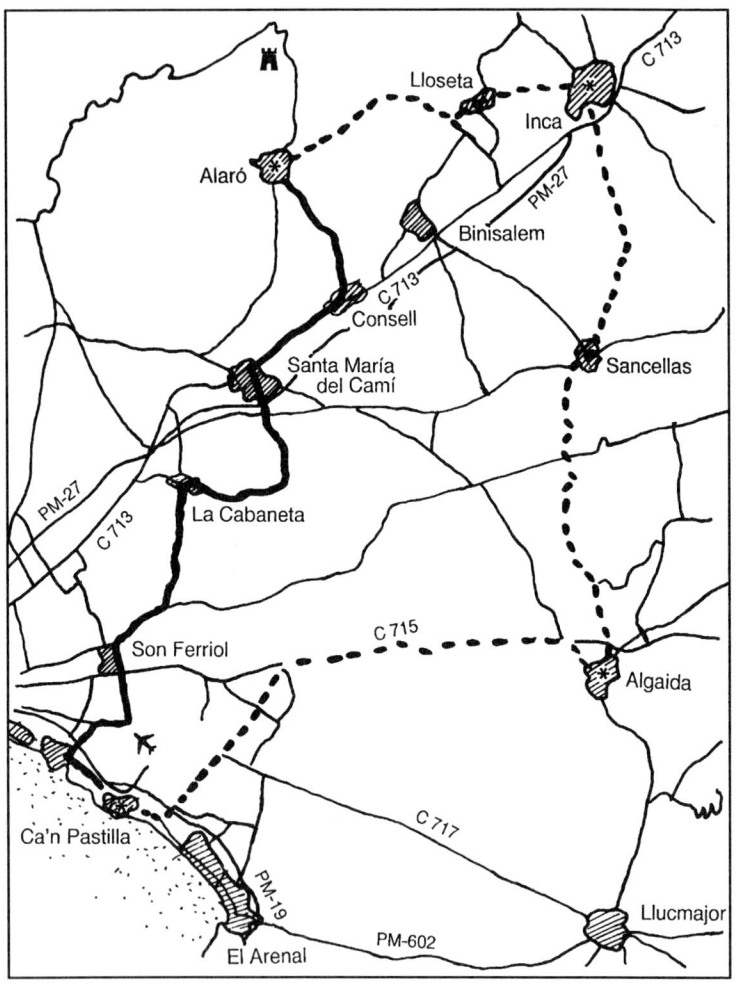

Noch etwas weiter hinab wird schließlich die Stadt Inca erreicht; ein abmarkierter Randstreifen gerade ausreichender Breite steht an der Straße zur Verfügung.

Inca, 20.500 Einw., zu Zeiten der Mauren größte, heute drittgrößte Stadt Mallorcas, ist eine Industriestadt (vor allem Lederwaren/Schuhe), deren wirtschaftliche Vergangenheit im Weinbau lag. In den zahlreichen früheren Weinkellern sind heute Spezialitätenrestaurants (*cellers*) untergebracht, die zumindest kulinarisch die größte Attraktion der Stadt sind. Die meisten Touristen kommen allerdings nicht zum Schlemmen, sondern zum Einkaufen hierher. Zwar sind die Preise der örtlichen Lederwarenfabriken kaum niedriger als sonst auf der Insel, aber das Angebot und somit die Aussicht auf ein „Schnäppchen" sind größer. Regelmäßig donnerstags (vormittags) zieht der örtliche Markt zahlreiche Besucher an; einmal jährlich wird daraus (im November) das Landwirtschaftsfest „Dijous Bo" (guter Donnerstag).
Im übrigen bleiben zum Sightseeing noch die örtlichen Kirchen und ehemaligen Klöster: im Stadtzentrum steht die Kirche Santa María la Mayor (um 1800, Glockenturm noch aus dem 13. Jh.); die früheren Klöster Santo Domingo (17. Jh.) und San Francisco befinden sich ebenfalls in der Innenstadt, während die Bauten von San Jéronimo nördlich liegen.

Inca ist als einzige Stadt Mallorcas mit einer Eisenbahn nach Palma (Schienenbus) versehen.

In der Umgebung: 5 km nördlich befindet sich in *Mancor del Valle* die Wallfahrtskirche *Santuario de Santa Lucía* mit angegliederter Herberge.
4 km südwestlich liegt an der Straße nach Binisalem *El Foro de Mallorca*, ein Pseudoschloß mit einer Mischung von Disco-Treffpunkt, Wasserrutschbahn, Handelsplatz, Einkaufszentrum und einem Museum in Form einer Art Wachsfigurenkabinett.

Etappe 15: Inca – Sancellas – Algaida (22 km)

Nahezu geradlinig in Nord-Süd-Richtung durchschneidet diese Etappe die zentrale Ebene Mallorcas. Ohne Besonderheiten führt die unkompliziert verlaufende Landstraße etwa nach der halben Strecke durch das Städtchen **Sancellas**, wo die ca. 300 Jahre alte Pfarrkirche *San Pedro* Anlaß zu einem Halt sein kann. In Richtung Llucmajor geht es weiter; erst kurz vor dem Etappenziel kreuzt die Landstraße die C715.

Algaida, 3000 Einw., ist ein Ort mit sehr verwinkeltem Zentrum südlich der C715 Palma – Manacor. Ein Wochenmarkt wird freitags abgehalten.

2 km nordwestlich des Ortes an der Hauptstraße befindet sich in einer Pseudo-Festung die Attraktion des Städtchens, die Glasbläserei *Vidrierias Gordiola*. Zwar drängeln sich hier die Ausflugsbusse mit Urlaubern und Schulklassen, die die Verkaufsausstellung (hauptsächlich Nippes) und die informativ gestaltete Produktionshalle bevölkern, letztere und das hauseigene Museum im Obergeschoß (gratis; so nur vormittags) sind aber in der Tat einen Besuch wert.

Falls Ihr Interesse nicht dem Städtchen, sondern nur der Glasbläserei gilt, können Sie sich den Weg ins Ortszentrum sparen und gleich rechts auf die C715 einbiegen.

Etappe 16: Algaida – Ca'n Pastilla (18 km)

Falls Sie vom Zentrum Algaidas aus starten, folgen Sie den Hinweisschildern zur Glasbläserei Vidrierias Gordiola, um auf dem kürzesten Weg zur nördlich des Ortes verlaufenden C715 zu gelangen. Biegen Sie links darauf ein, und radeln Sie die nächsten 10 km auf der Hauptstraße in Richtung Palma. Dabei passieren Sie zuerst (rechter Hand) das Restaurant Ca'n Fideu, nach einigen Kilometern dann (linker Hand) einige finster aussehende Pappkameraden mit Keulen in der Hand, die die Zufahrt zu einem *Prehistoric Park* bewachen – eine Art Disneyland der Neandertaler, das allerdings nicht ganzjährig in Betrieb ist. Die ebene Topographie, die der Blick auf die Karte vorgaukelt, entpuppt sich auf dieser Straße als mit einem ansehnlichen Hügel gewürzt.

Schließlich zweigt links eine Nebenstraße ab, die an *Sant Jordi* vorbei verläuft und geradeaus in die alte C717 mündet, die an dieser Stelle von links kommend eine Linkskurve beschreibt und am Acequia de San Jordi entlang nach **Ca'n Pastilla** führt.

Rundtour Arenal 3: Ca'n Pastilla – Algaida – Llucmajor – El Arenal (53 km)

Durch relatives Flachland schlägt diese Tour einen großen Bogen, der durch Austausch von Etappe 17 gegen Etappe 16 (in Gegenrichtung) noch abzukürzen ist, aber auch durch den Abstecher auf den Klosterberg Randa (s. Etappe 18) im Schwierigkeitsgrad erhöht werden kann.

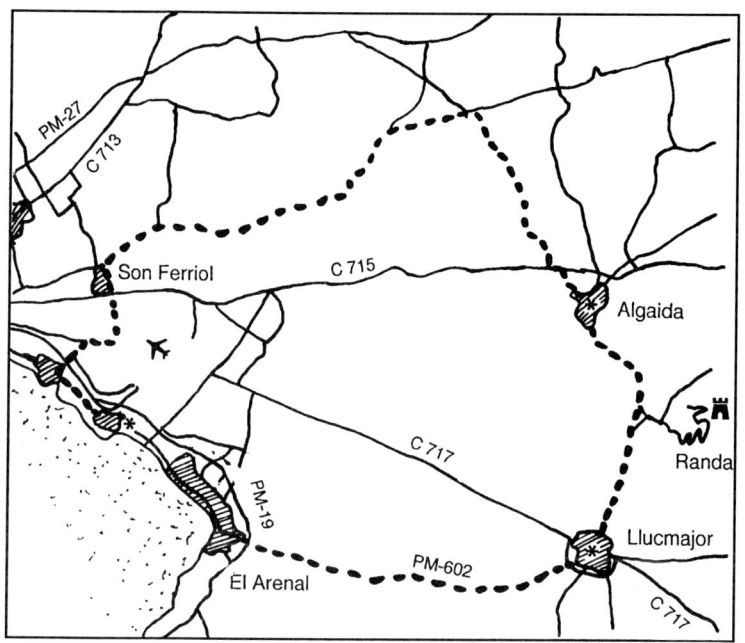

Etappe 17: Ca'n Pastilla – Las Ollerias – Algaida (27 km)

Der Anfang entspricht Etappe 13 über Coll d'en Rebassa und durch Son Ferriol. Bei der Mündung in die Landstraße Palma – Sineu biegen Sie jedoch rechts ein und folgen der Landstraße 13 km weit immer geradeaus. 2 km hinter dem linker Hand liegenden Weiler *Las Ollerias* trifft von links die Landstraße aus Santa María und Santa Eugenia zur Streckenführung, und kurz darauf zweigt schließlich rechts ein schmales Sträßchen Richtung Algaida ab, das 1½ km vor diesem Ort (s. Etappe 15) an der C715 endet. Wenige Meter westlich dieser Einmündung befindet sich in einem burgähnlich ausstaffierten Gebäude eine Lederwarenfabrik mit Bodega, und etwas weiter können Sie die Glasbläserei *Vidrierias Gordiola* (s. Algaida, Etappe 15) besuchen.

Um ins Zentrum von **Algaida** zu gelangen, halten Sie sich jedoch auf der C715 kurz links (Rchtg. Manacor) und an der nächsten abzweigenden Straße rechts. Die entsprechende Beschilderung fehlt hier zwar, die Abzweigung ist jedoch deutlich als Landstraße identifizierbar.

(In Gegenrichtung in Algaida der Beschilderung zur Glasfabrik folgen, da das Einbahngassensystem des Ortes keine Orientierung ermöglicht.)

Etappe 18: Algaida – Randa – Llucmajor (8 km)

Auf dieser kurzen Etappe müssen Sie zuerst ein paar Höhenmeter bewältigen, bis Sie in Versuchung geführt werden, links nach **Randa** abzubiegen und eine veritable Bergkletterei (5 km mit gut 300 m Höhenunterschied) zu absolvieren. Hinter diesem Ort überragt der *Puig de Randa* das Land, ein wichtiger Klosterberg, der drei Gebetsstätten trägt: *Santuario de Nuestra Señora de Gracia* (15. Jh.) unter Felsüberhängen abseits des unteren Drittels der Bergstraße, das kleine Kloster *Santuario San Honorato* mit großer Terrasse und schließlich auf der Kuppe des Tafelberges *Santuario de Nuestra Señora de Cura*, eine Wohn- und Wirkungsstätte des Philosophen Raimundus Lullus. Für den prachtvollen Ausblick über das Umland sorgt die Klosterterrasse, für die Befriedigung leiblicher Gelüste ein Mittagessen im Speisesaal.

In Llucmajor

Unterkunft: Ola Hotel Randa ***, ✆ 971741125, 🖷 971741194; außerdem Wandererherberge im Santuario de Nuestra Señora de Cura, ✆ 971120260.

Ob mit oder ohne Abstecher auf den Berg, in jedem Fall führt Sie die Landstraße von der Zufahrt nach Randa aus fast geradlinig hinab zum Etappenziel.

Llucmajor, 17.000 Einw., ist zwar die viertgrößte Stadt Mallorcas, eigentlich aber nicht viel mehr als ein besserer Marktflecken, der seinen Wohlstand zum einen dem Aprikosenanbau, zum anderen der örtlichen Schuhindustrie verdankt. Konsequenterweise wurde der Schuhmacherzunft ein Denkmal errichtet. Freitagvormittags findet auf dem Plaza España vor dem Rathaus ein Wochenmarkt statt.
Das Stadtzentrum ist ähnlich wie in Algaida eine recht verwirrende Anlage aus schmalen Gassen und Einbahnstraßen. Der Durchgangsverkehr wird mittlerweile durch eine fast geschlossene Umgehungsstraße aus dem Ortskern herausgehalten.

Etappe 19: Llucmajor – El Arenal/Ca'n Pastilla (17 km)

Die oben (*Llucmajor*) beschriebene Umgehungsstraße verfügt an ihrem südwestlichen Ende über einen Wegweiser nach Palma und El Arenal. Da die Autobahn PM 19 mittlerweile bis El Arenal ausgebaut ist, entstand als kürzeste Verbindung zwischen Llucmajor und Palma die Kombination der Landstraße PM-602 (Llucmajor – El Arenal) mit der Autobahn. Die alte Landstraße wurde recht großzügig ausgebaut, um auf die stärkere Belastung vorbereitet zu sein. Und so garantiert nun ein breiter Randstreifen ausreichenden Lebensraum für Radfahrer, falls ein – keineswegs selbstverständliches – höheres Verkehrsaufkommen ein Ausweichen erforderlich machen sollte.

Bis 2 km vor El Arenal bleiben Sie auf der Ausbaustrecke. Wenn diese nach rechts Richtung Autobahn schwenkt, führt halblinks der letzte Rest der alten, deutlich schmaleren Landstraße geradewegs ins Zentrum von **El Arenal**.

Rundtour Arenal 4: Playas de Mallorca – Llucmajor – Capocorp – El Arenal/Ca'n Pastilla (59 km)

Eine Rundstrecke durch die unbekannten Teile der Insel südöstlich der Bahía de Palma. Bei Start in El Arenal ist es ggf. sinnvoll, anstatt Etappe 20 eher Etappe 19 (in Gegenrichtung) zu wählen.

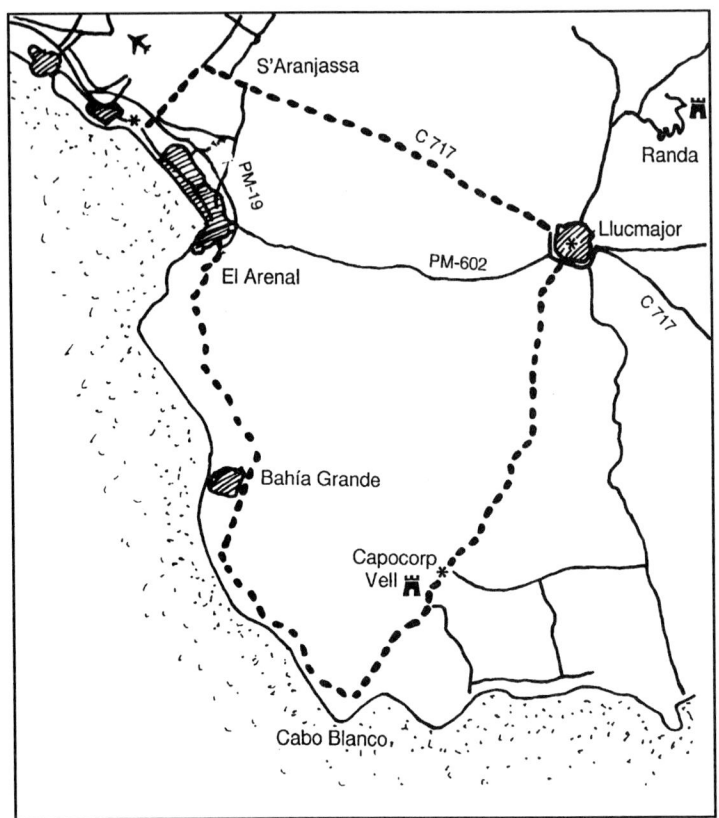

Etappe 20: Playas de Mallorca – S'Aranjassa – Llucmajor (17 km)

Von Ca'n Pastilla bzw. Las Maravillas nutzen Sie eine der unter *Ausgangspunkte* beschriebenen Varianten, um zu der Siedlung *S'Aranjassa* an der C717 zu gelangen. Auf der früheren Hauptstraße, die verkehrsmäßig durch die Autobahn PM-19 und die ausgebaute PM-602 (El Arenal – Llucmajor, s. Etappe 19) entlastet wird, fahren Sie dann fast schnurgerade nach **Llucmajor** (s. Etappe 18).

Etappe 21: Llucmajor – Capocorp (12 km)

Wenn Sie am Westrand von Llucmajor auf der *Ronda*, der Stadtumgehungs-straße, rechts fahren, kommt nach wenigen hundert Metern von rechts die PM-603 hinzu. Optisch links fahren Sie aus dem dortigen Kreisverkehr heraus Richtung Campos. Nach einigen hundert Metern – kurz nach der ersten Möglichkeit, links ins Zentrum zu gelangen – treffen Sie auf eine Abzweigung, die nach rechts Richtung Cabo Blanco beschildert ist. Diese etwas holprige Nebenstraße verläuft 12 km weit weitgehend geradlinig südwärts und mündet schließlich in eine Landstraße, die Sie rechts nach einem knappen Kilometer zur Hauptsehenswürdigkeit dieser Rundtour bringt: **Capocorp Vell**, rechts neben der Straße an einer Kurve liegend.

Das ist die letzte weitgehend erhaltene Megalithsiedlung Mallorcas, bestehend aus einigen Wohnanlagen und befestigungsähnlichen Türmen. Mittlerweile ist das Monument so weit touristisch erschlossen, daß es ganzjährig zu besichtigen ist (do geschl.); Erfrischungen/Bar am Eingangskiosk.

Etappe 22: Capocorp – Bahía Grande – El Arenal (30 km)

Wenn Sie auf der an Capocorp Vell vorbeiführenden Straße südwärts radeln, erreichen Sie nach 5 km **Cabo Blanco**, eine schroffe Steilküste, die mit einem Leuchtturm versehen (und von Militäranlagen flankiert) ist. Hier knickt die Straße rechtwinklig ab und folgt für eine Weile den Kreidefelsen der Küste; anfangs gibt es diverse Möglichkeiten, zu Fuß direkt an den Klippenrand zu gelangen.

Immer oberhalb der Steilküste verläuft die Straße nordwärts vorbei an der Urbanisation *Bahía Grande* (Einkehrmöglichkeit) und hinter Cala Blava schließlich hinab nach **El Arenal**. Nach Las Maravillas bzw. Ca'n Pastilla bringt Sie ggf. die Küstenstraße.

Rundtour Arenal 5: El Arenal – Capocorp – Campos – Porreras – Llucmajor – El Arenal (85 km)

Eine weite Rundstrecke durch großtenteils dünnbesiedeltes, teils recht karges Land. Eine Tour durch das untouristische Mallorca, fernab vom Rummel der Urlaubszentren.

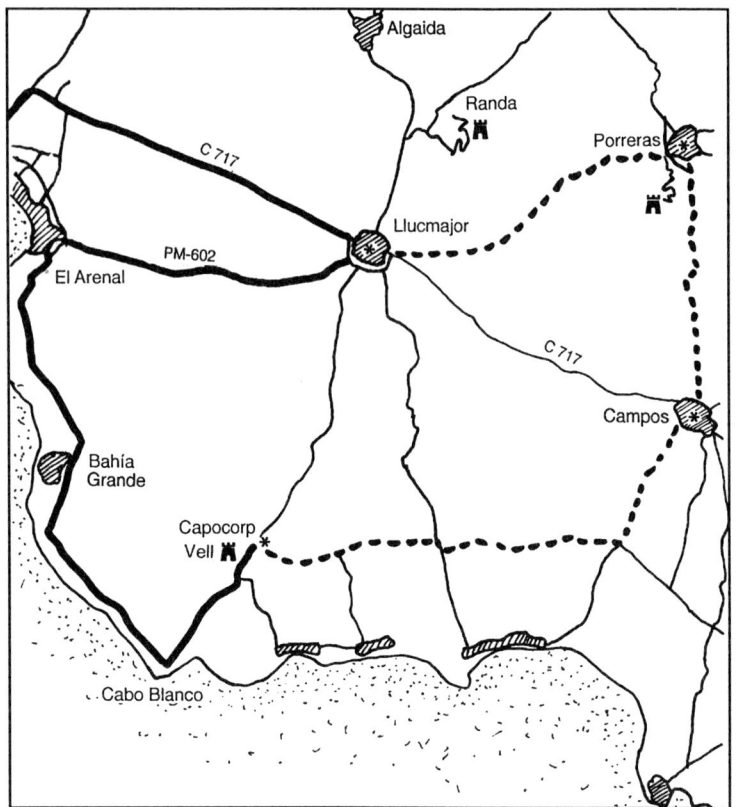

Für den ersten Teil der Strecke nutzen Sie Etappe 22 (in Gegenrichtung), die Sie nach **Capocorp Vell** bringt (s. Etappe 21)

Etappe 23: Capocorp – Vernissa – Sa Sorda – Campos (18 km)

An der Gabelung 1 km östlich der Megalithsiedlung halten Sie sich rechts entsprechend der Beschilderung Richtung Ses Salines. Niedrige Vegetation begleitet Sie auf Ihrer Fahrt nach Osten. Nach 7 km radeln Sie ca. 100 m rechts Rchtg. Estanyol, dann aber wieder links Rchtg. Ses Salines. Nach weiteren 7 km treffen Sie auf eine Kreuzung mit der Landstraße La Rapita – Campos, in die Sie links einbiegen.

Campos, früher Campos del Puerto genannt, 6100 Einw., ist ein Landwirtschaftsstädtchen von bodenständig erwirtschaftetem Wohlstand. Die vor allem südlich zahlreich vorhandenen Windräder für die Bewässerung fallen im Landschaftsbild zwar kaum auf, sind aber dafür verantwortlich, daß die Gemüseproduktion floriert. Wochenmärkte werden donnerstags und samstags abgehalten.
Einige alte Häuser und Teile der Befestigungsanlage sind erhalten, darunter das *Casa Consistorial* (1580) und das Hospital (1449).
Die alte *Ermita Son Blas* (13. Jh.), 3 km südlich der Stadt abseits der Straße Richtung Colònia Sant Jordi ist zwar im allgemeinen mit Kette und Vorhängeschloß verrammelt, der Schlüssel ist aber im nächstgelegenen Haus (an der Zufahrt, mit großem Windrad) gewöhnlich zu bekommen.

Unterkunft: Hotel Bal. S. Juan de la Font Santa **, Ctra. Campos del Puerto, ℂ/🖪 971655016, 19 Z., Juni-Okt. Weitere Hotels in Colònia Sant Jordi, s. entsprechende Ausgangsbereich-Beschreibung.

Etappe 24: Campos – Porreras (10 km)

Geradlinig führt die Landstraße von Campos in das Städtchen **Porreras** (5000 Einw.), eine Landgemeinde in einem bedeutenden Getreidegebiet; Markttag ist montags. Die dortige Pfarrkirche stammt von 1666 und verfügt über eine Sakristei mit allerlei klerikalen Kostbarkeiten.
Vom südwestlichen Stadtrand (von der Straße Rchtg. Llucmajor abzweigend) führt ein Weg hinauf zum *Santuario de Montesión*, einem ehemaligen Jesuitenkloster auf einem nicht allzu hohen Berg (3½ km südwestlich), dessen Innenhof und Klosterkirche ebenso sehenswert sind wie die schöne Aussicht.

Etappe 25: Porreras – Llucmajor (13 km)

Eine abwechslungsreiche Hügelstrecke, garniert mit einigen mittelschweren Steigungen, stellt die landschaftlich interessante Direktverbindung nach **Llucmajor** (s. Etappe 18) her.

Den Abschluß der Rundtour bilden je nach Geschmack und konkretem Zielpunkt entweder Etappe 19 oder 20 (in Gegenrichtung).

Ausgangsbereich: Palma Nova (Illetas/Magalluf)

Der westliche Teil der Bahía de Palma ist deutlich heterogener als die Playas de Mallorca – sowohl landschaftlich als auch architektonisch und bezüglich der angesprochenen Urlauberkreise. Die Berge der *Sierra de Tramontana* reichen mit ihren Hängen fast direkt bis zum Strand und lassen allein dadurch keine Einheitsbauweise der hiesigen Touristenzentren zu.

Palmas unmittelbarer Nachbarort **Cala Mayor** bildet in der Abfolge von Badeorten den negativen Höhepunkt: ein Strand, der diesen Namen kaum verdient, umgeben von Betonsilos des billigsten Pauschaltourismus. Nach dem Überschreiten der Gemeindegrenze zwischen Palma und Calviá wendet sich das Bild, die alte Hauptstraße C719 verläßt die Strandzone und überläßt **Illetas** seiner eher beschaulichen Ruhe, die in höherpreisigen Hotels und Eigentumswohnungen von betuchterer Klientel genossen wird. In **Portals Nous**, wo Ferienhäuser dominieren, wird der relativ ebene Küstenstreifen erneut schmaler, die Berge (und mit ihnen die Autobahn) rücken näher. Am südwestlichen Ortsausgang findet sich eine der wenigen Familienattraktionen Mallorcas, das *Marineland*, ein Unterhaltungspark mit Delfinshow, allerlei gefiedertem und geschupptem Getier, Perlentauchern und den üblichen Erfrischungsmöglichkeiten, kurz: neben dem happigen Eintrittsgeld jede Menge Möglichkeiten zur Verringerung des Urlaubsbudgets.

Die Massen (im wahrsten Sinne des Wortes) der Urlauber am westlichen Teil der Bahía de Palma tummeln sich aber an dessen südlichem Ende, in den zusammengewachsenen Urlaubszentren von **Palma Nova** und **Magalluf**. Wie alle Küstenorte im Südwesten Mallorcas zwischen Illetas und Paguera gehören auch diesen beiden zur Gemeinde Calviá. Die Hotelbauten und das Ambiente erinnern sehr an die Playas de Mallorca auf der anderen Seite der Bucht, allerdings sind die Hotelbauten teils noch höher. Es gibt aber auch ältere, kleine Hotels und Hostales mit preisgünstigen Zimmern. Flache, kinderfreundliche Strände und viel Remmidemmi ziehen außer den obligaten Deutschen u.a. viele Engländer, teils auch Skandinavier an, für die es sogar in Hotels spezielle Gottesdienste heimischer Religionsgemeinschaften und Sekten gibt.

Am Südrand von Magalluf wurde Mallorcas teuerstes Bade- und Vergnügungszentrum errichtet: der *Aquapark* nahe der Straße nach Sa Porassa bzw. Son Ferrer ist mit seinen riesigen Rutschbahnkonstruktionen, deren schnellste Geschwindigkeiten von 70 km/h ermöglicht, kaum zu übersehen.

Information: Oficina Municipal de Turismo, Pere Vaquer Ramis 1, Magalluf, 07182

Calviá, ✆ 971131126; dto., Crta. de Andraitx 33, Cas Catala, Illetas, 07015 Calviá, ✆ 971405444; dto., Passeig de la Mar 13, Palma Nova, 07181 Calviá, ✆ 971682365.
Unterkunft: Auswahl aus den preiswerteren Hotels: Hostal Villa Sol *, Levante, Magalluf; Hostal Bélgica *, Calle Jaime I 25, Palma Nova, ✆ 971680802, 18 Z., April-Dez., Hotel Palma Nova ***, Calle Miguel de los Santos Oliver 13, Palma Nova, ✆ 971681450, 🖹 971681796.
Fahrradvermietung: Philip's Bike Point, Hotel Sol Magaluf Park, Magalluf, ✆ 971670777.

Anknüpfungspunkte

Die Autobahn PM-1 auf halber Höhe der Berghänge hinter dieser Teil der Bucht sorgt dafür, daß es – ähnlich wie an den Playas de Mallorca – nur wenige Möglichkeiten gibt, die lockenden Bergstrecken zu beginnen bzw. beenden. Zwischen Palma und Palma Nova existieren nur zwei Über- bzw. Unterquerungen der Autobahn: in Cala Mayor/Sant Agusti gelangt man so hinauf nach Genova, in Palma Nova zur Straße nach Calviá. Im Gegensatz zu den Angaben älterer Straßenkarten gibt es keine zweite Straße von Palma Nova zur Landstraße nach Calviá.

Außerdem kann Palma Nova auf der C719 Rchtg. Paguera verlassen werden. Da diese Straße hier aber den Verkehr der Autobahn aufnimmt, nutzen die Routenvorschläge dieses Reiseführers statt dessen die Nebenstraße, die von Magalluf nach Son Ferrer führt (s. Etappe 27).

Rundtour Palma Nova 1: Illetas – (Palma –) Calviá – Capdella – Paguera – Santa Ponsa – Magalluf – Palma Nova (50 km)

Diese Route dreht zum einen eine Kurve durch die zur Gemeinde Calviá gehörigen Urlaubsorte, nutzt zum anderen die unbekannte Bergstrecke über den Coll d'es Vent (Coll de Sa Creu) und gibt Gelegenheit, eine (Teil-) Besichtigung Palmas zu integrieren.

Falls Sie diese Besichtigung anstreben, fahren Sie einfach auf der C719 bis Palma und schließen an den dortigen Aufenthalt die Überquerung des Passes gemäß Etappe 1 an. Ohne Stadtbesichtigung ist es aber sinnvoller, in Cala Mayor bzw. Sant Agusti gemäß der dortigen Beschilderung die Abkürzung über Genova zu nehmen. Ggf. nach einem Abstecher zu den dortigen Grotten radeln Sie immer parallel zur neuen Autobahn PM-20 weiter geradeaus Rchtg. La

Vileta, bis knapp 2 km hinter Genova am Kasernentor (s. Etappe 1) die Berg-strecke nach Calviá links abzweigt. Entsprechend der Beschreibung von Etappe 1 erreichen Sie so das Bergdorf **Capdella**.

Etappe 26: Capdella – Paguera (5 km)

Kurz und schmerzlos führt eine Landstraße geradewegs von Capdella hinunter zur Küste nach **Paguera**. Die Eigenschaften dieses Urlaubsortes werden in der entsprechenden Ausgangsbereich-Beschreibung näher dargestellt.

Rundtour Palma Nova 1 – Etappen 26 & 27

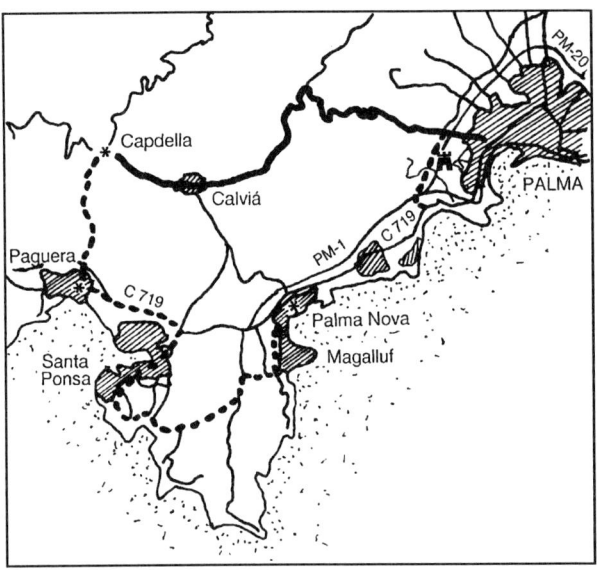

Etappe 27: Paguera – Santa Ponsa – Magalluf – Palma Nova (20 km)

Für die ersten ca. 5 km gibt es keine Alternative zur Hügelüberquerung auf der C719 (jedoch Kriechspur bzw. Randstreifen vorhanden), aber dann können Sie rechts auf die Zufahrtstraße nach *Santa Ponsa* (s. entsprechende Ausgangsbe-reich-Beschreibung) abbiegen.

(In Gegenrichtung müssen Sie die erste Zufahrt nach Paguera nutzen, da Sie sonst auf der mit Tunneln versehenen Umgehungsstraße landen würden, die ohnehin für Radfahrer verbotenes Terrain ist.)

Sie fahren nun den Bogen der Straße über die Halbinsel, auf der Santa Ponsa liegt, vollständig aus bis zur *Cala Peñas Rojas*, passieren die Urbanisation von Toro (rechter Hand) und dann die Siedlung von Son Ferrer (linker Hand) und kommen beim Golfplatz von Poniente zur Straße, die rechts aus Rchtg. Portals Vells hinzustößt. Fahren Sie nach links, und Sie erreichen nach wenigen hundert Metern den *Aquapark* von **Magalluf** (s.o.), wo Sie rechts an einem Go-kart-Platz vorbei in den Ort hineinradeln können.

Rundtour Palma Nova 2: Palma Nova – Santa Ponsa – Paguera – Andraitx – (San Telmo –) Calviá – Palma Nova (68 km)

Zwei bemerkenswerte landschaftliche Höhepunkte schließt diese Tour ein: den Abstecher nach San Telmo und die besonders hübsche Serpentinenstrecke von Andraitx nach Calviá.

Den Anfang macht die vollständige Umkehrung von Etappe 27 über die Halbinsel von Santa Ponsa nach **Paguera** (s. entsprechende Ausgangsbereich-Beschreibung). Wie dort erwähnt, müssen Sie dazu bei Beginn der Umgehungsstraße (in Sichtweite des ersten Tunnels) auf die alte C719 ins Zentrum von Paguera ausweichen.

Etappe 28: Paguera – Puerto de Andraitx – Andraitx (13 km)

Da Paguera wie jede ordentliche Hafenstadt am Meer liegt, bewegt sich die alte C719 folgerichtig nun bergauf Richtung Andraitx. Nach 2 km verlassen Sie die Hauptstraße und wählen links die Landstraße Richtung Camp de Mar, die die Halbinsel des *Cabo des Llamp* kreuzt und nach **Puerto de Andraitx** hinabführt. Dieses ehemalige Fischerdorf (1000 Einw.), umgeben von Pinienwäldern, verfügt über einen natürlichen Hafen mit der entsprechenden Seglerkundschaft, aber nicht über einen Strand und ist deshalb zwar als Ausflugsziel beliebt, hingegen nur mit wenigen Hotels gesegnet.

Unterkunft: Hotel Brismar **, Almirante Riera Alemany 6, ℂ 971671600, 🖹 971671183, 56 Z., ganzj.; Hostal Las Palmeras **, Avda de Mateo Bosch 12, ℂ 971672078, 16 Z., ganzj.

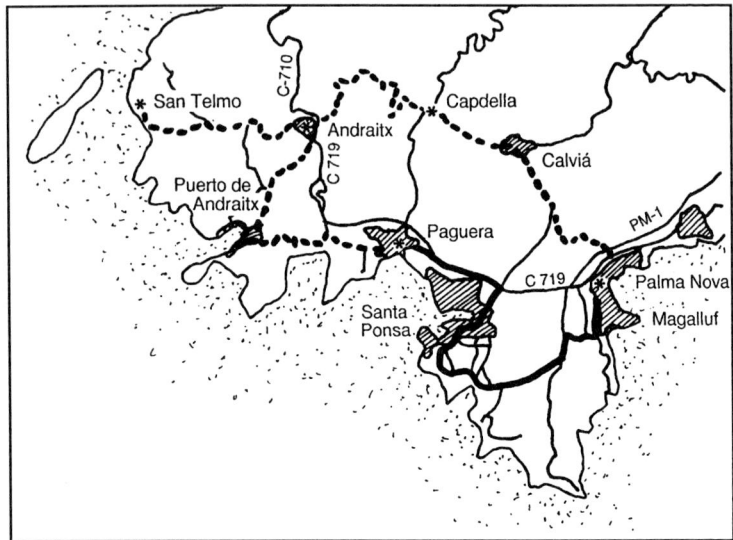

5 km sind es auf der direkten Landstraße hinauf in das Landstädtchen, als dessen Hafen Puerto de Andraitx dient.

Andraitx, 6600 Einw., verdankt seiner fruchtbaren Umgebung wirtschaftlichen Wohlstand. Die Apfelsinen- und Mandelbäume auf den terrassierten Hängen bilden einen hübschen Rahmen für das von der Pfarrkirche aus zu überschauende Dächergewirr des Ortes. Der Tourismus spielt eine Durchgangsrolle – Unterkünfte gibt es hier nicht. Die gotische Pfarrkirche stammt von 1236, das Herrenhaus *Son Mas* im Nordosten des Ortes ist ein in späteren Jahrhunderten stetig umgebauter Landsitz des 15. Jh.; er erlebt in den letzten Jahren ständig Veränderungen in der Nutzung. Mittlerweile wurde es von der Gemeinde erworben und soll nach einer noch ausstehenden Restaurierung u.a. die örtliche Verwaltung aufnehmen.
Markttag in Andraitx ist mittwochs.

Fahrradservice: Tot Bici, Calle Mallorca 2, ☎ 971136710.

Im Gegensatz zu den Angaben der verfügbaren Straßenkarten ist in Andraitx die Landstraße nach San Telmo nicht bis zur C719 und zur Verlängerung Richtung Capdella durchgezogen; hinter der Kirche führt zwar eine Straße vorbei, man muß dazu aber den Kirchhügel hinauf und rechts wieder hinunter. Beschildert ist die Streckenführung nach rechts in den Ort und dann links am Herrenhaus *Son Mas* vorbei wieder hinaus.

Etappe 29: Andraitx – San Telmo – Andraitx (16 km)

Die kurvige Landstraße von Andraitx hat zwar in der Hauptsaison beträchtliche Ausflüglerscharen zu bewältigen, ist in der Nebensaison das Schweißopfer an den zwei zu überwindenden Höhen wert, denn **San Telmo** ist zu Recht der meistbesuchte Ausflugsort der Südwestküste, da sehr schön gelegen. Zur See wird der Hafen von der vorgelagerten Insel **Dragonera** abgeriegelt, eine der letzten touristischen Reserven, an der der Baggerzahn nagen möchte, sobald man ihn läßt. Zur örtlichen Burg aus dem 16. Jh. südlich von San Telmo, die teils noch heute bewohnt ist, führt ein halbstündiger Fußmarsch. Über ein Stichsträßchen per Fahrrad, direkt von San Telmo jedoch nur zu Fuß zu erreichen ist die Klosterruine *Sa Trapa* (nördlich).

Unterkunft: Einige Hotels/-Hostales in San Telmo.

Die Straße von **Andraitx** ist eine Sackgasse, zurück führt also der gleiche Weg.

Etappe 30: Andraitx – Capdella (9 km)

Nun folgt eine sehr schöne, haarnadelkurvige Serpentinenstrecke, die ihren Anfang (Rchtg. Calviá) in Andraitx am Herrenhaus *Son Mas* nimmt. Ca. 5 km weit klettert die Straße bergauf, teilweise an ungesicherten Abgründen vorbei (Abstand halten!), und eröffnet auf der Paßhöhe einen schönen Blick ins Tal von Capdella. Etwas steiler, aber nicht weniger kurvig geht es dann wieder bergab in das Bergdorf **Capdella** (s. Etappe 1).

Etappe 31: Capdella – Calviá – Palma Nova (10 km)

In etwa immer auf der gleichen Höhe verbindet eine Landstraße Capdella mit dem Verwaltungssitz dieser wohlhabenden Region, *Calviá* (s. Etappe 1). Es ist nicht erforderlich, den Ort vollständig zu durchradeln, da schon vorher halbrechts die Straße abzweigt, die anfangs steil, dann gemächlich hinab nach **Palma Nova** führt. Kurz vor dem Ort wird dabei die Autobahn PM-1 überquert. An der C719 angekommen, hat man Gelegenheit, geradeaus darüber hinweg in den Ort zu radeln.

Rundtour Palma Nova 3: Palma Nova – Capdella – Andraitx – Estellencs – Sa Granja – Palma – Palma Nova (76 km)

Diese relativ lange, mit zahlreichen kräftigen Steigungen gewürzte Rundstrekke erfordert eine sportliche Grundeinstellung und Kondition auch bei längeren Bergstücken. Dafür bietet sie eine der unberührtesten Landschaften Mallorcas entlang der Felsküste der westlichen Gebirgshänge und eine Abfolge prachtvoller Ausblicke auf Berge und Meer.

Rundtour Palma Nova 3 – Etappe 32

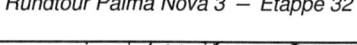

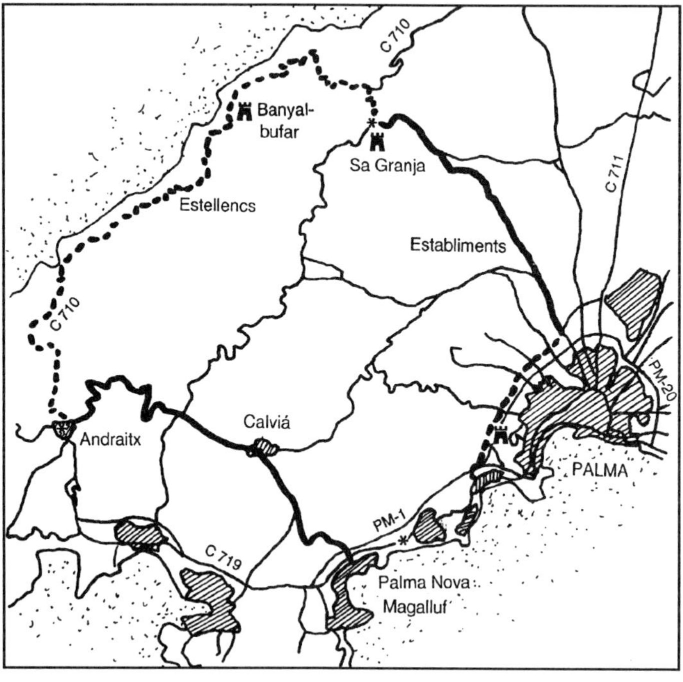

Den Anfang machen Etappe 31 und 30 (jeweils in Gegenrichtung; alternativ ggf. Etappe 27 und 28), mit denen über **Capdella** das Landstädtchen **Andraitx** erreicht wird (s. Etappe 28).

Blick vom Paß in das Tal von Capdella

Etappe 32: Andraitx – Estellencs – Banyalbufar – Sa Granja (33 km)

Nach der Entscheidung für diese Etappe gibt es keine Möglichkeit zur Abkürzung mehr: von der aussichtsreichen Küstenstraße existieren keinerlei Abzweigungen. In Andraitx verläßt die C710 den Ort am Landgut *Son Mas* vorbei Richtung Nordwesten. Sie führt zuerst leicht, dann kurvenreich und steiler bergan und zwischen schroffen Gipfeln hindurch hinauf zum *Coll de Sa Gremola* (knapp 5 km Steigung ab Andraitx). Nun folgen zahlreiche schöne Ausblicke auf bizarre Felsformationen, auf das Meer und auf steile Abhänge hinunter zu abgelegenen Buchten, während die Straße – wiederum etwa 5 km – steiler bergab verläuft.

Nachdem die Straße oberhalb der *Cala de Ses Hortigas* bei Punta Jova direkt über dem Meer angekommen ist, verläuft sie mit mittlerem Auf und Ab oberhalb der Küste entlang. Beim Restaurant *Es Grau* kann man zu Fuß über eine Treppe zum Aussichtsturm *Mirador de Ricardo Roca* hinaufklettern. Durch Wald und Ölbaumhaine geht es nun wieder bergan hinauf zum *Coll d'es Pi* und anschließend hinab nach **Estellencs** (340 Einw.), einem malerischen Bergdorf, das sich terrassenförmig an dem steilen Hang des *Puig Galatzó* hinzieht.

Unterkunft: Hotel Maristel **, Calle Eusebio Pascual 10, ✆ 971618529, 🖺 971618511.

Obwohl Estellencs noch relativ hoch liegt, folgt erneut eine Steigungsstrecke, allerdings bis Banyalbufar auf neuer Ausbaustrecke. Schließlich kommt der wohl meistfotografierte, restaurierte Wachtturm Mallorcas in Sicht, der *Atalaya de Ses Animas* (15. Jh.), der 2 km vor Banyalbufar über einer tiefen Schlucht aufragt. Eine Brücke bringt Sie zu ihm, eine Eisenleiter im Turminneren dann zu einer Plattform mit Ausblicken Marke Sonderklasse.

Oberhalb terrassenförmiger Gärten und anschließend hinab ins Tal erreicht die C710 **Banyalbufar** (550 Einw.), einen ausgesucht schön gelegenen Ort unterhalb von ebenfalls terrassierten Hängen, die früher vorrangig dem Weinbau dienten, heute eher Tomaten hervorbringen, sofern die Besitzer sich nicht dem lukrativeren und einfacheren Geschäft mit den Touristen zugewendet haben.

Unterkunft: Hostal Le Baronía **, Calle Baronía 16, ✆/🖺 971618146, 39 Z., April-Okt.; Hotel Mar y Vent ***, Calle Mayor 49, ✆ 971618000, 🖺 971618201, 19 Z., ganzj.; Hotel Sa Coma ***, Calle Sa Coma-Banyalbufar, ✆ 971618034, 🖺 971 618198, 32 Z., April-Okt.

Hinter Banyalbufar schwenkt die Strecke allmählich landeinwärts und windet sich kurvenreich zum *Coll de Sa Bastida* empor. Etwa 2,5 km danach „zweigt" geradeaus die Landstraße PM-110 Rchtg. Esporlas ab, die 1,3 km bergab zum Landgut **Sa Granja** (s. Etappe 2) führt.
Den unkomplizierten und entspannenden Abschluß bildet Etappe 4 (in Gegenrichtung); noch vor Palma können Sie ggf. nach rechts vorbei an La Vileta durch Genova Richtung **Palma Nova** abkürzen.

Rundtour Palma Nova 4: Illetas – Palma – Esglaieta – Palmañola – Santa María del Camí – La Cabañeta – Palma – Illetas (65 km)

Eine gemäßigte Rundstrecke, die gut mit einer Teilbesichtigung von Palma zu verknüpfen ist. Den Anfang nimmt sie entweder in Palma, das über die C719 erreicht wird, oder (wegen der am Rundtourenende ohnehin unvermeidlichen Durchquerung der Hauptstadt besser) über die bei Rundtour Palma Nova 1 beschriebene Abkürzung (parallel zur neuen Autobahn PM-20) durch Genova, dann weiter vorbei an La Vileta und über die Landstraße Palma – Esporlas hinweg zur Landstraße Richtung Valldemosa, in die Sie links einbiegen.

Entweder von diesem Punkt an oder ab Palma folgen Sie der Gegenrichtung von Etappe 3 bis **Esglaieta**.

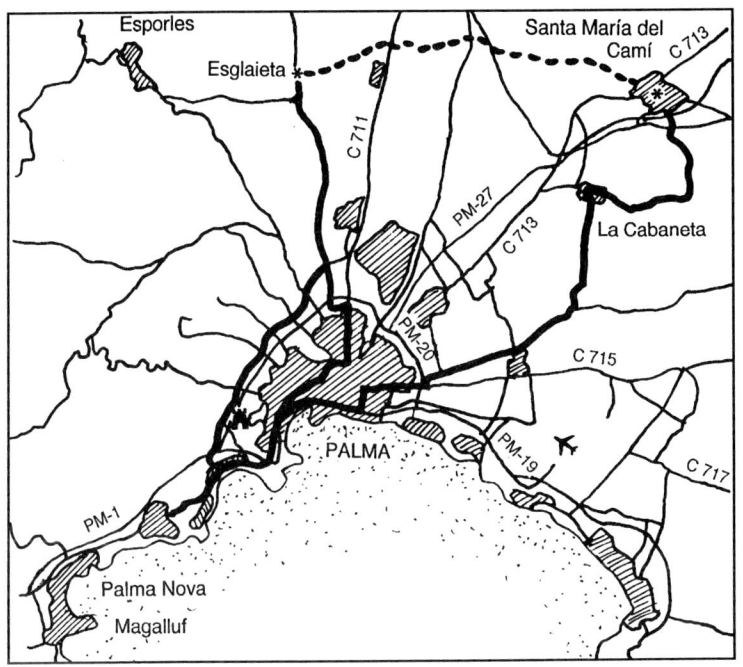

Etappe 33: Esglaieta – Palmañola – Santa María del Camí (13 km)

Von der Landstraße Palma – Valldemosa zweigt am Nordrand von Esglaieta nach Osten die Landstraße PM-114 nach Santa María ab. Folgen Sie ihr immer geradeaus: nördlich von Palmañola kreuzt sie die C711 und wird zur PM-203, etwas später die Nebenstrecke Bunyola – Palma (s. Etappe 9 bzw. 13) und rechts/links versetzt (Stopschild) die Straße Bunyola-La Cabañeta und erreicht ohne nennenswerte Veränderungen in der Höhe schließlich **Santa María del Camí** (s. Etappe 12).

Die Kurve wird geschlossen vom restlichen Verlauf der Etappe 12 bis Palma, wo (ggf. nach der oben angesprochenen Teil-Stadtbesichtigung) der Anschluß nach **Illetas/Palma Nova** gegeben ist.

Ausgangsbereich: Paguera / Santa Ponsa

Die Region von **Paguera** und **Santa Ponsa** ist vor allem dann als Startpunkt vorteilhaft, wenn ein relativ angenehmer Aufenthaltsort angestrebt wird und die südlichen Teile der *Sierra de Tramontana* das radtouristische Zielgebiet darstellen.

Paguera ist ein fest in deutscher Hand befindlicher Badeort an den von Pinien eingerahmten Sandstränden der *Playa de Paguera*, der zwar seine sprachliche und kulinarische Eigenart dem vermeintlichen Geschmack der Urlauber geopfert hat, aufgrund seiner recht hübschen Lage und des auch zu Wanderungen einladenden Hinterlandes dennoch vor allem im Kontrast zu Palma Nova/Magalluf positiv hervorsticht. Es gibt eine beachtliche Zahl preisgünstiger kleiner Hotels/Hostales. Die Durchgangsstraße von Paguera ist größtenteils verkehrsberuhigt, so daß Sie sie nur noch mit Fußgängern teilen müssen.

Santa Ponsa, 2200 Einw., ist als neueres Touristenzentrum vor allem mit Appartements und Ferienhäusern gut versorgt; das Hotelangebot ist eher spärlich. Die 400 m lange, schöne Bucht ist mittlerweile vollständig umbaut. In den westlichen Vororten sind die Appartementhäuser besonders nett. Als Überbleibsel der vortouristischen Vergangenheit existiert das Landgut, das dem Ort den Namen gab, mit seinem gotischer Festungsturm.

In der Cala von Santa Ponsa gingen die katalanisch-aragonischen Schiffe im Jahr 1229 vor Anker, um die damals maurische Insel Mallorca für das Christentum zurückzuerobern. Heute dient die Bucht den Skippern der zahlreichen Freizeitschiffe als Tummelplatz.

Information: *In Paguera:* Oficina Municipal de Turismo, Seb belí, Paguera, 07160 Calviá, ✆ 971687083.
In Santa Ponsa: Oficina de Información Turística, Edificio Acapulco, Via Puig de Galatzó, Santa Ponsa, 07180 Calviá, ✆ 971691712.
Unterkunft: In Paguera ist das Hotel-/Hostalangebot umfangreicher und preiswerter als in Santa Ponsa. Auswahl: Hostal Celo **, Calle Gaviotas 10, ✆ 971686398, 38 Z., Mai-Okt.; Hostal Villa Caty *, Calle Palmira, ✆ 971686394, 20 Z., April-Okt.; Hotel Palmira ***, Calle Palmira 20 (neben Hostal Villa Caty), ✆ 971686600, 100 Z., ganzj., Hostal Nima *, Calle de Mallorca 9, ✆ 971686453, 18 Z., Mai-Okt.

Die Verbindung zwischen den beiden *Randpunkten* des Ausgangsbereichs erfolgt ggf. über die C719.

Foto rechts: Berglandschaft nördlich von Palma

Rundtour Paguera 1: Paguera – Andraitx – San Telmo – Andraitx – Capdella – Calviá – Santa Ponsa (50 km)

Eine Strecke „zum Aufwärmen", mit einer schönen Bergstrecke als Mittelteil, die aber zu den weniger anstrengenden zu zählen ist.

Folgen Sie der Etappe 28 über den Hafen von *Andraitx* zum höher gelegenen Landstädtchen. Etappe 29 bringt Sie zu dem hübschen Küstenort *San Telmo*, und Etappe 30 stellt über die ansprechende Serpentinenstrecke nach Capdella die radfahrerische Würze in der Rundtour dar.

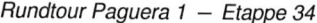

Rundtour Paguera 1 — Etappe 34

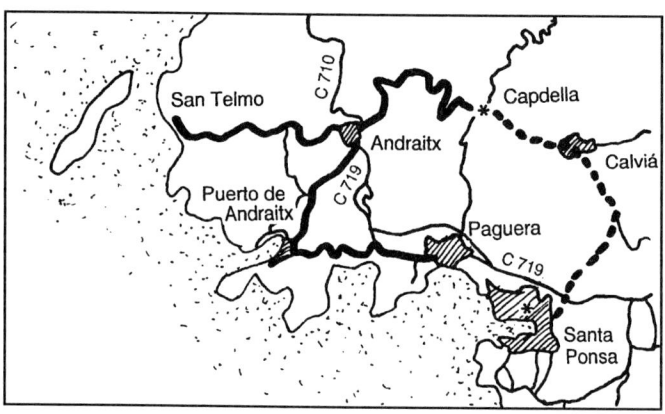

Etappe 34: Capdella – Calviá – Santa Ponsa (12 km)

In geringfügiger Abwandlung von Etappe 31 wird auf der geradlinigen Landstraße von Capdella aus das Verwaltungszentrum der Gegend, *Calviá* (s. Etappe 1), erreicht. Entsprechend der Beschilderung Richtung Palma Nova und Santa Ponsa halten Sie sich dort halbrechts und radeln zuerst steil, dann gemäßigter bergab. Beim Weiler *Son Pieras* biegen Sie schließlich rechts ab Richtung Santa Ponsa. An der Kreuzung mit der C719 haben Sie schließlich je nach Zielort die Wahl, geradeaus über die Hauptstraße hinweg nach Santa Ponsa oder rechts nach Paguera zu fahren.

Rundtour Paguera 2: Paguera – Capdella – Sa Granja – Palma – Calviá – Santa Ponsa (67 km)

Diese Strecke eröffnet eine gute Möglichkeit, zwei mittelschwere Bergstrecken mit einer der Hauptsehenswürdigkeiten in der südlichen Sierra de Tramontana und einem Besuch der Inselhauptstadt zu kombinieren.

Rundtour Paguera 2

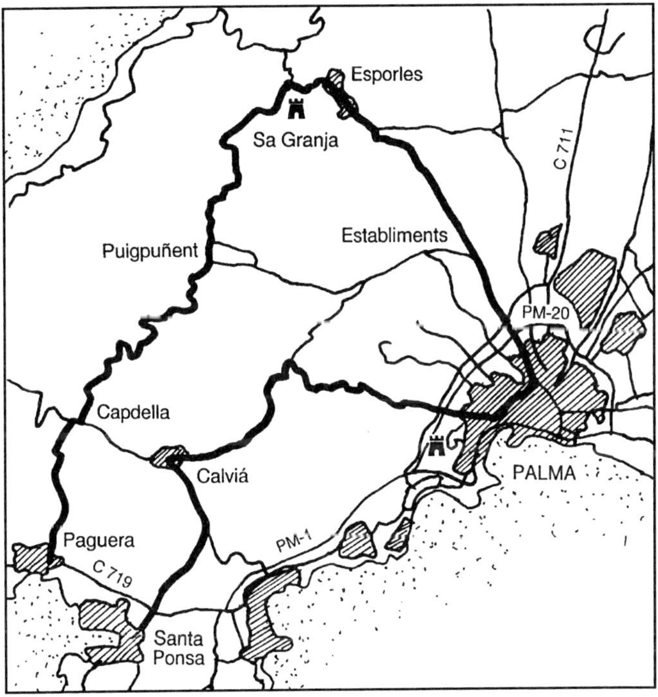

Dazu werden ausschließlich bereits vorher beschriebene Etappen benutzt. Den Anfang macht Etappe 26 (in Gegenrichtung) hinauf nach **Capdella**, wo Sie kurz rechts durch den Ort radeln und dann links auf die Führung von Etappe 2 abbiegen. Dieses Teilstück bildet den anstrengenderen Teil der Rundtour; nach

Bewältigung der beiden Steigungen erreichen Sie **Sa Granja** (s. Etappe 2) mit seinem idyllischen Landgut. Etappe 4 (in Gegenrichtung) bringt Sie hinab nach **Palma**; nutzen Sie die Gelegenheit zu einer (Teil-)Stadtbesichtigung, und widerstehen Sie der Versuchung, oberhalb der Hauptstadt Richtung Genova abzukürzen (s. Rundtour Palma Nova 1).

Als letzter Teil der Tour dient die Überquerung des *Coll de Sa Creu* entsprechend Etappe 1; kurz vor **Calviá** (s. Etappe 1) biegen Sie dann links ab und gelangen wie bei Etappe 34 hinunter zur C719 und somit nach Santa Ponsa bzw. Paguera.

Rundtour Paguera 3: Paguera – Andraitx – Sa Granja – Capdella – Paguera (74 km)

Auch die Etappen dieser Tour sind bereits beschrieben. Aufgrund der zahlreichen und teils steilen oder langdauernden Steigungen ist gute Kondition erforderlich, um die Tour zu bewältigen. Es gibt zwischen Andraitx und Sa Granja keine Möglichkeit (außer umzukehren), die Route abzukürzen.

Zwischen Andraitx und Palma

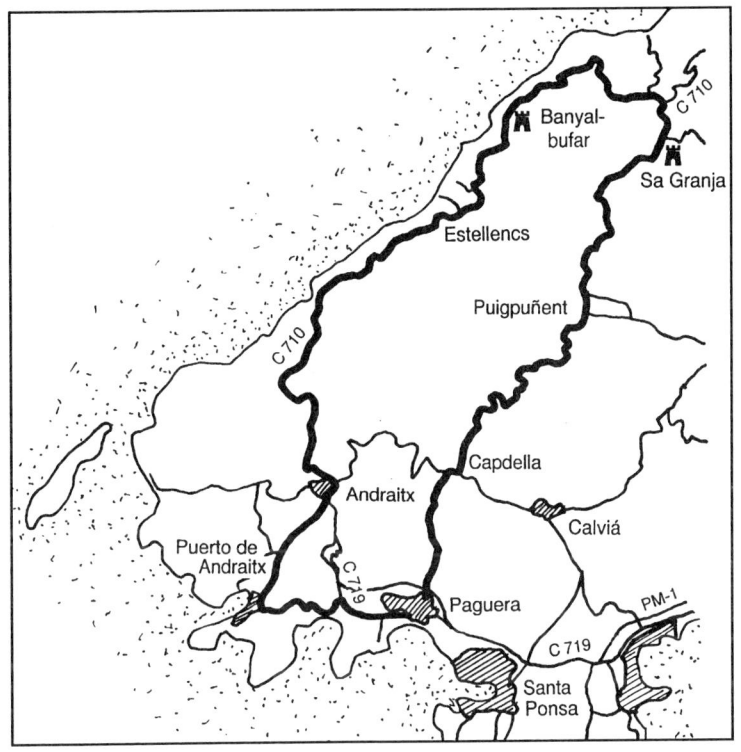

Den Anfang macht „zum Aufwärmen" die Etappe 28 über Puerto de Andraitx hinauf nach Andraitx. Es schließt sich die ebenso steigungs- wie aussichtsreiche Etappe 32 an, die eines der schönsten Küstenstücke Mallorcas begleitet. Spätestens am Etappenende in **Sa Granja** (s. Etappe 2) ist außer der Besichtigung des Landgutes wohl eine ausgiebige Pause fällig. Mit frischen Kräften machen Sie sich dann auf, um Etappe 2 (in Gegenrichtung) — mit weiteren zwei Steigungsstrecken — nach **Capdella** zu meistern und schließlich entspannt mit Etappe 26 wieder nach **Paguera** hinabzurollen.

Ausgangsbereich: Banyalbufar / Estellencs

Über die üppigen landschaftlichen Attraktionen des Bereiches von Estellencs und Banyalbufar informieren die Beschreibungen von Etappe 32. Jene Strecke ist ohnehin unvermeidlich, wenn dieser Teil der Küste als Bezugspunkt dienen soll, da grundsätzlich über Etappe 32 zu und von den *Anknüpfungspunkten* Sa Granja bzw. Andraitx gefahren werden muß. Und weil dadurch Etappe 32 meist auf voller Länge (37 km) integrativer Bestandteil der Rundtouren ist, sind Routen von weniger als 70 km kaum durchzuführen.

Rundtour Banyalbufar 1: Banyalbufar – Sa Granja – Capdella – Paguera – Andraitx – Estellencs (74 km)

Diese Route unterscheidet sich von der vorher beschriebenen Rundtour Paguera 3 nur durch die ausgangsbereichsbedingte Abfolge der Bestandteile – und dementsprechend durch eine andere Verteilung der Steigungsstrecken.

Atalaya de Ses Animas

Ab **Sa Granja** (s. Etappe 2) führt der Weg südwärts in Gegenrichtung von Etappe 2; die kurze „Erholungs-Etappe" 26 nach **Paguera** schließt sich an, und über Etappe 28 erreichen Sie in **Andraitx** den Anknüpfungspunkt an Etappe 32 zu Ihrem Domizil.

Rundtour Banyalbufar 2: Banyalbufar – Sa Granja – Capdella – Andraitx – San Telmo – Andraitx – Estellencs (81 km)

Mit dieser Route wird Rundtour Banyalbufar 1 insofern variiert, als Capdella und Andraitx auf kürzestmöglichem Weg verknüpft werden, so daß ein Ausflug zur südwestlichen Küstenecke eingefügt werden kann.

Ab Sa Granja (s. Etappe 2) dienen (jeweils in Gegenrichtung) die Etappen 2 und 30 als Verbindung nach **Andraitx**. Die „Pendel-Etappe" 29 bringt Sie zum Ausflugsort **San Telmo** und wieder zurück nach Andraitx, wo Etappe 32 Sie zu Ihrem Übernachtungsort zurückführt.

Rundtour Banyalbufar 2

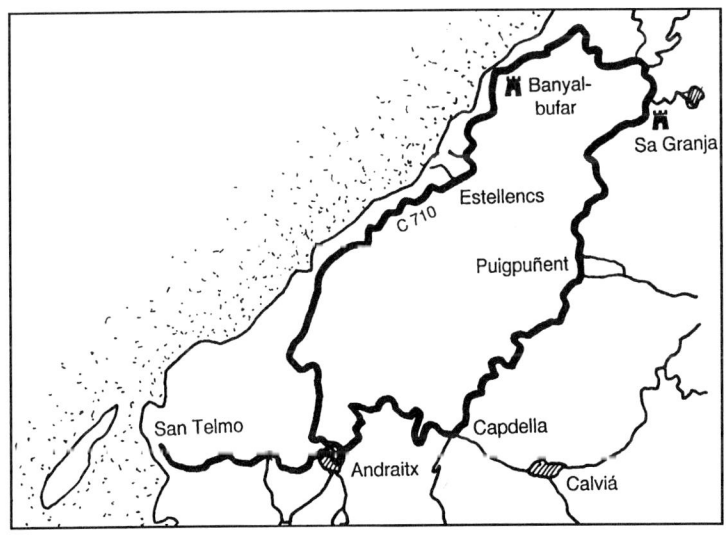

Rundtour Banyalbufar 3: Banyalbufar – Sa Granja – Valldemosa – Palma – Capdella – Andraitx – Estellencs (83 km)

Vielleicht möchten Sie auch einen weiteren Teil der mallorquinischen Nordwestküste kennenlernen, nicht nur die Standardstrecke Etappe 32 zu Ihrem Standort. Diese Route gibt Ihnen Gelegenheit dazu – und zu einer (Teil-) Stadtbesichtigung Palmas. Da nur wenige steigungsarme Routenbestandteile vorhanden sind, ist diese Tour nur etwas für Radler mit gewissem sportlichen Ehrgeiz.

Rundtour Banyalbufar 3

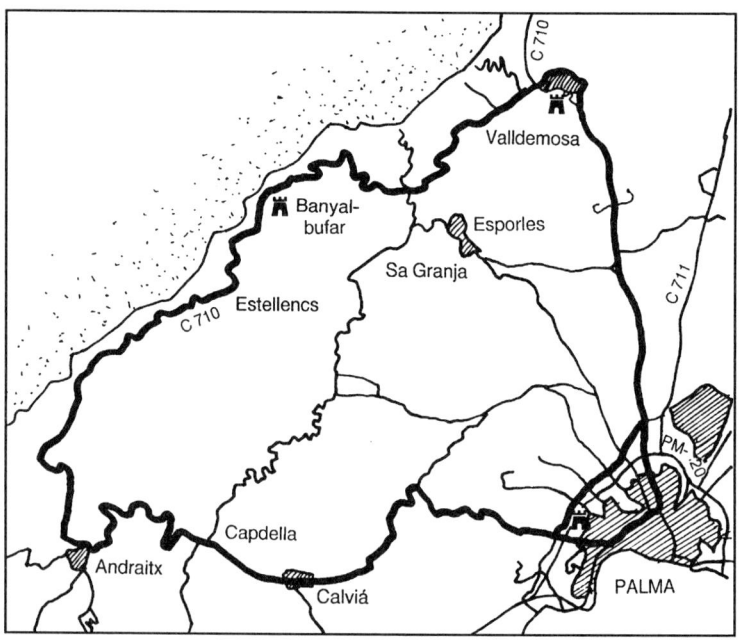

Den Anknüpfungspunkt **Sa Granja** brauchen Sie nicht unbedingt aufzusuchen, sondern Sie können gleich auf der C710 bleiben und Etappe 5 nach **Valldemosa** (s. dort) anschließen. Transpirationsfrei führt Etappe 6 von dort hinab nach **Palma**; falls Sie das hauptstädtische Leben nicht interessiert, können Sie oberhalb von Palma über die Nebenstraße Rchtg. Genova abkürzen (s. Rundtour Palma Nova 1), um am Kasernentor rechts auf Etappe 1 nach **Capdella** einzuschwenken. Ansonsten finden Sie nach dem Palma-Besuch direkten Anschluß an Etappe 1 (s. dort). Die hübsche Paßstrecke von Etappe 30 (in Gegenrichtung) erreicht in **Andraitx** den Anknüpfungspunkt zu Etappe 32 in Richtung Nachtquartier.

Rundtour Banyalbufar 4: Banyalbufar – Valldemosa – Sóller – Bunyola – Palmañola – Sa Granja – Banyalbufar (84 km)
(*Identisch mit Rundtour Sóller 1, Skizze s. S. 125*)

Innerhalb der Sierra de Tramontana bleiben Sie bei dieser Route, die ausnahmsweise keine vollständige Einbeziehung von Etappe 32 vorsieht. Und auch Sa Granja müssen Sie nicht ansteuern, um den Tourenverlauf zu erreichen, sondern Sie kommen auf der C710 nahtlos zu Etappe 5 nach **Valldemosa** *(s. dort) und mit Etappe 7 weiter durch das Bilderbuchdorf Deyá nach* **Sóller** *(s. dort).*

Etappe 8 über den *Coll de Sóller* stellt hohe Anforderungen an Ihre physische Leistungsbereitschaft; bei **Bunyola** ist das Ende intensiver Schweißentwicklung erreicht – den Weg in das abseits der C711 gelegene Dorf können Sie sich sparen.

Etappe 35: Bunyola – Palmañola – Esglaieta – Esporlas – Sa Granja (18 km)

---

4 km weit fahren Sie auf der C711 Richtung Palma, wobei Sie die verwilderten (und für die Öffentlichkeit unzugänglichen) Gärten von *Raixa* (s. Etappe 10) passieren. Nördlich der Siedlung *Palmañola* biegen Sie an einer Kreuzung rechts ab auf eine Nebenstraße, die nach 3½ km auf die Landstraße Palma-Valldemosa trifft. Nur wenige Meter halten Sie sich darauf nach links, wählen dann aber gleich wieder die rechts abzweigende Straße durch **Esporlas** (s. Etappe 3) nach **Sa Granja** (s. Etappe 2).

An der Zufahrt zum dortigen Landgut schwenkt die Landstraße nach rechts und erreicht als Abschluß der Rundtour nach ca. 1 km Anstieg die küstennahe Straße C710 zu Ihrem Ausgangspunkt.

Ausgangsbereich: Puerto de Sóller

Sóller, 10.00 Einw., war dank seiner geschützten Lage (umgeben von hohen Bergen und nur zum Hafen hin offen) schon zu Zeiten der Araber ein fruchtbares, wohlhabendes Fleckchen Erde und in späteren Jahrhunderten (bis heute) ein florierendes Obstbaugebiet, das hauptsächlich mit Exporten nach Frankreich gutes Geld machte. Heute kommen umgekehrt etliche Franzosen hierhin, um Urlaub zu machen. Und dank der frühzeitigen Entscheidung der Stadt, das private Ratterbähnchen („Roter Pfeil") nach Palma über die Berge zu bauen, ist Sóller fast ganzjährig ein reger Ausflugstourismus sicher. Die einzige Straßenbahnlinie Mallorcas, ein Holzbähnchen mit zwei offenen Wagen, stellt den Anschluß durch die Orangenhaine zum natürlichen Hafen der Stadt her (ca. jede volle Stunde eine Fahrt von 20 Minuten Dauer) und passiert dabei das Naturwissenschaftliche Museum der Balearen im Jardín Botánico (mo geschl.).

Die gepflegte Innenstadt Sóllers beherbergt u.a. den Konvent (18. Jh.) und die Pfarrkirche (16./17. Jh.). Das örtliche Museo Casa de Cultura ist in einem alten Herrenhaus mit originaler Inneneinrichtung an der Carrer de San Mar 13 untergebracht (11-13 und 17-20 h, mi & sa nachmittags geschlossen).

Zwei besondere Kleinodien sind die nordöstlich gelegenen, auf arabische Gründungen zurückgehenden hübschen Bergdörfer *Biniaraix* (Dorfkirche von 1634) und *Fornalutx*.

Ein gerade für Radfahrer günstiger Ausflug ist die Schiffsfahrt nach *Sa Calobra* (3-4 mal täglich) am nordöstlich gelegenen *Torrent de Pareis*, wohin ansonsten nur eine extrem steile und lange Serpentinenstrecke führt, die aufgrund ihres Sackgassencharakters wohl nur hartgesottene Bergfahrer zum Befahren reizen wird.

Im übrigen eignet sich das Tal von Sóller in besonderem Maß zum Wandern. Eine viersprachige Broschüre (*Guía de Sóller*) mit Vorschlägen und allerlei nützlichen Hinweisen ist von der örtlichen Tourismusförderung herausgebracht worden.

Information: Oficina de Información, Plaça de la Constitución 1, 07100 Sóller, ✆ 971630332; dito, Passeig del Port, 07108 Puerto de Sóller, ✆ 971633042, in der Hauptsaison.

Unterkunft (in Puerto de Sóller): Hotel Es Port ***, Calle Antonio Montis, ✆ 971631650, 🖨 971631662, 156 Z., ganzj., sehr ruhig gelegen; Hotel Porto Sóller ***, Urb. Costa de la Atalaya, ✆ 971631700, 127 Z., April-Okt.; Hotel Miramar *, Calle Marina 12, ✆ 971631350, 🖨 971632671, 32 Z., April-Okt.

Fahrradservice: Mayol Arbona, Lluna 100, Sóller, ✆ 971630139.

Da Sóller mit seiner vollständig von Bergen abgeriegelten Lage zu den abgeschiedensten Urlaubsorten Mallorcas gehört, ist für jede aus dem Tal herausführende Strecke eifrige Beinarbeit erforderlich. Selbst der kürzeste der folgenden Tourenvorschläge wird Sie deshalb nicht mit dem Eindruck eines unausgefüllten Tages zurückkehren lassen; die längeren sind nur von sportlich trainierten Radlern an einem Tag zu bewältigen.

Rundtour Banyalbufar 4 — Rundtour Sóller 1
Etappe 35

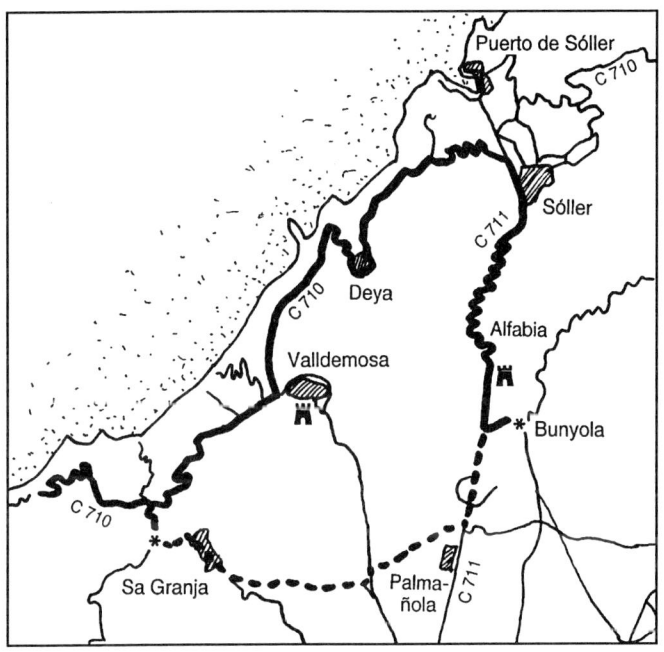

**Rundtour Sóller 1: Sóller – Bunyola – Palmañola – Sa Granja –
Sóller (84 km)**

Diese Tour ist in der Streckenführung identisch mit Rundtour Banyalbufar 4, lediglich die Abfolge ist etwas günstiger, da der anstrengendste Teil – die Überquerung des *Coll de Sóller* – am Anfang liegt. Nach Absolvierung der Etappen

8 und 35 (nach **Sa Granja**) sowie 5 (nach **Valldemosa**) und 7 ist die Runde geschlossen.

Rundtour Sóller 2: (Puerto de) Sóller – Lluc – Inca – Alaró – Bunyola – Sóller (104 km)

Diese selbst für mallorquinische Verhältnisse besonders schöne Strecke umrundet vollständig das Bergmassiv östlich von Sóller, in dem die höchsten Gipfel der Insel emporragen. Angesichts der großen Entfernung und der Steigungen aber nur etwas für trainierte und ausdauernde Radfahrer!

Etappe 36: (Puerto de) Sóller – Gorg Blau – Lluc (36 km)

Mächtig, aber gewaltig geht es gleich bergan auf der C710, deren hiesiges Stück erst vor gut 20 Jahren diesen Teil des Gebirges, die *Sierra de Torrellas*, verkehrsmäßig erschlossen hat. Die zahlreichen Kurven der Steigung sorgen

Blick auf Puerto de Sóller

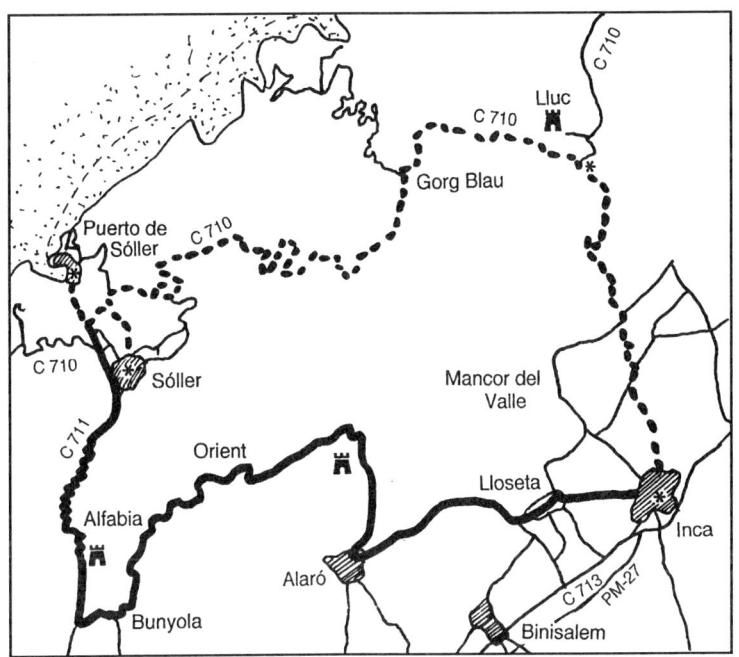

dafür, daß die Aussichtsterrasse von *Mirador de Ses Barques* erst nach 8 km erreicht ist. Damit ist aber noch lange kein Ende der Bergstrecke in Sicht, sondern es geht immer weiter bergan, Mallorcas höchster Berg, der *Puig Mayor* (1445 m), kommt in Sicht, und vor dem *Coll de Puig Mayor* ist der längere der beiden Tunnels (400 m, bergauf mit Buckel innerhalb des Tunnels, dadurch relativ dunkel) zu durchfahren. Ein Hochtal mit altem Baumbestand schließt sich an. In *Son Torrella* dokumentieren die Bauten der spanischen Luftwaffe einmal mehr, daß sich das Militär stets an den schönsten Stellen breitmacht, und die verbotene Straße zum Sperrgebiet des Puig Mayor bestätigt das kurz darauf.

Die vorher breit ausgebaute Straße wird nun schmaler und anheimelnder, weitere Tausender Gipfel säumen den tendentiell bergab führenden Weg. Beim Stausee von *Gorg Blau* ist erneut ein 200 m langer Tunnel zu durchfahren. Ca. 2 km danach zweigt links der Stolz der mallorquinischen Straßenbauer ab, die reizvolle, aber anstrengende Bergstrecke nach *Sa Calobra*, deren Endpunkt jedoch auch per Schiff von Puerto de Sóller aus zu erreichen ist. Unter einem alten Aquädukt hindurch führt die C710 weiter ostwärts, hoch über der Felsschlucht des *Torrente de Pareis* entlang und in wechselnden Höhen zwischen 600 m und 700 m auf neue Felsmassive zu.

Inmitten der Bergwelt aus Tausend-Meter-Gipfeln wird das Dorf **Escorca**, das über eine der ältesten Pfarrkirchen der Insel (13. Jh.) verfügt, durchfahren. Die Straße verläßt danach die Höhe des Gebirges und wendet sich talwärts, wobei kilometerlange Serpentinen von ebenen Teilstücken unterbrochen werden. Schließlich biegen Sie mit der C710 links ab Rchtg. Pollensa und kommen 1,4 km danach zu einer ausgeprägten Rechtskurve, in der links ein Abstecher zum Etappenziel führt.

Das Kloster **Lluc** (erste Bauten aus dem 13. Jh.) ist nach der Säkularisierung des 19. Jh. seinem alten Zweck wieder zugeführt worden; Augustinermönche leiten hier heute eine Musikschule für Jungen als Internat. Zu dem umfangreichen Komplex gehören eine Klosterherberge (alte Gebäude schon von 1586, Neubau 20. Jh.; Wanderunterkunft, ✆ 971517025, 70 Z.), drei Restaurants, eine den ursprünglichen Zweck des Klosters dokumentierende Wallfahrtskirche (17./18. Jh.) mit viel dunklem Marmor, eine große Freilufthalle (1984) und ein kleines Museum (tägl. 10-17.30 h, Pts 275).

Etappe 37: Lluc – Selva – Inca (16 km)

Zwar liegen noch zwei Pässe zwischen Lluc und Inca, beide aber nur wenige Höhenmeter oberhalb von Lluc. An der C710 ist der *Coll de Sa Bataia* bald erreicht, und nach einer Fahrt durch felsige Berglandschaft folgt der *Salt del la Bella Doña*. Kurvenreich geht es nun fast ständig bergab hinunter nach *Caimari*, wo sich ggf. ein Abstecher über *Mancor del Valle* (s. Inca, Etappe 14) anbietet. Ansonsten bleiben Sie auf der Landstraße, die um das Bauerndorf *Selva* herum nach **Inca** (s. Etappe 14) führt.

Zum Abschluß der Rundstrecke sind (in Gegenrichtung) die folgenden Etappen 14, 11 und 8 zu befahren: durch **Lloseta** (s. Etappe 14) nach *Alaró* (s. Etappe 11), dort rechts zwischen markanten Vorgebirgen hindurch in das weite Tal von **Orient** (s. Etappe 11) und durch den Wald nach **Bunyola**, wo die Umkehrung von Etappe 8 über den *Coll de Sóller* zum Ausgangspunkt der Tour **Lluc** zurückführt.

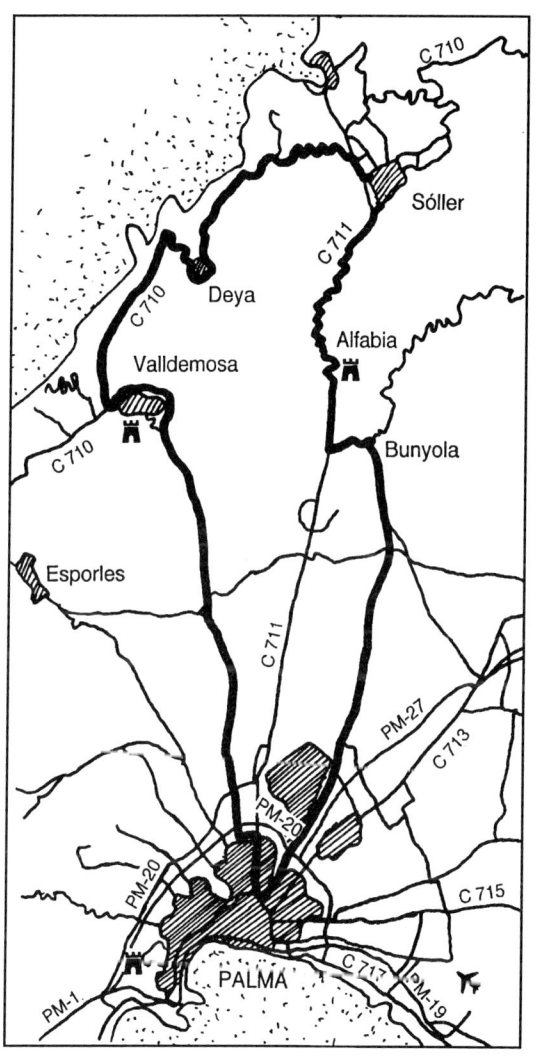

Rundtour Sóller 3: Sóller – Bunyola – Palma – Valldemosa – Sóller (52 km)

Die kürzeste der von Sóller ausgehenden Rundtouren gibt durch ihre Beschränkung auf wenige, geradlinige Strecken die Möglichkeit, eine (Teil-) Stadtbesichtigung Palmas einzubeziehen.

Die Etappen 8 und 9 stellen eine nur geringfügig, aber sinnvoll von der Hauptstraße abweichende Verbindung über den *Coll de Sóller* und Bunyola nach **Palma** dar. Nach dem Besuch der Hauptstadt ist Etappe 6 (in Gegenrichtung) nach **Valldemosa** (s. dort) eine zumindest anfangs eher wadenschonende Angelegenheit – insbesondere im Vergleich mit den übrigen „Bausteinen" dieser Tour. Etappe 7 durch *Deyá* (s. dort) zurück nach **Sóller** bildet den Abschluß.

Am Coll de Sóller

Ausgangsbereich: Colònia Sant Jordi

Östlich von El Arenal ist **Colònia Sant Jordi** der einzige Urlaubsort an Mallorcas „Südküste", und zudem der einzige Badeort der Insel mit naturbelassenen Stränden (in beiden Richtungen).

Bis vor einigen Jahren gab es hier lediglich einen kleinen Fischerhafen, welcher der Markstadt *Campos* zugeordnet war und dementsprechend *Puerto de Campos* hieß. Auf manchen Straßenkarten findet sich diese Bezeichnung auch noch, und die „Mutterstadt" firmiert dann als *Campos del Puerto*. Heute ist Campos eine fest in Schweizer Hand befindliche Urlaubskolonie, in der die Eidgenossen nicht auf heimische Infrastruktur verzichten müssen. Da aber die größeren Hotels außerhalb des Ortes in Richtung auf den Strand *Es Trenc* liegen, konnte der alte Hafen seinen Charm größtenteils erhalten.
Es Trenc ist ein natürlicher, kiefernbesetzter Dünenstrand – der letzte Mallorcas – und zeigt, wie es an der heute zubetonierten Bucht von El Arenal vor 30 Jahren ausgesehen hat. Außerdem ist er der einzige offizielle FKK-Strand Mallorcas. Da nur die Gäste von Colònia *Sant Jordi* und die Ferienhausbesitzer von *La Rápita* (s. Etappe 38) in Reichweite des Strands hausen, ist er von mallorca-untypischer relativer Einsamkeit. Mitte der achtziger Jahre konnte der Versuch von Spekulanten, dieses letzte Refugium der Dünenwelt mit Hotels zuzubauen, abgewehrt werden, und *Es Trenc* rangiert (bis auf weiteres) als Naturschutzgebiet.
Jedoch auch südlich von Colònia Sant Jordi erstrecken sich schöne Sandstrände, deren Einsamkeit dadurch garantiert wird, daß sie durchweg nur *per pedes* zu erreichen sind.

Ausflug: Mitte Juni bis Mitte September verkehrt mehrmals wöchentlich ein Ausflugsschiff zur kleinsten Baleareninsel **Cabrera**, die militärisches Sperrgebiet ist und deshalb nur tagsüber und nur im Küstenbereich besucht werden darf. Normalerweise teilt sich eine Handvoll Soldaten den Rest der Insel mit einer großen Zahl seltener Vögel; zweimal im Jahr bemühen sich dann Tausende von zu Manövern herangekarrten Truppenangehörigen, diesem ökologisch noch fast intakten Reservat den Garaus zu machen.

Außer allerlei Getier ist beim Ausflug nach Cabrera der alte Hafen mit der Piratenburg (14. Jh.) zu besichtigen, die lange Zeit Seeräubern als Stützpunkt für Überfälle auf Mallorca diente. 1809-1814 wurden andere Gäste hier unfreiwillig angesiedelt: 9000 französische Kriegsgefange aus dem spanischen Unabhängigkeitskrieg, die hier einfach ausgesetzt und sich selbst überlassen wurden; nur ein Drittel davon hat dieses „Exil" überlebt. Ein Denkmal am Hafenende erinnert daran.

Im Preis des Tagesausflug ist gewöhnlich der Besuch der *Cova Blava*, der Blauen Grotte, inbegriffen, die nur vom Meer aus zu erreichen ist; berühmt sind die dort herrschenden Lichtspiegelungen.

Information: Oficina Municipal de Turismo, Calle Doctor Barraquer 5, Colònia Sant Jordi, 07638 Ses Salines, ✆ 971656073, in der Hauptsaison.
Unterkunft: Einziges vor April geöffnetes Haus ist das Hostal Colònial *, Calle Gabriel Roca 9, ✆ 971656182, 🖷 971655278, 8 Z., März-Okt. Das gute Dutzend der übrigen Hotels und Hostales beschränkt sich auf die maximale Standardzeit April-Okt.
Fahrradverleih: Team Double J, Club Colònia Sant Jordi, ✆/🖷 971655765.

Anknüpfungspunkt

Colònia Sant Jordi liegt am Ende der Landstraßen aus Richtung Campos und Santanyí, die im südlichen Bereich eine gemeinsame Sackgasse bilden. Alle Touren beginnen und enden somit auf dieser Straße.

Straßenbahn im Hafen von Puerto de Sóller

Rundtour Colònia 1: Colònia – La Rápita – Vernissa – Campos – Colònia (48 km)

Dies ist eine „Schnupperstrecke" zum Heimischwerden, zum Kennenlernen der unmittelbaren Umgebung.

Rundtour Colònia 1 – Etappe 38 & 39

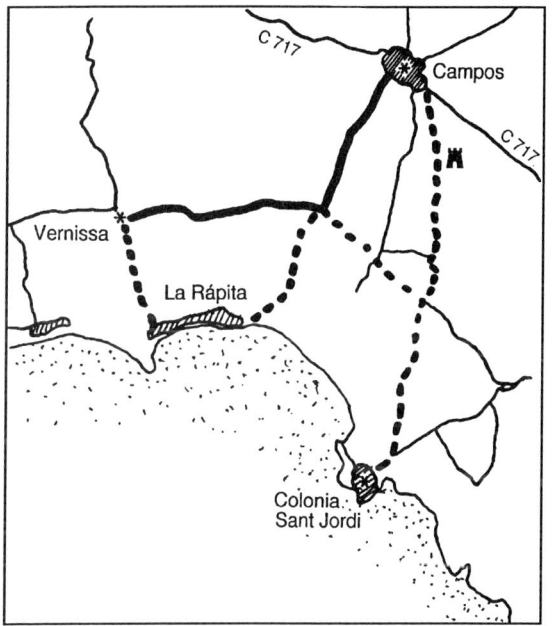

Etappe 38: Colònia – Baños de San Juan – La Rápita – Vernissa (35 km)

Auf der Landstraße Rchtg. Campos erroichen Sie nach ca. 4 km die Thermalquellen von *Baños de San Juan*, die angeblich schon von den Römern gonutzt wurden und heute einem nur im Sommer geöffneten Kurhotel Gäste bescheren. Hinter dem Hotel steht eine kleine Kapelle aus dem 15. Jh., das *Oratorio de San Juan.* Westlich der Straße liegen die *Salinas de Levante*, ein See, der der Salzgewinnung dient und je nach Witterung einen eigentümlichen, mükkengeschwängerten Duft ausströmt. An der Abzweigung ca. 1½ km danach weist Ihnen die Beschilderung Rchtg. La Rápita schon den Weg. Nach 4½ km auf dieser Nebenstraße präzisiert ein nach links weisendes Schild die Fahrtrichtung.

La Rápita ist eine Ferienhaussiedlung, die betuchten Gästen aus Palma oder dem Ausland als Sommerzuflucht dient. Außerhalb der Saison ist es dementsprechend wenig von Leben erfüllt.

Am Westende des sich unmittelbar anschließenden Ortes *Estanyol* knickt die Straße rechtwinklig ab und läuft geradewegs auf Llucmajor zu. Nach 4 km, kurz vor dem Weiler *Vernissa*, zweigt rechts eine Straße ab, die Rchtg. *Ses Salinas* beschildert ist.

Von Vernissa aus folgen Sie der verbleibenden Strecke von Etappe 23 nach **Campos** (s. dort).

Etappe 39: Campos – Ermita de Son Blas – Colònia (13 km)

Von Campos nach dessen früherem Hafen Colònia *Sant Jordi* existiert konsequenterweise eine geradlinige Direktverbindung mittels einer Landstraße. 3 km südlich von Campos gibt es die Möglichkeit eines Abstechers zur *Ermita Son Blas* (s. Campos, Etappe 23).

Nördlich von *Baños de San Juan* erreichen Sie wieder jenen Teil der Landstraße, der auch den Anfang der Rundtour bildete und zurück nach **Colònia** führt.

Rundtour Colònia 2: Colònia – Ca'n Vaca – Campos – Felanitx – Santanyí – Colònia (56 km)

Diese Rundtour durch die drei relevanten Landstädte im Südosten Mallorcas kann in Felanitx durch Abstecher zu den außerhalb gelegenen Sehenswürdigkeiten (s.u.) noch ausgebaut werden.

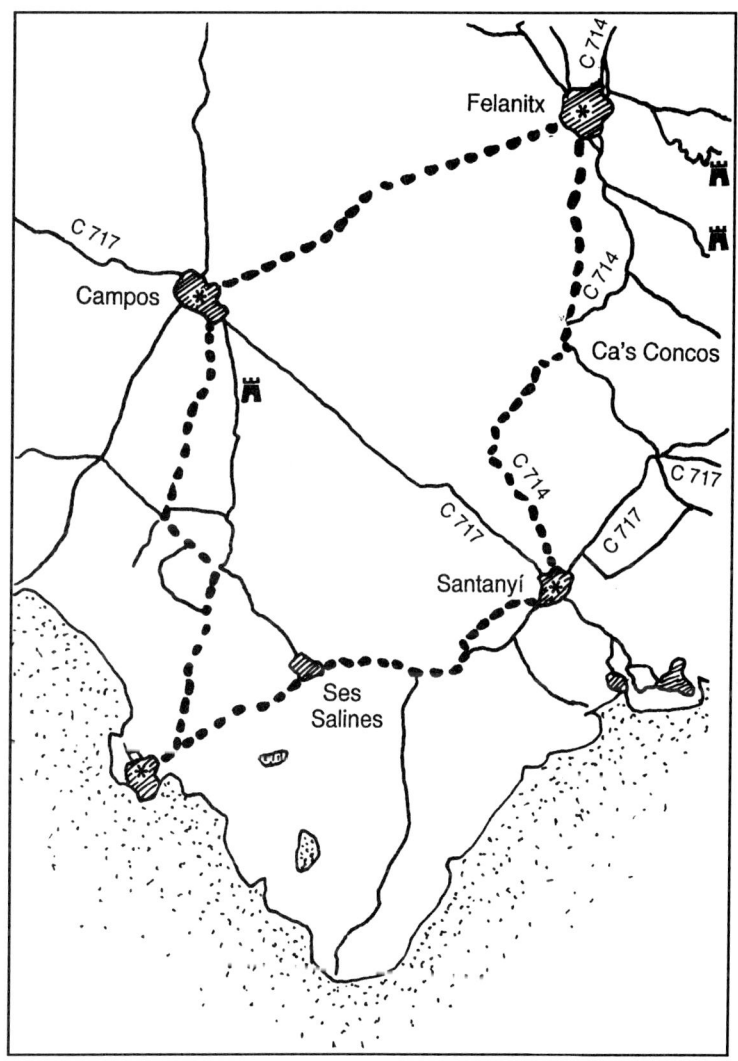

Etappe 40: Colònia – Baños de San Juan – Ca'n Vaca – Campos (14 km)

Die Landstraße Rchtg. Campos wird nur bis kurz hinter *Baños de San Juan* be-nutzt; dann biegen Sie links ab Rchtg. La Rápita. Nach 2 km erreichen Sie eine unauffällige Kreuzung, an der links ein Schotterweg beginnt, rechts eine as-phaltierte Straße nach Campos abzweigt. Letztere ist zwar nicht beschildert, geradeaus ist an der Kreuzung jedoch als Entfernung bis Arenal 40,5 km genannt.

Durch den Weiler *Ca'n Vaca* fahren Sie in das Landstädtchen **Campos** (s. Etappe 23).

Etappe 41: Campos – Felanitx (11 km)

Eine geradlinige Landstraße verbindet Campos mit dem nächstgelegenen Landstädtchen.

Felanitx, 12.000 Einw., liegt am Fuß des *Puig de San Salvador* und ist der Mittelpunkt des mallorquinischen Weinbaus (vorrangig Weißwein) und der Keramikproduktion. Letztere findet außer in kleineren Werkstätten vor allem in der Fabrik der *Cerámicas Mallorca* (Calle San Agustín 56) statt, wo auch geschmackvolle Ware zu günstigen Preisen direkt erstanden werden kann. – Markttag ist sonntags!
Westlich des Stadtzentrums finden sich als Reste des Klosters San Agustín nur noch die Sakristei und die Klosterkirche (1671 fertiggestellt). Die Pfarrkir-che mit ihrer großen Freitreppe ist die 1762 durchgeführte Erneuerung einer Kirche des 13. Jh.

Die bedeutendsten Sehenswürdigkeiten von Felanitx befinden sich auf süd-östlich gelegenen Erhebungen; beide bieten hervorragende Ausblicke in das Umland. Auf dem *Puig de San Salvador*, über eine 4 km lange Serpentinen-strecke (10 % Steigung) südlich der Landstraße Rchtg. Porto Colom zu errei-chen, steht ein Kloster (Ursprünge aus dem 13. Jh.; einfache Wanderer-herberge, ✆ 971827282); auf dem nächsten Berg ist das *Castillo de Santueri*, eine von den Arabern ausgebaute Festung, über eine gleichwertige Zufahrt von der C714 Rchtg. Santanyí zugänglich. Die im Privatbesitz befind-lichen Ruinen sind allerdings teils baufällig!

Etappe 42: Felanitx – Ca's Concos – Santanyí (18 km)

Zwei etwa gleich lange Varianten gibt es für diese Etappe. Die erste beginnt auf der als Hauptstraße beschilderten C714 Rchtg. Santanyí, die andere nutzt bis *Ca's Concos* die weiter westlich verlaufende Nebenstraße, die in Felanitx auf dem von der C714 rechts abzweigenden *Carrer de Santanyí* beginnt (am Ortsrand taucht dann eine Beschilderung nach Ca's Concos/Santanyí auf). Obwohl die Nebenstraße normal ausgebaut ist, fehlt sie auf allen Landkarten bzw. ist nur auf der Generalkarte rudimentär als zart gestrichelte Linie erkennbar.
Beide Varianten kommen in *Ca's Concos* zusammen.

(In Gegenrichtung mündet die geradlinig durch den Ort führende Straße in die Nebenstrecke, während zur Hauptstraße C714 in Ca's Concos rechts abgebogen werden muß.)

Bis Santanyí wird dann in jedem Fall die C714 benutzt.

Santanyí, 6600 Einw., wurde im ausgehenden Mittelalter zum Schutz gegen die häufigen Piratenüberfälle mit Verteidigungsmauern versehen; von der alten Festungsanlage ist das Tor *Puerta Murada* erhalten. Die Kapelle *Roser* (1278) wurde Ende des 18. Jh. in den Bau der Pfarrkirche integriert; das kleine romanisch-gotische Oratorium dient heute als Kommunionskapelle. Ebenfalls als älteres Erbe wurde in die Pfarrkirche eine alte Rokoko-Orgel übernommen.

Etappe 43: Santanyí – Llombarts – Ses Salines – Colònia (13 km)

Am südlichen Ortsrand von Santanyí zweigt an einem kleinen Platz rechts der *Camino de Camp d'en Torilla* ab, der Ihnen die Möglichkeit eröffnet, der Hauptstraße für ein paar Kilometer adieu zu sagen. Wenn Sie sich bei den Gabelungen der nächsten 3 km jeweils links halten, gelangen Sie geradewegs nach *Llombarts*, wo Sie nach links zurück zur Landstraße fahren.

(In Gegenrichtung nimmt die Nebenstraße in Llombarts auf dem „Camino de Son Salom" ihren Anfang.)

Bis **Ses Salines** bleiben Sie auf dieser Straße.

In diesem Ort (2000 Einw.) deuten allerlei befestigte Häuser darauf hin, daß hier ebenso wie in Santanyí Schutz gegenüber Piraten nötig war. Funde in der Umgebung haben belegt, daß die Region schon im Megalithzeitalter besiedelt war.

In Ses Salines biegen Sie links ab Richtung Colònia Sant Jordi und bleiben auf dieser Landstraße; verkneifen Sie sich den Abstecher zum in manchen Reiseführern genannten Landgut *Sa Vall* – es ist mit einem Tor für die Öffentlichkeit abgeriegelt.

Kurz vor Colònia **Sant Jordi** trifft die Landstraße mit der aus Campos kommenden zusammen.

> **Rundtour Colònia 3: Colònia – La Rápita – Llucmajor – Porreras – Campos – Colònia (83 km)**

Durch Ausflüge zu sakralen Sehenswürdigkeiten kann diese relativ lange Rundstrecke zusätzlich angereichert werden.

Den Anfang macht die Streckenführung von Etappe 38 durch *La Rápita* (s. dort) zur Straßenkreuzung von **Vernissa**.

Auf der Straße bei Randa

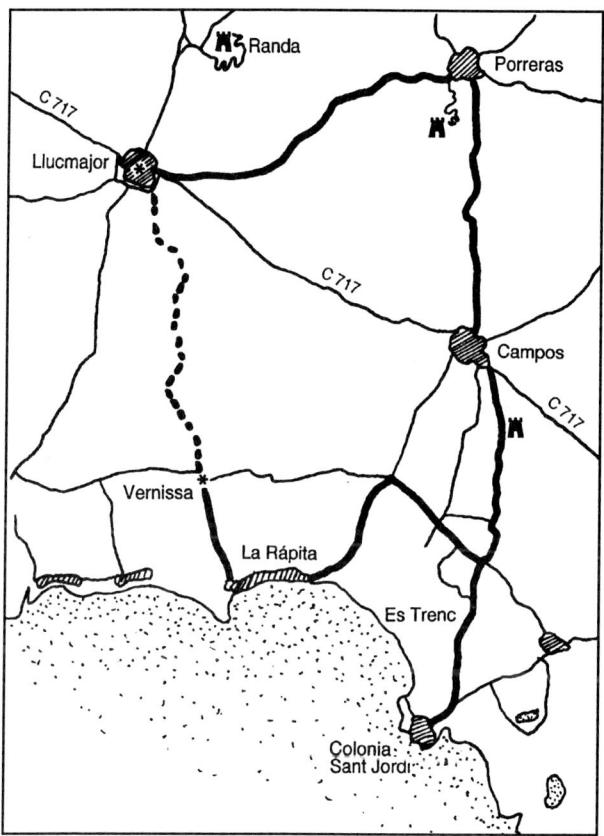

Etappe 44: Vernissa — Llucmajor (12 km)

Eine geradlinige Landstraße verbindet den Verknüpfungopunkt der Etappen 23 und 38 mit dem Landwirtschaftszentrum **Llucmajor** (s. Etappe 18). Hier ist ggf. ein Abstecher nordwärts zum Klosterberg *Randa* (s. Etappe 18) möglich.

Die Rundtour setzt den Bogen durch das Binnenland fort (jeweils in Gegenrichtung) mittels der Etappe 25 nach **Porreras** und Etappe 24 nach **Campos**; den Abschluß zurück nach Colònia **Sant Jordi** bildet Etappe 39.

Rundtour Colònia 4: Colònia – Campos – Felanitx – Porto Petro – Santanyí – Colònia (63 km)

Diese Strecke verknüpft einen Bogen durch Landstädtchen mit den Möglichkeiten von Abstechern zu den Bergen bei Felanitx und einen Besuch in einem der seltenen noch weitgehend unverdorbenen Fischerdörfer Mallorcas.

Den Anfang macht – je nach Geschmack – Etappe 39 (in Gegenrichtung) oder Etappe 40 nach **Campos** (s. Etappe 23); Etappe 41 nach **Felanitx** (s. dort) schließt sich an. Dort haben Sie Möglichkeit zu zwei Abstechern: zum *Santario San Salvador* südlich der Straße Rchtg. Porto Colom bzw. zum *Castillo de Santueri* östlich der C714 Rchtg. Santanyí. Den letzteren Ausflug können Sie leicht in die Hauptstraßenvariante von Etappe 45 integrieren.

Etappe 45: Felanitx – Ca's Concos – Alqueria Blanca – Porto Petro (18 km)

Wie schon bei Etappe 42 geschildert, gibt es zwei Möglichkeiten, von Felanitx nach *Ca's Concos* zu gelangen. Die erste beginnt auf der als Hauptstraße beschilderten C714 Rchtg. Santanyí, die andere nutzt bis *Ca's Concos* die weiter westlich verlaufende Nebenstraße, die in Felanitx auf dem von der C714 rechts abzweigenden *Carrer de Santanyí* beginnt (am Ortsrand taucht dann eine Beschilderung nach Ca's Concos/Santanyí auf). Obwohl die Nebenstraße normal ausgebaut ist, fehlt sie auf allen Landkarten bzw. ist nur auf der Generalkarte rudimentär als zart gestrichelte Linie erkennbar.

Beide Varianten kommen in *Ca's Concos* zusammen.

(In Gegenrichtung mündet die geradlinig durch den Ort führende Straße in die Nebenstrecke, während zur Hauptstraße C714 in Ca's Concos rechts abgebogen werden muß.)

1 km südlich dieses Weilers halten Sie sich an der Gabelung links, um geradewegs nach **Alqueria Blanca** zu radeln. Dieses Dorf (900 Einw.) ist ein Kreuzungspunkt der küstenbegleitenden Landstraße mit mehreren Stich- und Seitenstraßen.

Im Fall der vorliegenden Etappe biegen Sie in Alqueria Blanca links auf die Landstraße ein und halten sich einige hundert Meter später rechts, wodurch Sie mit der C717 den Küstenort **Porto Petro** erreichen. Dies ist eines der seltenen Fischerdörfer an Mallorcas Küsten, das nicht vom Tourismus verschlungen wurde: Da es keinen Sandstrand hat, ist es trotz seiner schönen Lage ruhig – wenn man vom Betrieb des benachbarten *Club Méditerranée* absieht.

Unterkunft: Hostal Nereida **, Patrons Martina 34, 07691 Porto Petro, ✆ 971657223, ▤ 971659235.

Rundtour Colònia 4 — Rundtour Cala d'Or 1
Etappen 45 & 46

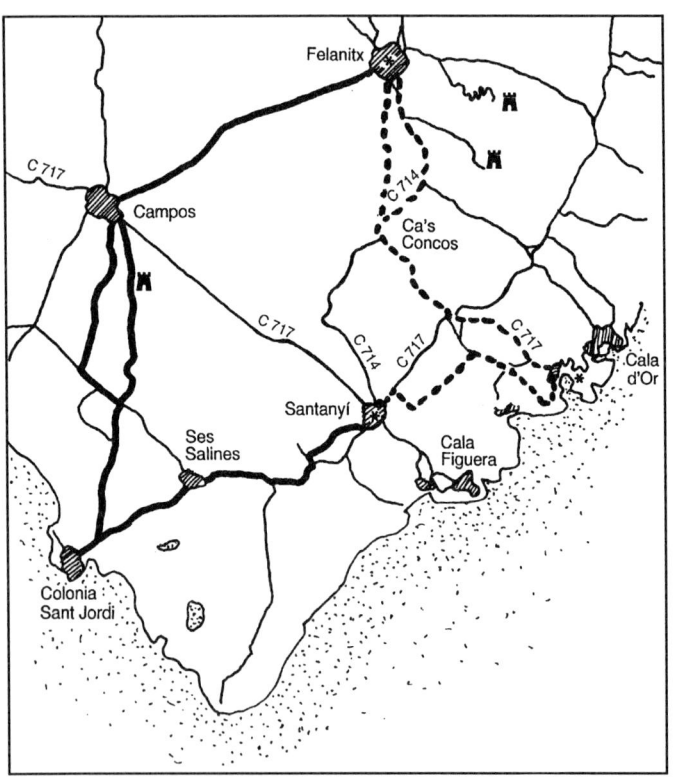

Etappe 46: Porto Petro – Santanyí (8 km)

Die für diese Strecke benutzte Straße ist nur auf der Generalkarte korrekt eingezeichnet. Sie beginnt am Südrand des Hafens von Porto Petro am Gebäude der Autovermietung Rigo. Direkt dahinter fängt die Beschilderung nach *Cala Mondragó* an, der Sie sich anvertrauen können. Nachdem der Rest des Hafenbeckens von Porto Petro umrundet ist, geht es ab Rchtg. Alqueria Blanca, bis links eine beschilderte Straße nach Santanyí abzweigt. Diese Nebenstraße ist mittlerweile im nördlichen Teil breit ausgebaut und trifft nicht am Ortsrand, sondern schon 1,7 km nördlich von **Santanyí** (s. Etappe 42) auf die C717 in das Städtchen.

Achtung: Die auf den Karten verzeichnete Nebenstraßenverbindung zwischen dem Zentrum von Santanyi und Cala Mondrago ist zum Teil wegen Durchquerung eines Naturparks gesperrt, zum Teil auch von Feriensiedlungen schlicht zugebaut. Sie kann nicht benutzt werden!

(In Gegenrichtung war die Nebenstraße zum Zeitpunkt der Streckenrecherche nicht beschildert, als erste asphaltierte Abzweigung nördlich von Santanyí aber nicht zu verwechseln.)

Die Rundtour wird von Etappe 43 durch **Ses Salines** (s. dort) geschlossen.

Warentransport im mallorquinischen Binnenland

Ausgangsbereich: Cala Figuera / Cala d'Or

Eine üppige Folge schöner Buchten macht den südöstlichen Teil der mallorquinischen Küste aus. Von Cala Llombarts bis Cala d'Or reiht sich eine Bucht an die nächste, jede davon relativ eng, mit wenig Strand und gerade deshalb mit viel Atmosphäre. Hier relativiert sich der Begriff vom Massentourismus, da die räumliche Enge für „Massen" im sonst angebrachten Sinne keinen Platz läßt (s. auch Etappe 45).

Die erste Tourismussiedlung Mallorcas entstand Anfang der sechziger Jahre in **Cala d'Or** in einer Großzügigkeit und Stilsicherheit, die von Architekten anderer, späterer Projekte leider nicht nachgeahmt wurde. Aus Ibiza wurde die Bauweise flacher, weiß getünchter Häuser übernommen, die dem Küstenstrich auch heute noch einen exklusiveren Anstrich gibt, obwohl neue Bauten kostenorientierter und damit weniger harmonisch errichtet wurden.

Angesprochen werden von Angebot im Bereich Cala d'Or eher betuchtere, konsumorientierte Gäste; in dem pittoresken ehemaligen Fischerdorf Cala Figuera sind im Sommer Jugend und Trubel Trumpf. In der Nebensaison ist der gesamte Küstenstreifen ausgesprochen ruhig.

Information: Oficina Municipal de Turismo, C. Perico Pomar, Cala d'Or, 07660 Santanyí, ✆ 971657463.
Unterkunft: Hostal de la Caravella *, Boulevard 11, Cala d'Or, ✆ 971657366, 🖷 971657726, 18 Z., April-Okt; Hostal Bienvenidos II **, Avda. Tagomago 14, Cala d'Or, ✆ 971657729, 🖷 971659444; Hotel Villa Sirena **, Calle Virgen del Carmen 37, Cala Figuera, ✆ 971645303, 🖷 971645106, 45 Z., April-Okt; Hotel Porto Petro *, Calle Cristóbal Colón 18, Porto Petro, ✆ 971657002, 27 Z., April-Okt.
Fahrradverleih: Moto Sprint, Carrer d'en Perico Pomar 17, Cala d'Or, ✆ 971659007, 🖷 971659376, http://www.motosprint.baleares.net; Velo Spass, Hotel Esmeralda Park, Urbanizacion Cala Esmeralda, ✆ 971580541, 🖷 971580659, http://www.velospass.com.

Anknüpfungspunkte

In einem Abstand von ca. 4 km folgt der gesamten Ostküste eine Straße, von der aus Stichstraßen in die einzelnen Urlaubsorte und zu den Buchten führen. Die drei benachbarten Orte *Cala d'Or*, *Porto Petro* und *Cala Mondragó* sind durch eine Straße miteinander verbunden und besitzen jeweils Zufahrten zur Küstenstraße.

Ferienhaus in Cala d'Or

Rundtour Cala d'Or 1: Cala d'Or – Santanyí – Colònia – Campos – Felanitx – Porto Petro (63 km)

Diese Strecke durch einige Landstädtchen ist identisch mit der Rundtour Colònia 4 in entsprechend abgewandelter Folge. Den Anfang macht Etappe 46 nach **Santanyí** (s. Etappe 42), Etappe 43 über *Ses Salines* (s. dort) nach Colònia **Sant Jordi** schließt sich an. Zurück ins Binnenland fahren Sie auf Etappe 39 (in Gegenrichtung) oder Etappe 40 nach **Campos** (s. Etappe 23), wo Etappe 41 die Verbindung nach **Felanitx** (s. dort) herstellt und eine Abstechermöglichkeit zum Berg von *San Salvador* besteht. Etappe 45 nach **Porto Petro** (Abstecher zum *Castello de Santueri* möglich) schließt die Tour ab.

Rundtour Cala d'Or 2: Porto Petro – Felanitx – Porto Colom – S'Horta – Cala d'Or (44 km)

Diese kurze Rundtour läßt sich im Bereich von Felanitx leicht mit einem oder zwei Ausflügen zu den benachbarten Berggipfeln mit den darauf befindlichen historischen Gemäuern ausbauen.

Etappe 45 (in Gegenrichtung) macht den Anfang. Wenn Sie zwischen Ca's Concos und Felanitx die Hauptstraßenvariante (C714) nutzen, können Sie den Abstecher zum *Castello de Santueri* einfügen, noch bevor Sie **Felanitx** (s. Etappe 41) erreichen.

Rundtour Cala d'Or 2 – Etappen 47 & 48

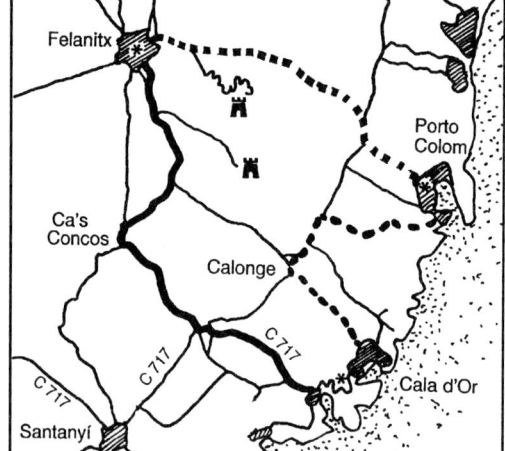

Etappe 47: Felanitx – Porto Colom (14 km)

Eine direkte Landstraßenverbindung verknüpft das Landstädtchen *Felanitx* mit dem Jachthafen und kleinen Urlaubsort *Porto Colom*. Abseits der Straße liegt kurz hinter Felanitx die Zufahrt zum *Santuario San Salvador* (s. Felanitx, Etappe 41) auf dem gleichnamigen Berg.

Porto Colom (420 Einw.) ist aufgrund des fehlenden Strandes ein relativ ruhiges Örtchen, in dem nur die Segler in den Restaurants für etwas Trubel sorgen.

Information: Oficina de Información, Plaça Cas Corso, Porto Colom, 07670 Felanitx, ℭ 971825768, in der Hauptsaison.
Unterkunft: Alle Hotels in Porto Colom schließen im Winter. Preiswert ist das Hostal Porto Colom *, Calle Cristóbal Colón 5, ℭ 971575223, 27 Z., April-Okt.

Etappe 48: Porto Colom – S'Horta – Calonge – Cala d'Or (12 km)

Die auf der Firestone- und der RV-Karte breit und gerade eingezeichnete Straße hinauf zur küstenbegleitenden Landstraße gibt es zwar, günstiger ist jedoch eine südlich verlaufende Nebenstraße, die kürzer und steigungsärmer, aber nur auf der Firestone-Karte annähernd korrekt verzeichnet ist. Sie finden sie, indem Sie von Porto Colom südwärts zum Nachbarort Cala Marsal fahren und dort links am Hotel Marsal bergauf fahren. 1 km nördlich von *S'Horta* trifft die Strecke auf die Landstraße.

(In Gegenrichtung: Auf der Landstraße Rchtg. Porto Colom fahren, 300 m hinter dem Ortsende rechts. Kleiner Wegweiser „Sa Pletassa 2 km" ist vorhanden, außerdem das Gebäude der Firma „Hereira Jose Campeny".)

In S'Horta, das weit größer ist, als die Firestone-Karte vermuten läßt, ist die Stichstraße nach *Cala Ferrara* und weiter nach **Cala d'Or** nicht beschildert. Orientieren Sie sich deshalb am Straßennamen: *Carrer de Cala Marça*; dort geht es dann steil hinunter zum Meer.

Rundtour Cala d'Or 3: Cala d'Or – Calonge – Carritxó – Felanitx – Manacor – Sa Cabana Veya – S'Hospitalet – Calonge – Cala d'Or (63 km)

Eine Teilumrundung des Hügellandes der Serranías de Levante wird bei dieser Strecke kombiniert mit den Besuchen zweier Landstädte. Auch bei dieser Rundtour sind die Abstecher zum Santuario San Salvador und/oder Castillo de Santueri bei Felanitx unkompliziert zu integrieren.

Etappe 49: Cala d'Or – Calonge – Carritxó – Felanitx (15 km)

Nachdem Sie auf der geradlinigen Straße den Hügel nach *Calonge* erklommen haben, halten Sie sich in diesem Dorf rechts (Rchtg. Porto Colom und Felanitx). Kurz darauf gabelt sich die Straße; während die küstenbegleitende Landstraße rechts Richtung Porto Colom führt, fahren Sie links auf der kleineren, steigungsreichen Straße durch den Weiler **Carritxó** zur C714 nach **Felanitx** (s. Etappe 41); *in Gegenrichtung ist an der Einmündung „Cala d'Or" als Ziel ausgeschildert.*

Auf dem Weg nach Felanitx besteht auf halbem Weg die Möglichkeit, den Abstecher zum *Castillo de Santueri* zu absolvieren (s. Felanitx, Etappe 41).

Etappe 50: Felanitx – San Juan Jaume – Manacor (15 km)

Es gibt eine günstige und kaum längere Möglichkeit, die Hauptstraße C714 zwischen Felanitx und Manacor zu meiden. Dazu radeln Sie aus Rchtg. Cala d'Or kommend geradeaus durch Felanitx und verlassen das Städtchen auf der Landstraße Rchtg. Petra/Sineu. An der Gabelung nach 6 km (halblinks geht es nach Villafranca und Sineu) halten Sie sich rechts weiter Rchtg. Petra. 1,2 km hinter dieser Gabelung beginnt rechts als erste asphaltierte Abzweigung eine unbeschilderte Nebenstraße über *San Juan Jaume* nach Manacor.

(In Gegenrichtung: Ca. 150 m nördlich der C714 führt die ebenfalls unbeschilderte Nebenstraße südwestwärts aus der Stadt. Sie ist relativ unkompliziert zu finden, wenn man sich von der C714 am Ortsausgang zurücktastet – es gibt nur eine entsprechend aus der Stadt führende Straße.)

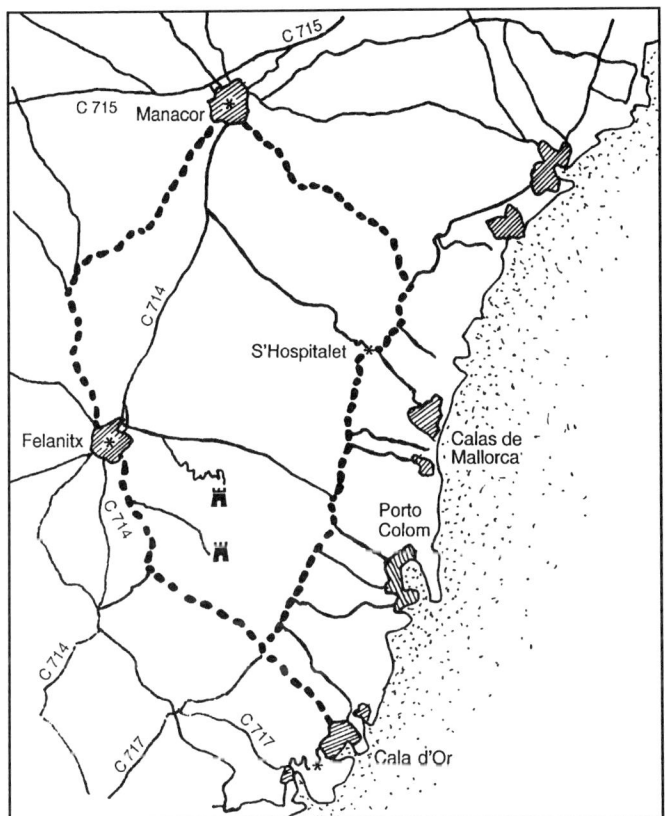

Manacor, 25.600 Einw., ist die zweitgrößte Stadt Mallorcas und ein altes Zentrum des Kunsthandwerks. Im 17. Jh. war sie die Hochburg der mallorquinischen Holzschnitzer und ist immer noch Produktionsort für traditionelle Möbel. Wichtigster Wirtschaftszweig ist jedoch heute die Perlenproduktion (Verkaufsausstellung der größten Fabrik an der nordwestlichen Ortseinfahrt, Fabrikbesichtigung ein paar hundert Meter weiter in der Via Majorca; aber auch bei kleineren Unternehmen).

Im Stadtkern stehen noch drei Türme der früheren Festung; der markanteste ist der *Torre des Ses Puntes* im Süden der Innenstadt. Optisch beherrschend ist die leicht erhöht stehende Pfarrkirche *Dolores de los Nostra Señora*, die teils aus dem 15. Jh. stammt, mit ihrer gotischen Apsis. Neben der Klosterkirche *San Vincente Ferrer* von 1576 liegt der frühere Konvent *Santo Domingo* (16. Jh.), in dem heute die Stadtverwaltung untergebracht ist. Der Innenhof ist eine Stippvisite wert.

Manche Reiseführer nennen ein angebliches vorhandenes Miniaturmöbel-Museum am Plaza Rector Rubi, das aber schon vor Jahren geschlossen worden ist.
Markttag in Manacor ist montags.

Unterkunft: Pension Can Guixá **, Alferos 15, ☏ 971553697.
Fahrräder: Meam Se Torn, Avda. Fra Juníper Serra 41, ☏/🖷 971551835, Ecke C715/C714; Bicicletas Caldentey, Passeig Antoni Maura 52, ☏ 971843493; Can Nadal, Polig. Ferrocarril 61, ☏ 971552085.

Etappe 51: Manacor – Sa Cabana Veya – S'Hospitalet (16 km)

Am südöstlichen Stadtrand von Manacor beginnt eine Rchtg. *Porto Colom* und *Calas de Mallorca* beschilderte Nebenstraße, die durch leicht hügeliges Gelände den Weiler *Sa Cabana Veya* erreicht und geradeaus weiter auf die Küste zuführt. Nach 11 km stößt sie auf die küstenbegleitende Landstraße, in die Sie rechts einbiegen und auf der Sie nach **S'Hospitalet** fahren.

Dieser Weiler mit der dortigen Straßenkreuzung ist Anknüpfungspunkt für die östlich gelegenen Teile der *Calas de Mallorca* (s. Ausgangsbereichs-Beschreibung im nächsten Kapitel).

Etappe 52: S'Hospitalet – S'Horta – Calonge – Cala d'Or (17 km)

Bis zur Abzweigung hinunter nach Cala d'Or benutzt diese Etappe durchgehend die küstenbegleitende, hügelige Landstraße Rchtg. Santanyí. Von S'Hospitalet aus gesehen trifft diese nach 5½ km an einer T-Mündung auf die aus Rchtg. Felanitx kommende Landstraße Rchtg. Porto Colom, die für 1 km deckungsgleich mit der Küstenstraße ist. Dann halten Sie sich halbrechts und fahren weiter Rchtg. Santanyí. Falls Ihr Start- und Zielpunkt es nicht angeraten scheinen läßt, schon in *S'Horta* – wie in Etappe 48 beschrieben – hinunter nach *Cala Ferrera* zu radeln, bleiben Sie bis Calonge auf der Landstraße und biegen erst dort wieder links ab hinab nach **Cala d'Or**.

Rundtour Cala d'Or 4: Cala d'Or – S'Hospitalet – Son Macía – Manacor – Porto Cristo – S'Hospitalet – Cala d'Or (72 km)

Auf dieser Rundtour begeben Sie sich zuerst zum Anknüpfungspunkt der Rundtouren bei den Calas de Mallorca (s. dort), S'Hospitalet, um eine auch von Ausflugsbussen häufig in dieser (oder umgekehrter) Abfolge durchgeführte Besichtigungsrunde anzuschließen: zum Perlenzentrum Manacor und zu den Höhlen von Porto Cristo.

Als Zubringer nach **S'Hospitalet** nutzen Sie Etappe 52 (in Gegenrichtung).

Etappe 53: S'Hospitalet – Son Macía – Manacor (13 km)

Zwischen Hügeln hindurch führt eine Nebenstraße vorbei an dem Weiler **Son Macía** (für den es mindestens drei gängige Schreibweisen gibt) zur Hauptstraße C714 nach **Manacor** (s. Etappe 50).

(In Gegenrichtung ist Son Macía ebenfalls von der C714 aus beschildert. Sowohl von der Hauptstraße als auch von der küstenbegleitenden Landstraße gibt es außerdem – jeweils ca. 1 km südlich der oben beschriebenen Strecke – Nebenstraßen zu diesem Weiler, die auf Landkarten nicht bzw. unvollständig verzeichnet sind.)

Etappe 54: Manacor – Porto Cristo (13 km)

Am südöstlichen Rand von Manacor verläßt die beschilderte Landstraße nach Porto Cristo die Stadt; der Straßenverlauf ist etwas anders als auf den Landkarten verzeichnet, die Beschilderung aber zuverlässig. Kurz vor Porto Cristo befindet sich rechts von der Straße die Zufahrt zur Höhle *Cuevas dels Hams* (s.u.).

Porto Cristo, 2500 Einw., ist einer der ältesten Häfen Mallorcas, der schon im Mittelalter zur Versorgung Manacors gegründet wurde. Der frühere Fischerhafen ist noch gut erhalten und beherbergt heute vor allem Segler mit ihren Jachten. Seine touristische Bedeutung bezieht Porto Cristo aus dem Umstand, daß es dank seiner Höhlen der beliebteste Ausflugsort der Ostküste Mallorcas ist. Im Ort selbst versucht das *Acuario de Mallorca*, bestehend

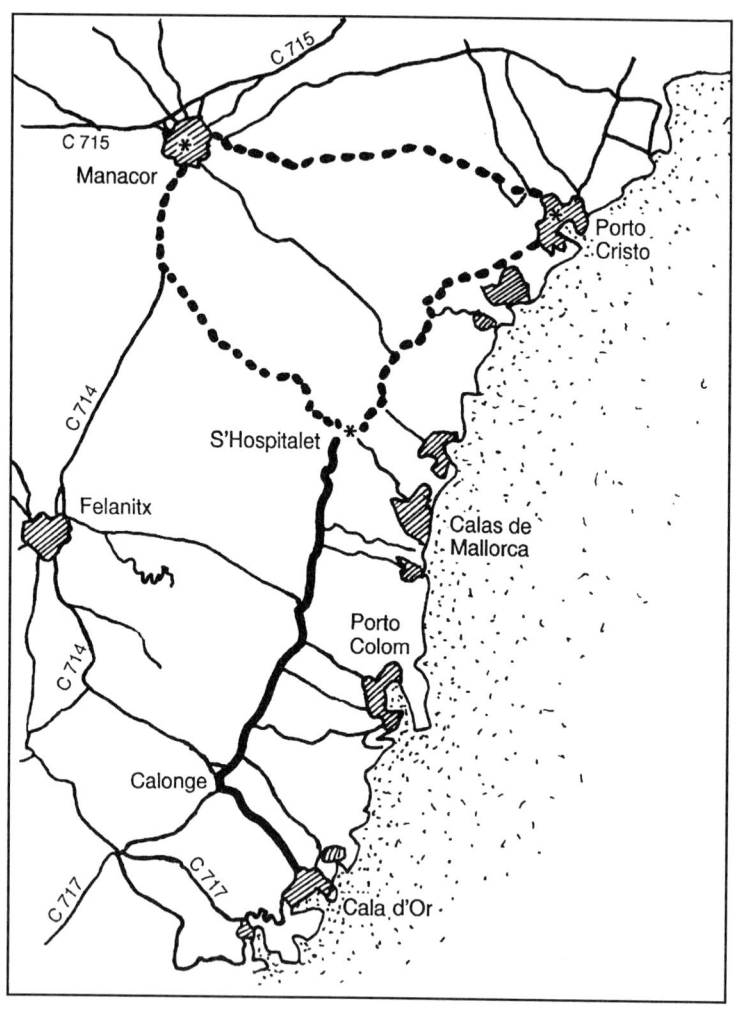

aus 115 Aquarienbecken mit Fischen aller Art und Herkunft, einen Anteil an dem Besucherzustrom zu gewinnen.

Am südlichen Ortsrand dokumentieren eine stattliche Zufahrt und umfangreiche Parkplätze, daß die hier befindlichen Tropfsteinhöhlen *Cuevas del Drach* die Hauptattraktion sind. Sie enthalten u.a. den wohl größten unterirdischen See der Erde, auf dem täglich von Booten aus Konzerte stattfinden. Mit bunter Beleuchtung und etwas kitschiger Inszenierung wird die bizarre Tropfsteinwelt in allerlei optischen Varianten vorgeführt. Gegen einen zusätzlichen Obolus kann man sich über den unterirdischen See rudern lassen. Die Höhlen sind von 9.30 h bis Sonnenuntergang im Rahmen von Führungen zugänglich, wobei eine Mittagspause ebenso eingehalten wird wie Intervalle bei der musikalischen Garnierung.

Die nördlich des Ortes an der Straße Rchtg. Manacor liegenden zweiten Höhlen von Porto Cristo, *Cuevas dels Hams*, sind weniger bekannt, kleiner und weniger imposant, aber filigraner. Leider haben die Betreiber der Versuchung nicht widerstehen können, die Besichtigung der Show der Drachenhöhlen anzupassen und sowohl die Lichteffekte als auch die Musikvorführung nachzuahmen. Es wirkt schon etwas lächerlich, wenn auf einem winzigen unterirdischen Tümpel ein Ruderboot zu den Klängen von allerlei Evergreens die Runde zieht; auch hier gibt es eine (zeitlich von den Drachenhöhlen abweichende) Mittagspause. — Beide Höhlen verfügen über eine konstante Innentemperatur von ca. 18 °C.

Information: Oficina Municipal de Turismo, Calle Gual 31A, Porto Cristo, 07680 Manacor, ✆ 971820931.
Unterkunft: Porto Cristo hat eine ganze Reihe preisgünstiger Hotels und Hostales. Auswahl der ganzjährig geöffneten: Hotel Felip ***, Calle Burdils 61, ✆ 971820750, ✍ 971820594; Hotel Sol y Vida **, Calle Juan Servera 11, ✆/✍ 971821074, 22 Z.

Etappe 55: Porto Cristo – S'Hospitalot (12 km)

Die küstenbegleitende Landstraße entfernt sich hinter Porto Cristo allmählich wieder vom Blick aufs Meer, führt aber ohne Abzweigungen und Einmündungen geradewegs zur Straßenkreuzung bei **S'Hospitalot**.

Den Abschluß der Rundtour bildet dort Etappe 52 nach **Cala d'Or**.

Hafen von Porto Cristo

Ausgangsbereich: Calas de Mallorca

Mehrere felsige Buchten mit zahlreichen kleinen Stränden tragen den Sammelnamen **Calas de Mallorca**. Die Bebauung durch Hotels und Appartementhäuser läßt architektonisches Fingerspitzengefühl vermissen, die Lage auf halber Länge der mallorquinischen Ostküste stellt aber eine günstige Ausgangsposition für Touren dar.

Als Anziehungspunkt für Touristen auch benachbarter Orte wurde der Exotenpark *Los Pájaros* eröffnet, in dem rund 2000 exotische Vögel, darunter ca. 100 Papageienarten (daher der Name), zu sehen sind. Eine Papageienshow ist täglich um 11 h und 15 h.

Unterkunft: Sämtliche Hotels der Calas de Mallorca beschränken sich auf das Sommerhalbjahr. Preisgünstigstes Angebot der durchweg 3-Sterne-Hotels: Hotel Samoa ***, ℂ 971833300, ▤ 971833177, 331 Z., April-Oktober. Auf Aktivurlaub spezialisiert ist das Hotel Punta Rotja in der Anlage „Costa de los Pinos" in Son Servra, ℂ 971816509, ▤ 9716525, große Zimmer.

Anknüpfungspunkt

Sämtliche Strecken erfordern, daß man von der Küste zur Landstraße hinauf-
fährt. Zentraler Schaltpunkt in alle Himmelsrichtungen ist das Anwesen von
S'Hospitalet mit der dabei befindlichen Straßenkreuzung.

Rundtour Calas 1

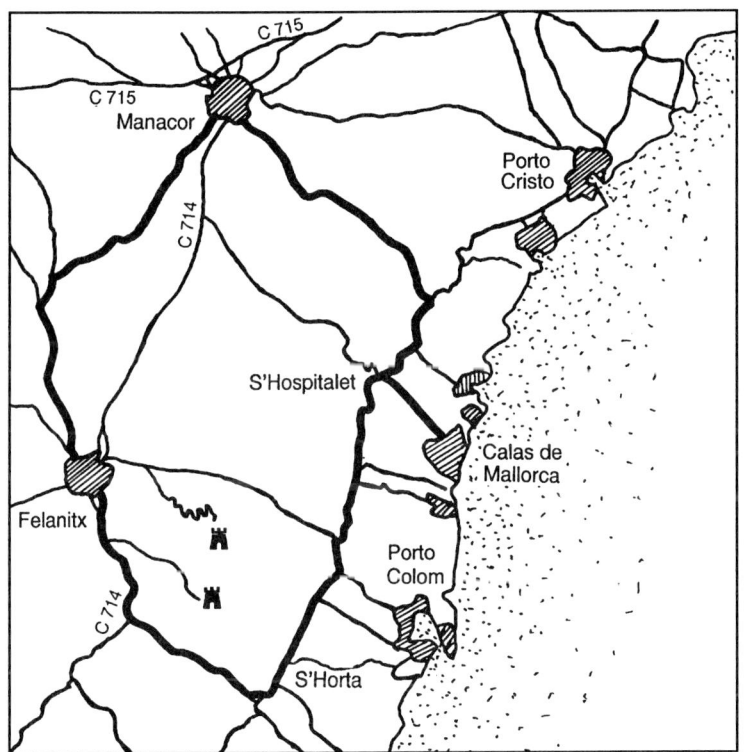

Rundtour Calas 1: S'Hospitalet – S'Horta – Carritxó – Felanitx – Manacor – Sa Cabana Veya – S'Hospitalet (63 km)

Diese Rundtour ist bis auf die Zufahrt zum Anknüpfungspunkt identisch mit Rundtour Cala d'Or 3 und führt, in entsprechend geänderter Abfolge, somit zu den dort aufgeführten Städten und Sehenswürdigkeiten.

Den Anfang macht Etappe 52. Falls Sie einen Abstecher nach *Cala d'Or* (s. Ausgangsbereich Cala Figuera/Cala d'Or) machen möchten, sollten Sie in **S'Horta** entsprechend der Schilderung in Etappe 48 nach *Cala Ferrera* hinabfahren. Vom benachbarten Cala d'Or führt anschließend eine Straße wieder hinauf nach Calonge zur Etappe 49.

Die gleiche Etappe erreichen Sie alternativ direkt von S'Horta aus, wenn Sie kurz hinter dem Ortsende die Straße Rchtg. Calonge bzw. Santanyí rechts Rchtg. Felanitx verlassen. Ggf. nach den Ausflugsmöglichkeiten bei **Felanitx** (s. Etappe 41) schließen sich Etappe 50 nach **Manacor** (s. dort) und Etappe 51 zurück nach **S'Hospitalet** an.

Rundtour Calas 2: S'Hospitalet – Felanitx – Petra – Manacor – S'Hospitalet (66 km)

Diese Strecke konzentriert sich auf die Erkundigung des Binnenlandes, gibt eine günstige Ausflugsmöglichkeit zum Santuario San Salvador und stattet einem der unbekannten Kleinstädtchen einen Besuch ab, bevor ggf. in Manacor eine Perlen-Verkaufsausstellung besucht werden kann.

Der erste Teil der Rundtour wird aus Teilstücken zweier Etappen zusammengebastelt. Entsprechend Etappe 52 radeln Sie auf der küstenbegleitenden, hügeligen Landstraße bis zur T-Mündung in die Straße Felanitx – Porto Colom. An dieser Stelle verlassen Sie die Führung von Etappe 52 und biegen rechts in die Landstraße ein, um auf dem westlichen Teil von Etappe 47 (in Gegenrichtung) nach **Felanitx** (s. Etappe 41) zu gelangen. Kurz vor der Stadt bietet sich die Möglichkeit zu dem oben erwähnten Abstecher zum *Santuario San Salvador*.

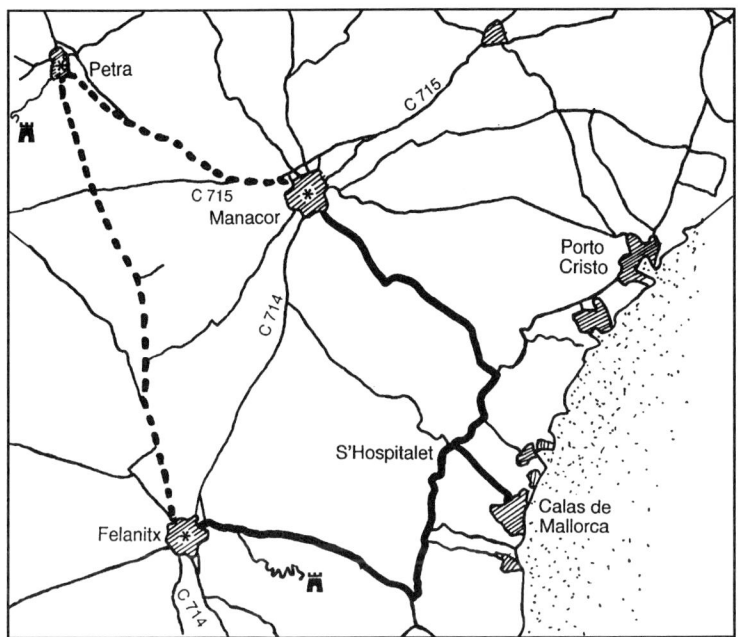

Etappe 56: Felanitx – Petra (18 km)

Der Anfang dieser Strecke ist identisch mit Etappe 50 (s. dort). Jedoch bleiben Sie durchweg auf der ständig Rchtg. Petra beschilderten Landstraße, die schließlich die C715 kreuzt und das Landstädtchen Petra erreicht. Dieser Ort hat eine Umgehungsstraße erhalten, die auf den Landkarten unterschiedlich korrekt verzeichnet ist und halbkreisförmig um die nordöstliche Ortshälfte herumführt.

Rund 2000 Einwohner leben heute in **Petra**, dem Geburtsort von *Junípero Sorra*, dem Gründer zahlreicher Klöster und Missionsstationen in Nordamerika, darunter der nach der gleichnamigen Klosterkirche von Palma benannten Stadt San Francisco. Zwar wurde der Pater 1987 heilig gesprochen und bringt Mallorca einen kleinen Pilgertourismus aus den USA, in Petra sind die

Erinnerungsstätten aber bescheiden und kaum propagiert. Außer einem Denkmal zu Ehren Serras sind ein nach ihm benannter Platz und die Straße *Calle Fray Junípero Serra* Hommagen an den Städtegründer. In letzterer Straße (Ecke Calle Barracar) befindet sich das Geburtshaus des Paters, das als volkskundliches Museum mallorquinischen Bauernlebens des 17. Jh. gestaltet ist. Gleich nebenan hat die Gesellschaft der *Amigos de Fray Junípero Serra* ein kleines Museum zu Ehren des Missionars errichtet. Die Hinweise darauf sind allerdings optisch stark vernachlässigt.

Markttag in Petra ist mittwochs.

Am südlichen Ortsrand von Petra beginnt die Zufahrtstraße zur 5 km südwestlich befindlichen *Ermita de Bonany*, einer Wallfahrtsstätte des 17. Jh. auf einem Berg, von deren Terrasse eine schöne Aussicht auf das Umland besteht.

Unterkunft: Wandererherberge in der Ermita de Nostra Senyora de Bonany, ✆ 971561101.

Etappe 57: Petra – Manacor (10 km)

Vom südöstlichen Stadtrand führt eine Zufahrtstraße zur Stadtumgehung, die nahtlos in die breit ausgebaute Landstraße Rchtg. Manacor übergeht. Daß die stillgelegte Eisenbahnstrecke nach Artá fast ständig neben der Straße verläuft, ist kaum noch zu erkennen.

2 km westlich von **Manacor** (s. Etappe 50) trifft die Landstraße auf die C715, auf der Sie Mallorcas zweitgrößte Stadt erreichen.

Zum Abschluß der Rundtour müssen Sie Manacor vollständig durchqueren, um mit Etappe 51 zurück zum Anknüpfungspunkt **S'Hospitalet** zu kommen.

Rundtour Calas 3: S'Hospitalet – Manacor – Son Servera – Porto Cristo – S'Hospitalet (56 km)

Die Kombination eines Besuchs in der Perlenstadt Manacor und einer der Höhlen von Porto Cristo ist aus gutem Grund auch für Bus-Ausflüge eine Standardrunde, da sich so eine relativ kompakte, aber gehaltvolle Tour zusammenstellen läßt.

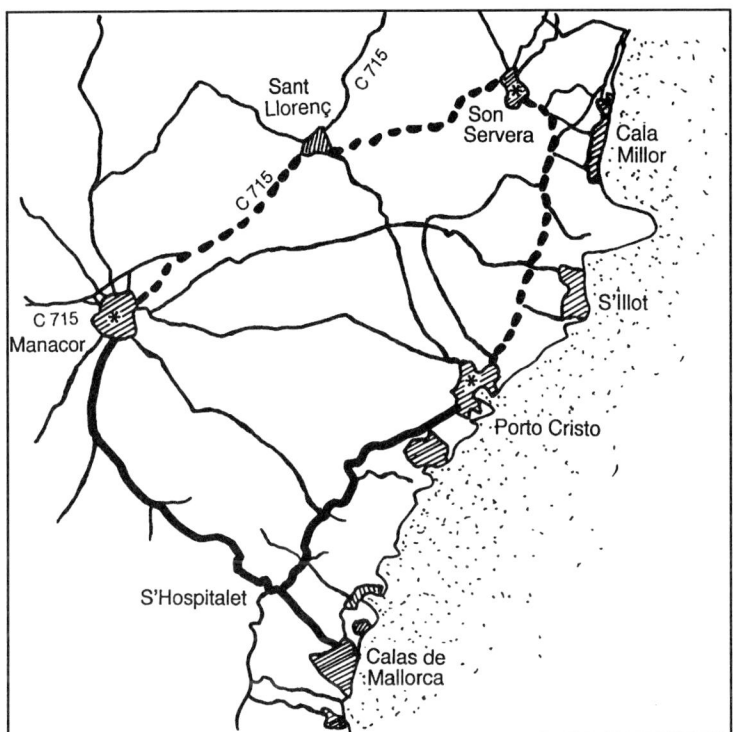

Etappe 53 über *Son Macía* nach **Manacor** mit seiner Perlenproduktion (s. Etappe 50) bildet den Anfang der Rundtour. Wenn Sie nicht ins Zentrum, sondern gleich weiterfahren möchten, halten Sie sich am besten anfangs Rchtg. Porto Cristo, radeln am östlichen Stadtrand nordwärts, bis rechts eine Zufahrt Rchtg. Sant Llorenç Sie zur Hauptstraße C715 bringt.

Etappe 58: Manacor – Sant Llorenç – Son Servera (16 km)

Aus dem Zentrum von Manacor führen mehrere Verbindungsstraßen zur Hauptstraße C715, die nördlich der Stadt verläuft. Biegen Sie rechts darauf ein,

und bleiben Sie bis **Sant Llorenç** auf dieser geradlinigen Strecke. Dieser Marktflecken (ca. 4000 Einw.; Markttag: donnerstags; Bioladen „Biologic" an der Hauptstraße) wird nur in den Ausläufern gestreift, da Sie gleich am Ortseingang rechts abbiegen und über die Landstraße nach **Son Servera** radeln; dabei ist ein Hügel zu überwinden. Für die Strecken im Bereich von *Cala Millor* (s. dortiger Ausgangsbereich) ist dieses Bauerndorf eine Art Schaltstelle, da von hier aus Land- und Nebenstraßen in alle Himmelsrichtungen ausgehen.

Fahrradservice: Bicicletas Sancho, Carrer Molins 30, Son Servera, ✆ 971813760.

Etappe 59: Son Servera – Porto Cristo (12 km)

Oberhalb der Urlaubsorte bei *Cala Millor* und vorbei an dem Safaripark **Reserva Africana**, der aber nur per Auto zugänglich ist, führt eine küstenbegleitende Landstraße im leichten Auf und Ab geradewegs nach Porto Cristo. Etwa auf halber Strecke steht rechts neben der Straße einer der obskursten Bauten dieser Gegend, die Freilicht-Disco **Dhraa Ciudad Noche**, ein futuristisch wirkendes Gebilde, an dem der Zahn der Witterung bauliche Pfuschereien enthüllt.

In **Porto Cristo** (s. Etappe 54) können Sie sich eine oder beide der dortigen Tropfsteinhöhlen ansehen.

Weiter auf der küstenbegleitenden Landstraße bringt Etappe 55 Sie als Abschluß der Rundtour zurück in den Bereich der **Calas de Mallorca.**

Rundtour Calas 4: S'Hospitalet – Porto Cristo – Son Servera – Capdepera – Artá – Son Servera – Porto Cristo – S'Hospitalet (77 km)

Diese Strecke ist mit Sehenswürdigkeiten landschaftlicher und baulicher Art so reich versehen, daß Sie eine Auswahl daraus treffen müssen. Zudem bieten sich bei Capdepera und Artá mehrere Abstecher an, die je nach sportlicher Einstellung und Interesse einbezogen werden können.

Auf der küstenbegleitenden Landstraße radeln Sie, jeweils in Gegenrichtung, entsprechend der Etappe 55 nach **Porto Cristo** und weiter auf Etappe 59 nach **Son Servera**.

Etappe 60: Son Servera – Pula – Capdepera (11 km)

Die Landstraße von Son Servera nach Capdepera führt nach ca. 3 km zwischen zwei populären Restaurants hindurch, die zusammen mit ein paar Bauernhäusern den Weiler **Pula** bilden. Wiederum ca. 2½ km weiter ist Mallorcas wohl kleinster Paß *Cull de Vidries* zu erklimmen; damit man nicht versäumt, ihn als solchen zu identifizieren, ist er mit einem Schild gekennzeichnet – auf Mallorca eine ausgesprochene Seltenheit.

Gleich nach der Talfahrt hinter dem Paß folgt eine Kreuzung, an der es rechts zum einen zum Befestigungswerk **Torre de Canyamel** (14. Jh.) geht, bei dem ein Restaurant unterhalten wird (mo geschl.), zum anderen zu den nordöstlich davon an der Küste befindlichen **Cuevas de Artá.**

Diese äußerst sehenswerten Tropfsteinhöhlen verfügen über einen imposanten Eingang mit einer hohen Wölbung, der nicht zu viel verspricht, denn dahinter erstrecken sich die größten Tropfsteinhöhlen Europas, die aus zahlreichen, sehr ausgedehnten und bis zu 50 m hohen Felssälen bestehen und den Kitschrummel der Höhlen bei Porto Cristo wohltuend vermissen lassen. Lichtspielereien und Musikeinsatz werden hier auf den bizarrsten Saal, die „Hölle", beschränkt und halten sich in geschmackvollen Grenzen. Eine „Drei-Sterne"-Sehenswürdigkeit mit konstant gemäßigten Temperaturen (18 °C), geöffnet täglich 10-17 h.

Auf dem Weg zu den Höhlen passiert die Straße eines der derzeitigen Lieblingsprojekte mallorquinischer Tourismusförderer: einen Golfplatz, mit dem zum einen zahlungskräftige Klientel angelockt, zum anderen die sommerlichen Wasserversorgungsprobleme der Insel unnötig verstärkt werden sollen.

Einige hundert Meter vor der Höhle besteht für Fußgänger und Radfahrer eine Möglichkeit, über eine Brücke vom Hostal Cuevas zum kleinen Urlaubsort *Playa de Canyamel* zu gelangen, wodurch für die Rückfahrt zum *Torre de Canyamel* und zur Landstraße ggf. eine andere Straße benutzt werden kann.

Unterkunft: Hotel Laguna *, Playa Canyamel, ✆ 971841150, 🖹 971841049, 132 Z., Mai-Okt.; Hostal Cuevas ***, Playa Canyamel, ✆ 971841500, 🖹 971841357, 12 Z., April-Okt.

Zurück auf der Landstraße fahren Sie geradewegs weiter zum Etappenziel.

Playa de Canyamel

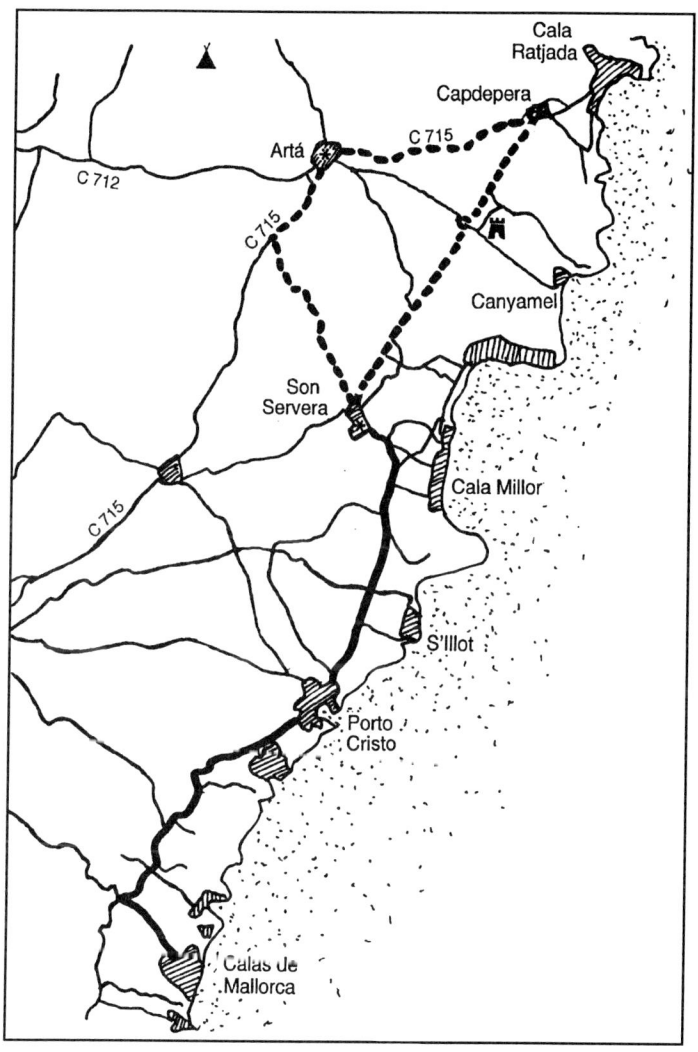

Capdepera, 3500 Einw., ist ein hübsches Städtchen am Fuß eines Festungsberges mit einer mittelalterlichen Wehrmauer (1386 fertiggestellt), in die ein gotisches Oratorium (Capilla de la Esperanza) baulich integriert ist. Die gut erhaltene Festungsmauer kann begangen werden, und auch die Eckbastionen und der Turm sind zugänglich (alles geöffnet 10-13 h, nachmittags Okt.-März 15-17 h, April-Sept. 16-19 h). Von hier oben bietet sich ein üppiges Küsten- und Bergpanorama.

In der Umgebung: Eine breit ausgebaute Straße führt von Capdepera hinunter zum Urlaubsort *Cala Ratjada* (s. entsprechenden Ausgangsbereich); dort gibt es auch Touristeninformation, Fahrradverleih etc.

Etappe 61: Capdepera – Artá (8 km)

Die C715 nach Artá ist breit ausgebaut (Tempo 100!), mit abgetrenntem Radstreifen. Im Bereich von Capdepera ist die Darstellung auf allen Karten fehlerhaft: die Umgehungsstraße geht nicht südlich, sondern nördlich am Festungsberg vorbei! Immer in etwa auf gleicher Meereshöhe führt die C715 geradewegs zum Ende dieser Kurzetappe.

Artá, 5500 Einw., ist eine recht malerische altertümliche Stadt, auf einem Hügel gelegen und zusätzlich von grünen Bergen umgeben. Ein Regionalmuseum befindet sich im Stadtzentrum an der Plaça Espanya. Zwischen diesem Platz und dem über die Stadt hinausragenden Kalvarienberg steht die Pfarrkirche (16. Jh.), die u.a. einen schönen Hochaltar enthält. Gleich dahinter beginnt die 180 Stufen lange Treppe des *Calvario* hinauf zur Wallfahrtskirche San Salvador (alternativ über eine befahrbare Straße zu erreichen), bei der einige Überreste der mittelalterlichen Festung erhalten sind. Von der Spitze des Hügels bietet sich ein hervorragender Ausblick auf die Umgebung.

Markttag in Artá ist dienstags.

Etwas außerhalb (südlich) der Stadt befindet sich die Megalith-Fundstätte (Talayots) von *Ses Paisses* ca. 500 m abseits der Hauptstraße Rchtg. Capdella; die Zufahrt beginnt an der C715 ca. 200 m westlich der Abzweigung Rchtg. Cuevas de Artá und Son Servera (Pts 250).

In der Umgebung: Auf der nördlichen Halbinsel führt eine beschilderte Sackgassenzufahrt über einen steilen Paß zur Kapelle (Eremitage) von **Betlém**. Die Strecke hat es aber in sich: Am Ende eines Tales mit allmählich ansteigender Straße folgt eine 2½ km lange, steile Serpentinenstrecke hinauf zur Kuppe (Spitzenausblick!), und wenn man glaubt, es sei geschafft, geht es auf der anderen Seite erst einmal genauso wieder hinunter. Für den Rückweg

Foto rechts: Teil der Befestigungsanlagen in Capdepera

nach Artá darf die Leistung wiederholt werden. Insgesamt gesehen nur etwas für sportliche Radler; *Variante:* auf der Kuppe nach der genossenen Aussicht einfach umkehren. – Die *Ermita de Betlém* ist zwar eine der entlegensten Einsiedeleien Mallorcas, wurde aber erst im 19. Jh. errichtet. In der kleinen Kapelle sind vor allem der Altar (Figurengruppe aus Marmor) und die ausgemalte Kuppel sehenswert.

Betlém ist eines der bekanntesten Ausflugsziele der Region, man muß sich daher in der Saison auf relativ regen Autoverkehr gefaßt machen.

Etappe 62: Artá – Son Servera (10 km)

Verlassen Sie Artá auf der C715 Rchtg. Manacor, bis nach 3 km links die Landstraße nach **Son Servera** (s. Etappe 58) abzweigt. Allmählich bergabführend erreicht sie das Etappenziel ohne Umwege.

Den Abschluß der Rundtour bilden wieder die Etappen 59 und 55 über Porto Cristo nach **S'Hospitalet**.

Futuristische Freiluft-Disco Dhraa Ciudad Noche bei Cala Millor

Ausgangsbereich: Cala Millor

Ein freundliches Format hat diese Bucht mit weitem Sandstrand, sanft geschwungen und von Felsspitzen begrenzt und mit genau dem Maß an Brandung, das das Meer noch als solches erkennen läßt. Wenn nur die Bebauung nicht wäre… **Cala Millor**, das angrenzende **Cala Bona** (zusammen ca. 1000 Einw.) und der am Nordende der Bucht befindliche Ort **Costa de los Pinos** erinnern in ihrer monotonen Hotelarchitektur unangenehm an El Arenal oder Palma Nova, und auch das Restaurantniveau ist durchaus vergleichbar (niedrig). Aber zusätzlich zum ansprechenden Wesen der Bucht hat auch diese Touristenmeile ihre Vorzüge: die Infrastruktur ist vollständig, das Verkehrsaufkommen gering (autofreie Strandpromenade), und zumindest über Pauschalreiseveranstalter gibt es sehr viele Hotelbuchungsmöglichkeiten.

Cala Millor mit seinem Sandstrand ist fest in deutscher Hand, im Nachbarort Cala Bona, der über einen Jachthafen verfügt, residieren auch viele Engländer.

Information: Oficinas Municipal: Passeig Marítim, Cala Millor, 07560 Son Servera, ✆ 971585864; Parc de la Mar 2, Cala Millor, 07560 Sant Llorenç, ✆ 971585409.
Unterkunft: Auswahl aus der langen Liste von Mittelklassehotels: Hostal Melis **, Binicanella 3, ✆/🖷 971585874, April-Okt.; Hotel Playa del Moro ***, Calle Alosa 2, Cala Millor, ✆ 971585451, 🖷 971585767, 160 Z., ganzj.; Hotel Gran Sol ***, Paseo Marítimo 4, Cala Bona, ✆ 971585283, 🖷 971586571, 58 Z., Jan-Okt. Die meisten Häuser sind Nov.-März geschlossen.
Camping: Club San Pedro, Cala del Camps, Colònia de San Pedro, Artá, ✆ 971589023, 500 Personen, Mai-September, an der Bahía de Alcúdia.
Fahrradverleih: Bike Point, Calle Sol Naixent 12, ✆/🖷 971586078; zahlreiche Verleiher in Nähe des zentralen Parque del Mar. In Cala Bona Fahrradverleih am Paseo Marítimo 13, gegenüber vom Hotel Gran Sol.

Anknüpfungspunkte

Die Hauptzufahrt nach Cala Millor befindet sich am südlichen Ortsende und verbindet dieses mit der Landstraße Son Servera – Porto Cristo. Als Anbindung an die Strecken Richtung Süden und Südwesten empfiehlt sich dieser Ausgangspunkt auch aus den anderen Teilen der Bucht; ggf. innerörtlich bis zum südlichen Ende der Bucht fahren.

An der Nahtstelle von Cala Millor und Cala Bona führt als zweite Ortsausfahrt eine Straße hinauf zur Landstraße, die kurz vor Son Servera erreicht wird. Alle von Cala Millor und Cala Bona aus über Son Servera angepeilten Strecken nutzen sinnvoll diese Anknüpfung.

Aus den nördlichen Teilen von Cala Bona existiert desweiteren eine Nebenstraße nach Son Servera, die ebenfalls kurz vor dem Städtchen auf die Landstraße trifft. Diese Nebenstraße überquert dabei noch einen zusätzlichen kleinen Hügel.

Nach Norden empfiehlt es sich, zuerst Rchtg. Costa de los Pinos zu fahren und erst dann Rchtg. Son Servera bzw. Artá links abzubiegen, um so zur Nebenstrecke via Pula zu gelangen (s. Etappe 63).

Rundtour Cala Millor 1: Cala Bona – Pula – Artá – Capdepera – Cala Bona (37 km)

Nicht nur die beiden alten Städtchen Artá und Capdepera werden von dieser Rundtour erfaßt, sondern auch die Abstechermöglichkeiten nach Betlém, Cala Ratjada und zu den Cuevas de Artá. Dies und die zahlreichen Besichtigungsgelegenheiten machen aus der Tour ggf. eine längere Tagesstrecke.

Rundtour Cala Millor 1 – Etappe 63

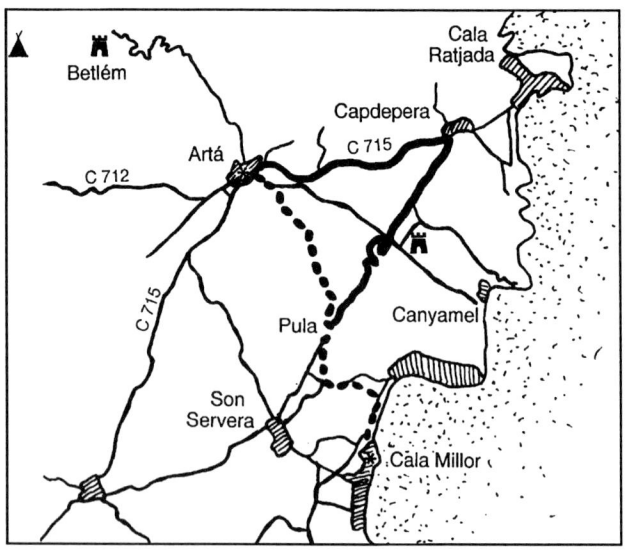

Etappe 63: Cala Bona – Pula – Artá (14 km)

Wie unter *Anknüpfungspunkte* beschrieben, fahren Sie von Cala Bona aus zuerst in Richtung auf den Nachbarort *Costa de los Pinos*, biegen aber noch vor dem Ortseingang links ab Rchtg. Son Servera. Die Straße führt bergan, und nach gut 2 km zweigt rechts eine kleine Nebenstraße ab, bei der nur ein Reklameschild zum Restaurant *S'Era de Pula* eine Identifizierung ermöglicht. Bei eben jenem Restaurant stößt die Nebenstrecke auf die Landstraße Richtung Capdepera *(in Gegenrichtung ist die Abzweigung Richtung Costa de los Pinos beschildert)*. Nur ca. 500 m weit nutzen Sie diese, um gleich wieder links abzubiegen. An den Gehöften von *Es Rafalet* vorbei erklimmt eine Nebenstraße allmählich den Hügel von **Artá** zum Etappenziel (s. Etappe 61).

(In Gegenrichtung: In Artá Richtung Cuevas de Artá, dann rechts ab Richtung Son Servera.)

Ggf. nach dem Abstecher zur *Ermita de Betlém* (s. Etappe 61) radeln Sie auf der C715 (Etappe 61 in Gegenrichtung) nach **Capdepera** (s. Etappe 60). Auch von diesem alten Städtchen aus bietet sich die Möglichkeit zu einem Ausflug, und zwar nach *Cala Ratjada*. Von Capdepera aus setzen Sie die Rundtour anschließend fort auf der Landstraße Richtung Son Servera (= Etappe 60, ebenfalls in Gegenrichtung) und passieren dabei die Stichstraßen zu den *Cuevas de Artá* und zum *Torre de Canyamel* (s. Etappe 60). Zumindest den Höhlenbesuch sollten Sie sich nicht entgehen lassen.

Nach der Überquerung von Mallorcas „kleinstem Paß" sind Sie bald wieder bei den Restaurants von *Pula* angelangt, wo Sie links auf die gleiche Nebenstraße abbiegen, die Sie zu Beginn der Rundtour hinauf zur Landstraße gebracht hat.

Rundtour Cala Millor 2: Cala Millor – Manacor – Colònia de San Pedro – Artá – Cala Bona (60 bzw. 66 km)

Bei dieser Strecke ist der Anteil an sehr ruhigen Nebenstraßen besonders hoch. Außer einer Besichtigung der Perlenstadt Manacor und des alten Landstädtchens Artá ist zusätzlich ein Abstecher nach Betlém möglich. Nur die Etappen 65b und 66 enthalten anspruchsvollere Steigungen.

Etappe 64: Cala Millor – Son Carrió – Manacor (20 km)

Wenn Sie von Cala Millor aus die küstenbegleitende Landstraße Son Servera-Porto Cristo erreicht haben, radeln Sie nach links ca. 1 km weit, um dann rechts auf eine kleine Nebenstraße abzubiegen, die unter gemäßigter Steigung hinauf in das Dorf **Son Carrió** führt. Dieser Ort ist ein Kreuzungspunkt diverser Nebenstraßen durch diesen Teil des Hügellandes.

In leichtem Auf und Ab verläuft die Straße von Son Carrió weitgehend geradlinig zum Rand der Perlenstadt **Manacor** (s. Etappe 51).

(In Gegenrichtung über die Via Portugal aus dem Stadtzentrum Rchtg. Porto Cristo bis zum Stadtrand fahren. Wo dieser offensichtlich erreicht ist, kurz links einbiegen und gleich wieder rechts auf die Nebenstraße nach Son Carrió [beschildert] einschwenken.)

Etappe 65a: Manacor – Colònia de San Pedro (16 km)

Dies ist die erste und harmlosere, aber auch weniger spektakuläre Alternative, um zur C712 an der Nordküste Mallorcas zu gelangen. Dazu müssen Sie in Manacor zur im Norden der Stadt verlaufenden C715 radeln. An der einzigen echten Kreuzung dieser Straße (sonst gibt es nur Einmündungen im Bereich der Stadt) beginnt die nach Norden führende, Rchtg. Colònia de San Pedro beschilderte Landstraße, die geradewegs durch fast unbesiedeltes Land zielsicher auf die C712 zusteuert. Nach 12 km trifft die Straße an einer T-Mündung auf die C712; einzige Siedlung der Nähe ist das Ferienzentrum **Colònia de San Pedro** im Nordosten, das aber einen Abstecher nicht wert ist.

Camping: Club San Pedro, Cala del Camps, Colònia de San Pedro, Artá, ✆ 971589023, 500 Personen, Mai-September, an der Bahía de Alcúdia.

Etappe 65b: Manacor – S'Avall – Colònia de San Pedro (22 km)

Die zweite Variante für diese Strecke ist etwas abwechslungsreicher, aber auch anstrengender. Von der nördlichen Nebenfahrbahn der C715 zweigt am Ortsrand von Manacor eine unbeschilderte Nebenstraße (nur Wegweiser Rchtg. „Centre Comercal Sanitat") rechts ab, an der nach 100 m als Erkennungsmerkmal ein Kilometerstein mit der Beschriftung *PMV 332-1* steht. (50 m östlich der Abzweigung von der C715 befindet sich eine Möbelfirma mit der Leuchtreklame „MOBLES" auf dem Dach an der Hauptstraße).

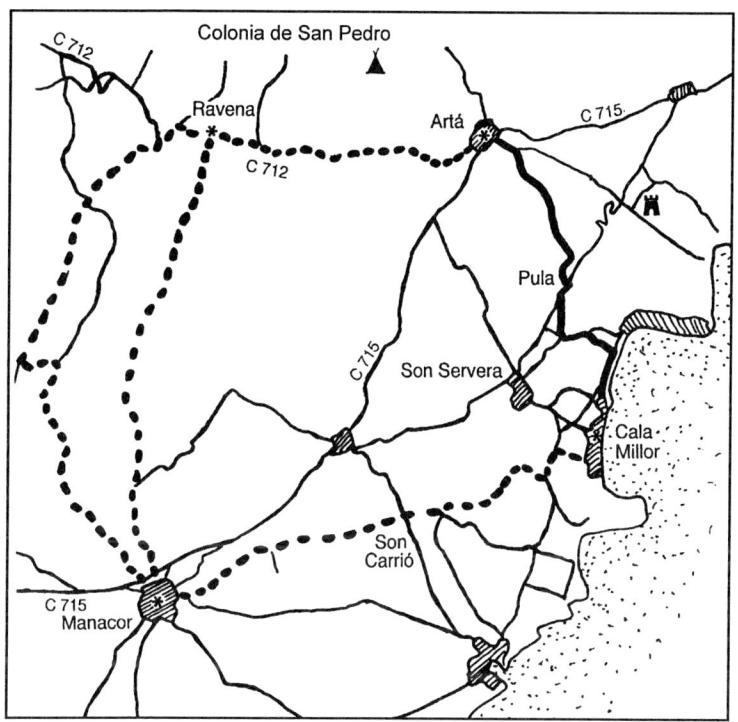

Durch ein weites, landwirtschaftlich genutztes Tal führt die Nebenstraße mit dreimaligem Seitenwechsel nordwärts. Beim Weiler **S'Avall** wird die im Tal verlaufende Strecke zu einer Lehm- und Schotterpiste, weshalb Sie mit der asphaltierten Straße nach links schwenken und den Berg hinauf radeln zur Landstraße Petra – Artá. In diese biegen Sie rechts ein und erreichen so nach 9,5 km die C712. Wenn Sie nun rechts Rchtg. Artá fahren, harrt sofort ein beachtlicher Paß Ihrer, auf dessen halber Höhe zuerst links eine unbeschilderte Zufahrt zum Ort *Isla Ravena* erscheint und dann von rechts die Straße aus Manacor (s. Etappe 65a) hinzustößt; einzige Siedlung der Nähe ist das Feriencentrum **Colònia de San Pedro** im Nordosten, das aber einen Abstecher nicht wert ist.

Talayot bei Artá

Camping: Club San Pedro, Cala del Camps, Colònia de San Pedro, Artá, ✆ 971589023, 500 Personen, Mai-September, an der Bahía de Alcúdia.

Etappe 66: Colònia de San Pedro – Artá (10 km)

Von der Straßeneinmündung bei Colònia de San Pedro führt die C712 zuerst eine ganze Weile bergan zur Paßhöhe und schließlich sanfter und nicht so weit hinab nach **Artá** (s. Etappe 61).

Ggf. nach dem Ausflug nach *Betlém* (s. Etappe 61) nutzen Sie als Abschluß der Rundtour Etappe 63 (in Gegenrichtung) über Pula zurück nach Cala Bona und Cala Millor.

Rundtour Cala Millor 3: Cala Millor – Porto Cristo – Manacor – Cala Millor (45 km)

Ein Ausflug zu einer oder beiden der zwei Tropfsteinhöhlen bei Porto Cristo ist an der mallorquinischen Ostküste ein touristisches Muß, das mit dieser Tour durch einen Besuch der Perlenstadt Manacor ergänzt wird.

Fahren Sie von der Küste hoch zur Landstraße Son Servera – Porto Cristo, und biegen Sie links ein auf die Führung von Etappe 59, die Sie geradewegs nach **Porto Cristo** (s. Etappe 54) bringt. Nach der Höhlenbesichtigung stellt Etappe 54 (in Gegenrichtung) die Verbindung zur Perlenstadt **Manacor** (s. Etappe 50) her.

Rundtour Cala Millor 3

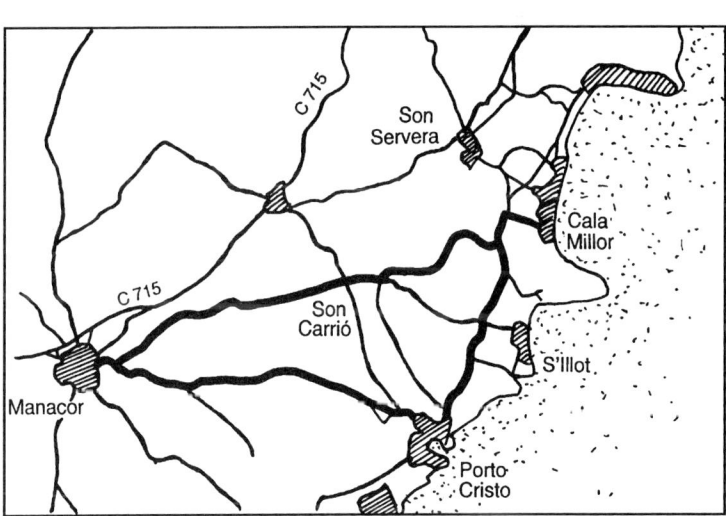

In unmittelbarer Nähe der Stelle, an der Etappe 54 bei der Ankunft den Ortsrand von Manacor erreicht hat, verläßt als Vervollständigung der Runde Etappe 64 (ebenfalls in Gegenrichtung) auf der Nebenstraße über Son Carrió die Stadt und schließt den Kreis zurück nach **Cala Millor**.

In Cala Millor ist die mallorquinische Nordküste bereits in radtouristische Reichweite gerückt. Auf dieser Rundstrecke wird ein Kurve ins Binnenland hinein geschlagen und von dort aus die Nordküste erreicht. Besichtigungen der Perlenstadt Manacor, der Gedenkstätten an den Städtegründer Junípero Serra in Petra und des Stadtbildes von Artá bieten Gelegenheit zu Pausen; mit dem sportlich anspruchsvollen und landschaftlich reizvollen Ausflug nach Betlém ist die Rundtour zusätzlich zu würzen.

Rundtour Cala Millor 4 – Etappe 67

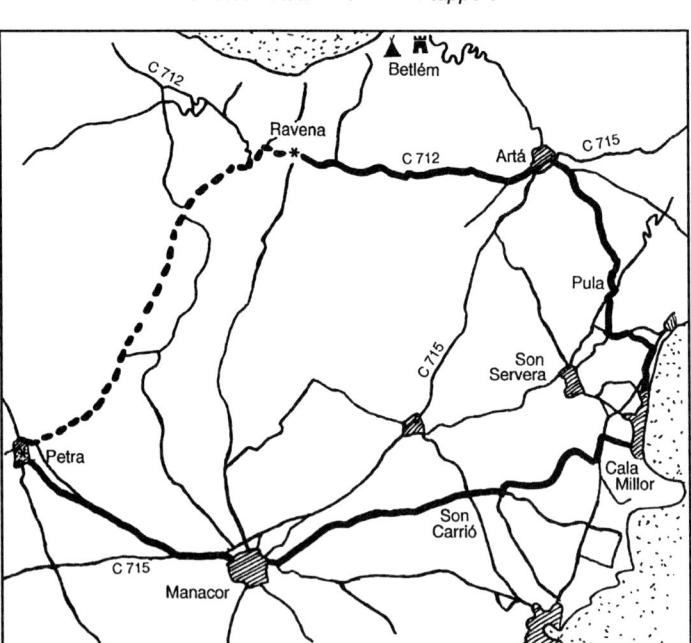

Mittels Etappe 64 via *Son Carrió* fahren Sie nach **Manacor** (s. Etappe 50); Etappe 57 (in Gegenrichtung) nach **Petra** (s. Etappe 56) schließt sich an.

Etappe 67: Petra – Colònia de San Pedro (18 km)

Eine geradlinig verlaufende Landstraße (beschildert Rchtg. Son Serra) verbindet über eine Hügelkette hinweg Petra mit der Nordküstenstraße C712, wobei zuerst Ackerland, dann Niederwald und schließlich Brachland mit geringfügiger Landwirtschaft den Weg säumen. Etwa auf halber Strecke stößt von rechts, aus *S'Avall* kommend, die Führung von Etappe 65b hinzu; auf etwas holpriger Asphaltpiste wird schließlich die T-Mündung auf die C712 erreicht. Biegen Sie rechts Rchtg. Artá darauf ein, und erklimmen Sie die Anhöhe hinauf zur Straßenkreuzung bei *Ravena* (s. Etappe 65) und damit einen Teil des dahinter befindlichen Passes; einzige Siedlung der Nähe ist das Ferienzentrum **Colònia de San Pedro** im Nordosten, das aber einen Abstecher nicht wert ist.

Etappe 66 vervollverständigt den Weg über den Paß und führt anschließend hinab nach **Artá** (s. Etappe 61). Hier haben Sie Gelegenheit, den anspruchsvollen Abstecher zur Einsiedelei von *Betlém* (s. Etappe 61) zu absolvieren.

Etappe 63 (in Gegenrichtung) bringt Sie von Artá zurück über *Pula* nach Cala Bona bzw. **Cala Millor**.

Torre de Canyamel

Ausgangsbereich: Cala Ratjada

Die mallorquinischen Regionalpatrioten schwören darauf, den Ortsnamen des Buchstabens „t" zu entledigen und überpinseln eifrig entsprechende Wegweiser. Aber ob *Rajada* oder *Ratjada*, von der traditionellen Fischereiwirtschaft ist vor allem der malerische Hafen übriggeblieben, der immer noch der zweitwichtigste Mallorcas ist (nach Palma). Elf Kutter und ca. 30 kleinere Fischerboote bilden die Flotte des Hafens (alle Angaben ohne Gewähr…).

Die zu Recht in Reiseprospekten häufig abgebildeten Buchten der Umgebung sind immer noch schön, und die mehrheitlich von deutschen Urlaubern belegten Hotels und Appartementhäuser sind langsamer entstanden, niedriger und architektonisch abwechslungsreicher geblieben als in den meisten anderen Urlaubsregionen der Insel.

Cala Ratjada (1500 Einw.) ist aufgrund seiner Lage an der äußersten Nordostspitze Mallorcas der am weitesten von Palma und dem Flughafen entfernte Ort. Die kürzeste Entfernung zum Flughafen beträgt daher über 80 km, was bei einem Transfer mit eigener Muskelkraft zu berücksichtigen ist.
Die steinreiche Gutsbesitzerfamilie March hat im Park des 1911 erbauten Palastes *Sa Torre Cega*, auf einem Hügel hinter dem Hafen, eine Sammlung von über 60 klassischen und zeitgenössischen Skulpturen zusammengetragen – der Besuch ist lohnend.

Information: Oficina Municipal de Información, Plaça dels Pins, Cala Ratjada, 07590 Capdepera, ✆ 971563033, 🖷 971565256.
Verkehrsverbindungen: zweimal täglich Fährverbindungen nach Menorca, mit Schnellfähren, die auch Tagesausflüge ermöglichen.
Unterkunft: Zahlreiche kleine Hotels und Hostales. Auswahl: Hotel Dos Playas **, Calle Leonor Servera, ✆ 971563802, 78 Z., ganzj.; Hotel Luna **, Calle Castellet 43, ✆ 971563800, 🖷 971565176, 70 Z., April-Mitte Nov.; Hostal Gili *, Playa Son Mol, ✆ 971564112, 🖷 971565063, 359 Z., April-Okt., direkt am Strand; Hostal Alsina *, Avda. de Cala Guya, ✆ 971563191, 63 Z., ganzj.
Fahrradverleih: Hotel Club Cala Ratjada, ✆ 971417796.

Anknüpfungspunkt für alle Rundtouren ist *Capdepera*, da die C715 von dort nach Cala Ratjada eine Sackgasse ist.

Rundtour Ratjada 1: Capdepera – Artá – Son Servera – Capdepera (35 km)

Diese kurze Rundstrecke kann mit Besichtigungen und Ausflügen leicht zu einem üppigen Tagesprogramm werden. Sowohl *Capdepera* (s. Etappe 60) als auch das über Etappe 61 erreichte Städtchen **Artá** (s. dort) haben schon im Stadtbild einiges zu bieten. Sportlich-leistungsfähige Radler haben hier Gelegenheit, den landschaftlich reizvollen Ausflug zur Einsiedelei von *Betlém* (s. Etappe 61) einzuschieben.

Eher geruhsam gestaltet sich die Fortsetzung der Rundtour auf Etappe 62 nach **Son Servera** (s. Etappe 58). Von der geradlinigen Verbindung, die Etappe 60 zurück nach **Capdepera** darstellt, zweigt auf halber Strecke die Zufahrt zum *Torre de Canyamel* und den *Cuevas de Artá* – einer Sehenswürdigkeit ersten Ranges – ab. Ein Aufenthalt in Cala Ratjada wäre vertane Zeit, würde kein Ausflug zu den Höhlen einbezogen; nutzen Sie somit die Gelegenheit.

Die unvermeidliche Standardstrecke der C715 nach **Cala Ratjada** macht den Abschluß der Tour.

Rundtour Ratjada 1

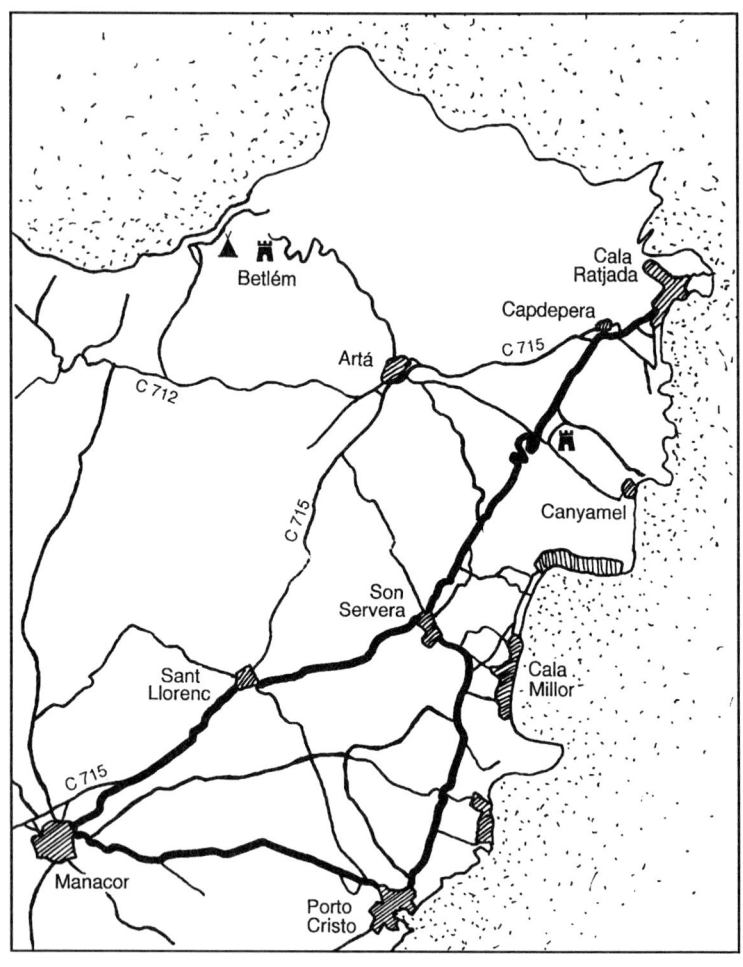

Rundtour Ratjada 2: Capdepera – Son Servera – Porto Cristo – Manacor – Son Servera – Capdepera (69 km)

Diese Strecke weist zwar wenig Steigungen auf und stellt somit keine übermäßigen Anforderungen an die physische Leistungsfähigkeit, bietet aber die Möglichkeit zum interessanten Vergleich der bekanntesten mallorquinischen Tropfsteinhöhlen und einen Besuch in der Perlenproduktionsmetropole Manacor. Bei der Planung des Besichtigungsprogramms ist die Sitte der Siesta, der sich auch die Höhlenführungen unterwerfen, zu berücksichtigen!

Von Capdepera wird zuerst Etappe 60 (in Gegenrichtung) befahren, wobei sich bereits die Abstecher zum *Torre de Canyamel* und zu den *Cuevas de Artá* anbieten; auf dem Rückweg kommen Sie hier allerdings noch einmal vorbei. Von **Son Servera** stellt Etappe 59 auf der küstenbegleitenden Landstraße den Anschluß nach **Porto Cristo** (s. Etappe 54) her. Übertreiben Sie Ihren Trieb als Höhlenforscher nicht, und begnügen Sie sich mit dem Besuch einer der Tropfsteinhöhlen des Städtchens.

Am Mal Pas, Cabo Formentor

Etappe 54 (in Gegenrichtung) ist die geradlinige Verbindung zur Perlenstadt **Manacor** (s. Etappe 50). Die Rückfahrt über Etappe 58 nach **Son Servera** (s. dort) und Etappe 60 nach **Capdepera** (mit erneutem Passieren des oben genannten Abstechers) gestaltet sich unkompliziert und geradlinig.

Rundtour Ratjada 3: Capdepera – Son Servera – Manacor – Colònia de San Pedro – Artá – Capdepera (67 km)

Die Strecke schlägt eine Kurve, die sich eher am Binnenland orientiert und Eindrücke des mallorquinischen Landlebens vermittelt. Die zusätzlich möglichen Abstecher hinter Capdepera (Torre de Canyamel und Cuevas de Artá) und bei Artá (Einsiedelei von Betlém) würden bei vollständiger Einbeziehung die Rundtour wohl schon überfrachten.

In Capdepera macht Etappe 60 (in Gegenrichtung) nach **Son Servera** den Anfang; abseits dieses Abschnitts liegen die oben genannten Spitzen-Sehenswürdigkeiten an der *Playa de Canyamel*. Etappe 58 (ebenfalls in Gegenrichtung) bringt Sie dann nach **Manacor** (s. Etappe 50), wo die umfangreiche Perlenfabrikation den touristischen Hauptanziehungspunkt darstellt.

Da diese Rundtour wohl auch für sportlich eingestellte Radler genügend bietet, sollten Sie bei der sich anschließenden Etappe 65 die Variante „a" wählen, die nicht nur kürzer als Etappe 65b, sondern auch deutlich weniger anstrengend ist. Von der Straßeneinmündung bei Ravena in die C712 nach **Artá** (s. Etappe 61) nutzen Sie Etappe 66; falls es Sie nach einer kräftigen Serpentinenstrecke gelüstet, schieben Sie dort den Abstecher zur Einsiedelei von *Betlém* ein.

Etappe 61 (in Gegenrichtung) über die geradlinige C715 beendet die Rundtour in **Capdepera**.

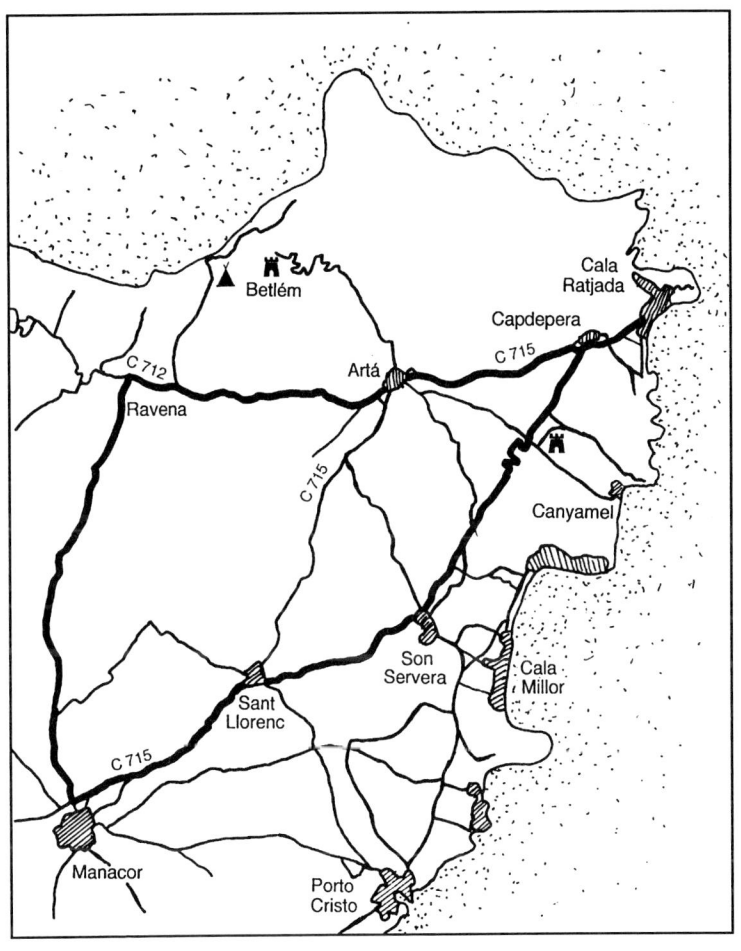

Ausgangsbereich: Ca'n Picafort

Die *Bahía de Alcúdia* erscheint auf den ersten Blick (auf die Landkarte) wie die spiegelbildliche Entsprechung der *Bahía de Palma*. Aber nicht nur das Fehlen eines Molochs wie Palma bewirkt eine andere Realität, sondern auch die kürzere Tradition als Ferienregion.

Das Zentrum der Bucht bildet **Ca'n Picafort** (800 Einw.), das zu den neueren Urlaubsansiedlungen Mallorcas gehört und die Bezeichnung „Ort" eigentlich noch gar nicht verdient. Es ist eher eine Urlaubskolonie, die hier an einem kilometerlangem Sandstrand angelegt worden ist, mit unsensibler Architektur und einer ungemütlich entwickelten touristischen Infrastruktur, aber im Hinterland auch mit Pinienwäldern, die als Abwechslung von der „sitzenden Beschäftigung" des Radfahrens schöne Wanderungen möglich machen.

Außerhalb der Betonmeile von Ca'n Picafort ist der Strand an der *Bahía de Alcúdia* (*Platja de Muro*) hingegen relativ naturbelassen; mit Kiefern und Pinien bewachsene Dünen laden zum Verweilen ein. Dennoch gibt es dort rund 20 Hotels, und für Komfort-Camper hält ein offizieller Campingplatz Stellplätze bereit.

Information: Oficina Municipal de Turismo, Plaza del Ingeniero Gabriel Roca 6, Ca'n Picafort, 07458 Santa Margalida, ✆ 971850310, dto., Avda. de l'Albufera, Platja de Muro, 07408 Muro, ✆ 971891013.
Unterkunft: Über 30 Hotels, darunter ganzjährig: Hotel Gran Vista ***, Carretera de Artá, ✆ 971850052, 🖷 971851318, 277 Z., in einem Pinienwald; Hotel Montecarlo ***, Urbanización El Pastor, Jovellanos 2, ✆ 971850009, 🖷 971851318, 169 Z.
Camping: Sun Club Picafort, Platja de Muro, ✆ 971860002, 500 Personen, ganzj., gut ausgestattet, südlich der Haupstraße C712.

Anknüpfungspunkte

Ein halbes Dutzend Zufahrten verbindet Ca'n Picafort mit der C712, von denen die beiden an den äußersten Enden des Ortes zusätzlich als direkte Anknüpfung an Binnenlandstraßen dienen.

Rundtour Picafort 1: Ca'n Picafort – Santa Margalida – Petra – Colònia de San Pedro – Ca'n Picafort (51 km)

Eine Kurve durch leicht welliges mallorquinisches Bauernland schlägt diese Tour und berührt dabei unspektakuläre Ortschaften. An der Südspitze der Runde treffen Sie auf den historischen Boden der Heimat von San Franciscos Städtegründer.

Rundtour Picafort 1 — Etappen 68 – 70

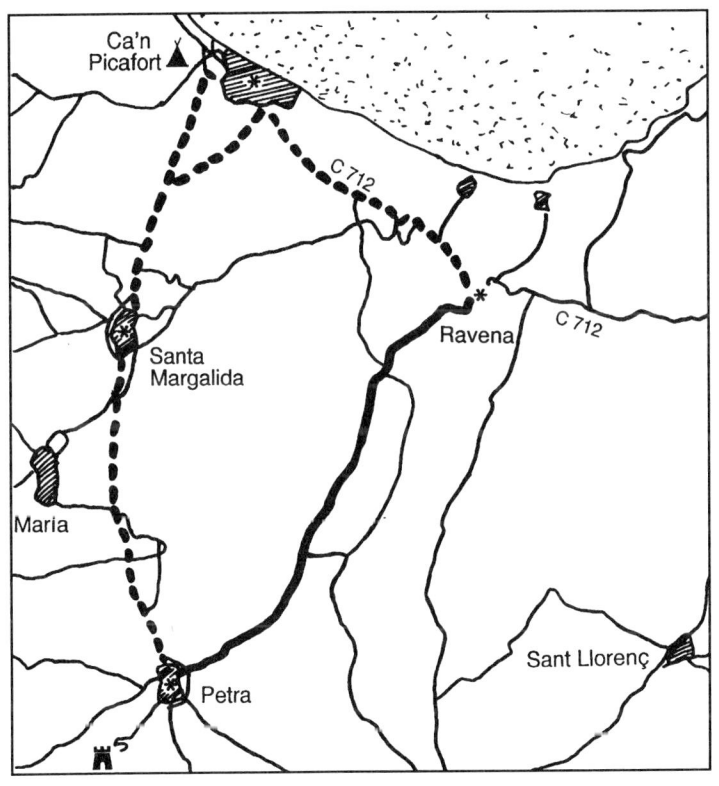

Etappe 68: Ca'n Picafort – Santa Margalida (9 km)

Von beiden Enden Ca'n Picaforts erreichen Sie über eine geradlinige Landstraße das Landstädtchen **Santa Margalida** (4000 Einw.). Unter dieser mallorquinischen Bezeichnung ist der Ort im allgemeinen beschildert (spanisch: *Santa Margarita*); er lebt vor allem von lederverarbeitender Industrie und Likörproduktion. Der heutige Bau der Pfarrkirche stammt aus dem 17. Jh., besonders eindrucksvoll sind (bei strahlender Sonne) die Fenster und, in der *Capillo Santo Cristo* im hinteren Teil, der Altaraufsatz.

Markttag in Santa Margalida ist dienstags.

Etappe 69: Santa Margalida – Petra (11 km)

Völlig unkompliziert gestaltet sich diese Strecke, denn die Landstraße von Santa Margalida nach **Petra** (s. Etappe 56) verbindet diese beiden Städtchen direkt und ohne Umwege miteinander. Vertrauen Sie sich also der Beschilderung an.

Ggf. nach dem Besuch der Erinnerungsstätten an *Junípero Serra* setzen Sie die Rundtour über Etappe 67 durch leichtes Hügelland zur Einmündung in die C712 bei *Ravena* (s. Etappe 65) fort.

Etappe 70: Colònia de San Pedro – Ca'n Picafort (13 km)

Vom Tal des *Torrente de na Borjas* klettert die C712 westwärts einen Hügel hinauf. Schmale Randstreifen erleichten das Radeln bei dichterem Verkehrsaufkommen. Aber Alternativen gibt es nicht, und so bleiben Sie bis **Ca'n Picafort** auf der C712.

Rundtour Picafort 2: Ca'n Picafort – Muro – Sineu – Petra – Colònia de San Pedro – Ca'n Picafort (63 km)

Eine Mittwochs-Tour: das Schmankerl dieser Strecke durch fruchtbares Landwirtschaftsgebiet ist der Markt in Sineu, der mittwochs vormittags abgehalten wird. Zur kulturellen Erbauung lassen sich in Muro das Ethnologische Museum, in Petra die Besichtigung der dortigen Junípero-Serra-Erinnerungsstätten einbeziehen.

Rundtour Picafort 2 — Etappen 71 – 73

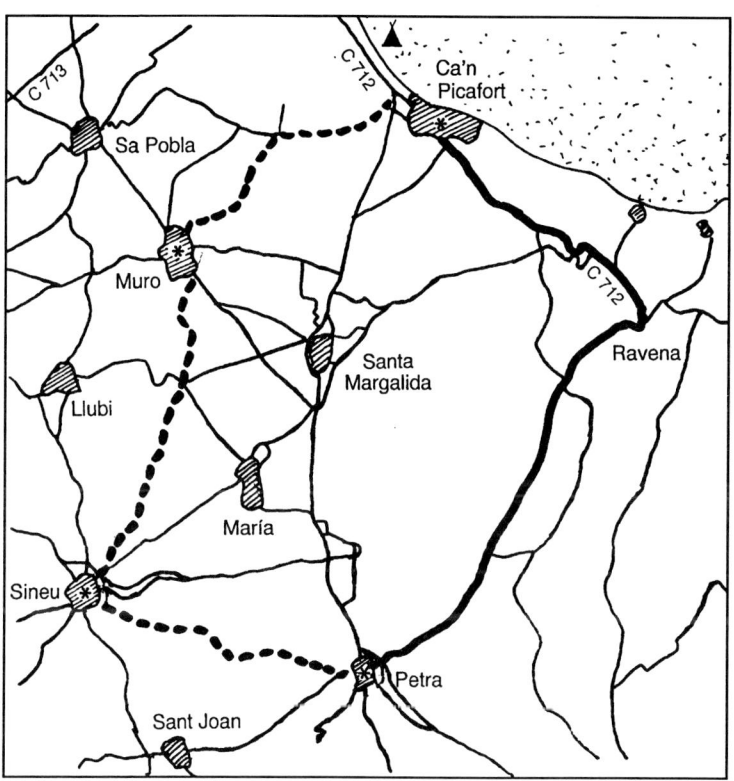

Etappe 71: Ca'n Picafort – Muro (10 km)

Die erste Hälfte dieser Strecke ist identisch mit der Landstraße PM-341-1 von Ca'n Picafort nach *Sa Pobla*. Zwei Abzweigungen führen von dieser Straße nach Muro; aus Ca'n Picafort kommend wählen Sie die erste, weniger befahrene und kürzere Variante. Die dabei durchfahrene Landschaft ist mit Hilfe von Bewässerungsmaßnahmen, deren sichtbare Zeugen die zahlreichen Windräder und Pumpen sind, kultiviert worden und wird heute intensiv landwirtschaftlich genutzt.

(In Gegenrichtung ist die etwas größere Kurve der westlicher gelegenen Zufahrt leichter zu finden, die von der Landstraße Rchtg. Sa Pobla am nordwestlichen Ortsrand von Muro rechts abzweigt; vom Zentrums Muros aus ist diese Strecke beschildert.)

Muro, 6000 Einw., ist ein Ort mit zahlreichen alten Häusern und zwei Kirchen des 16. Jh.: der Pfarrkirche *San Juan Bautista*, ein recht wuchtiger Bau am Hauptplatz des Städtchens, und der Kirche *Santa Ana* des ehemaligen Klosters *Convento de Mínimos*. Im südlichen Teil des Stadtzentrums lohnt das Volkskundemuseum *Museo Etnológico de Mallorca* in zwei alten Gebäuden einen Besuch (di-so 10-14 & di-sa 16-19 h, Ptas 100); es zeigt mallorquinische Volkskunst und die Einrichtung einer alten Apotheke, ist aber wegen Urlaubs des einzigen Angestellten einen Monat im Jahr geschlossen (und selbstverständlich auch im Fall von Krankheit).
Wochenmarkt wird in Muro sonntags abgehalten.

Wochenmarkt in Sineu

Etappe 72: Muro – Sineu (12 km)

Völlig unkompliziert verbindet eine geradlinige Landstraße die beiden Landstädtchen Muro und Sineu miteinander (auch in Gegenrichtung eindeutig
beschildert). Erst unmittelbar vor der Umgehungsstraße von Sineu trifft diese
Landstraße mit der Strecke aus *Santa Margalida* (s. Etappe 76) zusammen.
Die Umgehungsstraße ist übrigens auf den verfügbaren Landkarten teils noch
nicht bzw. fehlerhaft verzeichnet.

Sineu, 3500 Einw., bildet den geografischen Mittelpunkt Mallorcas und zugleich den Marktflecken für die Umgebung. Der Ort mit seinen engen, winkli-
gen Gassen verfügt über zwei sehenswerte (und einige weitere weniger inter-
essante) Kirchen: *Nuestra Señora de los Angeles* mit prunkvoller Inneneinrichtung und das sehr alte Kirchlein *San José*. Mittwochs wird auf dem *Plaza
Mercado* ein bunter Markt abgehalten, bei dem sich die Bauern durch die we-
nigen fotoapparatbewaffneten Touristen nicht von ihrer Handelstätigkeit ab-
halten lassen. Von Gemüse über Hühner und Schafe bis zu Eseln und kleineren Landmaschinen wird alles verkauft, was das Bauernherz begehrt. Insgesamt geht es hier deutlich volkstümlicher zu als z.B. in *Inca* (s. Etappe 14),
wo eher Industrieprodukte und Touristenversorgung den Schwerpunkt bilden.
Zu einem mallorquinischen Markt, der diesen Namen verdient, gehört auch
ein deftiges Mittagsmahl, wofür in Sineu die *Cellers* zuständig sind.

Unterkunft: Hotel Leon de Sineu, Carrers dels Bous 129, ✆ 971520211, 🖷
971855058, eMail leon@2001.es, ganzj. im Ortszentrum; Hostal La Posada, dem
Hotel angeschlossen, gleiche Tel.-Nr. etc.

Etappe 73: Sineu – Petra (10 km)

Die Umgehungsstraße von Sineu weist eine für Radfahrer irreführende Weg-
weisung Rchtg. Petra auf: die erste entsprechend beschilderte Abfahrt führt
autoorientiert-schnellstraßenmäßig genau ostwärts und trifft bei *Arjañy* auf die
Landstraße aus Santa Margalida. Bleiben Sie daher in Sineu bis zum südlichen
Ortsrand auf der Umgehungsstraße und fahren erst dort auf der gewundeneren
Nebenstraße nach **Petra** (s. Etappe 56); kurz vor dem Ort vereint sich die Straße mit der aus *Sant Joan* kommenden (s. Etappe 86/87).

Etappe 67 zur C712 bei *Ravena* (s. Etappe 65) und Etappe 70 zurück nach
Ca'n Picafort schließen die Rundtour ab.

Eine Verknüpfung der beiden Märkte in Inca und Sineu ist mit dieser Tour nicht möglich, da die Markttage differieren. Aber da jeder mallorquinische Markt gegen 13 h seine Stände abbricht, würde das wohl ohnehin zu einer argen Hetzerei ausarten. Um wenigstens eine Variante des Markttreibens erleben zu können, sollten Sie diese Tour möglichst mittwochs oder donnerstags angehen – was den Vorteil hat, daß auch das Museum in Muro geöffnet ist.

Etappe 71 nach **Muro** (s. dort) macht den Anfang.

Rundtour Picafort 3 – Etappen 74 – 76

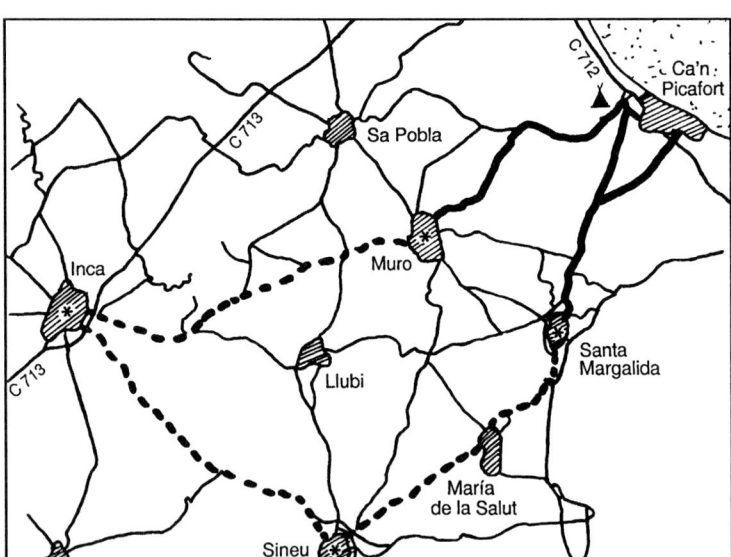

Etappe 74: Muro – Inca (13 km)

Verlassen Sie Muro auf der Landstraße nach Inca; diese ist auf den ersten 3 km identisch mit der Straße nach *Llubi*. Nach weiteren 6 km mündet die Strecke in die Straße von Llubi nach Inca, in die Sie rechts einbiegen und den Hügelzug der *Sierra de Santa Magdalena* durchqueren. Am Stadtrand von **Inca** (s. Etappe 14) kreuzen Sie die Hauptstraße C713 und gelangen geradewegs ins Zentrum.

(In Gegenrichtung: Wegen des Einbahnstraßensystems in Inca orientieren Sie sich an den Wegweisern Rchtg. Santa Margalida.)

Etappe 75: Inca – Sineu (14 km)

Eine geradlinige Landstraße verbindet die beiden Marktstädte miteinander. Auf halbem Weg wird dabei die tiefste Stelle erreicht, was bedeutet, daß Sie in jedem Fall – auch bei Fahrt in Gegenrichtung – mindestens eine längere Steigung zu überwinden haben. Der Begriff der „zentralen Tiefebene" Mallorcas ist für Radfahrer eben durchaus relativ…

Sineu (s. Etappe 72) ist auch dann einen Stadtbummel wert, wenn Sie nicht am Markttag bzw. zur Marktzeit hier eintreffen. Um ins Zentrum zu gelangen, müssen Sie 1,5 km vor der Stadt rechts von der Landstraße Rchtg. Manacor abbiegen.

Etappe 76: Sineu – Santa Margalida (12 km)

Die Landstraße PM-351 von Sineu nach Santa Margalida streift auf halbem Weg die Ausläufer der Ortschaft **María de la Salut**, auf den meisten Wegweisern schlicht als *María* verkürzt. Markt findet hier freitags statt.

Falls Sie den Ort nicht besuchen wollen, biegen Sie bei den ersten Häusern von María links auf ein einspuriges Sträßchen ab, das nur bis 5,5 t zugelassen ist und mit einem Stopschild an der Kreuzung der Straßen aus María, Muro/Llubi und Santa Margalida endet. Hier radeln Sie optisch geradeaus weiter.

Ca. 2 km vor dem Ortsrand von **Santa Margalida** (s. Etappe 68) mündet die Landstraße T-förmig in die aus Rchtg. Petra kommende Strecke PM-354.

(In Gegenrichtung entsprechend in Santa Margalida zuerst Rchtg. Petra bzw. Manacor fahren, bis rechts die Abzweigung nach María erscheint.)

Den Abschluß der Rundtour bildet Etappe 68 (in Gegenrichtung) zurück nach **Ca'n Picafort**.

Rundtour Picafort 4: Ca'n Picafort – Alcúdia – Pollença – Sa Pobla – Muro – Ca'n Picafort (51 km)

Diese Rundstrecke stellt eine ausgesprochene Besichtigungstour dar, bei denen die Stadtbummel in Alcúdia und Pollença noch durch historische Gemäuer (Römertheater) und das Volkskundemuseum in Muro ergänzt werden.

Etappe 77: Ca'n Picafort – Puerto de Alcúdia – Alcúdia (12 km)

Die C712 begleitet die *Bahía de Alcúdia* auf deren Weg nach Nordwesten, wobei bis Puerto de Alcúdia Radstreifen vorhanden sind – anfangs als Gegenrichtungsstreifen auf der nördlichen Seite der Straße, später auf beide Straßenseiten verteilt. Mittlerweile sind auf beiden Seiten der Hauptstraße fast lückenlose touristische Bebauungen entstanden, von denen nur das Wasser- und Naturschutzgebiet **La Albufera** noch weitgehend verschont ist. Es lohnt übrigens unbedingt, dort auf den kleinen Wegen Erkundungen auf eigene Faust (am besten per pedes) zu machen und die reichhaltige Vogelwelt zu beobachten (Zutritt tägl. 9.30-18 h).

Schon am Ortsrand von **Puerto de Alcúdia** (s. entsprechende Ausgangsbereich-Schilderung) haben Sie Gelegenheit, die beschilderte Verbindung nach Alcúdia zu nutzen, ohne nach Puerto de Alcúdia hineinzuradeln. Falls Sie jedoch das Römertheater (s.u.) besichtigen möchten, ist ratsam, in den Ferienort zu fahren und erst am Jachthafen links zur oberhalb verlaufenden Verbindungsstraße C713 nach Alcúdia zu stoßen, an der die Römerruinen liegen.

Alcúdia, 8000 Einw., ist eine arabische mittelalterliche Stadtgründung auf noch älterem historischen Grund. In *Pollentia*, dessen Relikte direkt neben den Stadtmauern Alcúdias liegen, hatten die Römer im 2. Jh. ihre Inselhauptstadt errichtet. Dem Zerfall des Römerreiches folgte der Zerfall des Bauwerke, und erst die Araber begannen wieder damit, auf einer benachbarten Erhebung (Hügel = arab. „al-kudia") erneut Stein auf Stein zu schichten und neue Befestigungsanlagen zu bauen. Letztere wurden in späteren Jahrhunderten von den mallorquinischen Herrschern erweitert. Große Teile der Stadtmauern mit zwei Toren sind erhalten, und die Straßen mit Herrenhäusern des 16./17. Jh. sind ebenfalls sehenswert. Das äußere Mauerwerk der Pfarrkirche *San Jaime* (eine frühere Eckbastion aus dem 16. Jh.) ist in die Befestigungsanlage integriert. Nicht mehr existent ist das auch in neuesten (aber veralteten) Reiseführern noch auftauchende Archäologische Museum mit Römerfunden – die Schätze befinden sich mittlerweile in Palma.

Markttage in Alcúdia sind Dienstag und Sonntag.

Nahe der C713 Rchtg. Puerto de Alcúdia liegen die nicht übermäßig beeindruckenden Reste des *Teatro Romano*, die zwar das kleinste Römertheater Spaniens, aber immerhin das einzige Mallorcas darstellen. Die Ruinen können auch vom Parkplatz bei der Pfarrkirche aus erreicht werden.

An der Nebenstraße Rchtg. Puerto de Alcúdia befindet sich gegenüber dem Friedhof das *Oratori de Santa Ana* (13. Jh.).

Auf der vorgelagerten Halbinsel zum *Cabo del Pinar* dient die Kapelle der *Ermita Nuestra Señora de la Victoria* (17. Jh.) samt Ausflugslokal als beliebtes Exkursionsziel. Der hinter der Zufahrt zur Ermita gelegene Teil der Halbinsel ist unzugänglich, da militärisches Sperrgebiet.

Puerte de Xara in Alcúdia

Information: Oficina Municipal de Turismo, Ctra. Artà 68, 07410 Alcúdia, ℭ 971892615, nur in der Hauptsaison.

Unterkunft: Hotel Panorámic ***, Calle More Vermey, ℭ 971545484, 🖹 971548652, 155 Z., April-Okt.; Hotel More **, Calle Tirant Lo Blanc 8, ℭ/🖹 971545505, 115 Z., Mai-Okt.; Hostal Mal Pas, Playa Mal Pas, ℭ 971545143, 200 B.; Jugendherberge La Victoria, Ctra Cabo Pinar, ℭ/🖹 971545395, 120 Betten, ganzj., 4 km außerhalb Rchtg. Cabo del Pinar, kombiniert mit einem Jugendlager, steigungsreiche Anfahrt, Einzeichnung auf der Generalkarte ist fehlerhaft, da zu nah an Alcúdia dargestellt.

Fahrradvermietung: Bicicletas Mallorca, Hotel Playa de Muro, 🖹 971890586.

Rundtour Picafort 4 — Rundtour Alcudia 1
Etappen 77 – 79

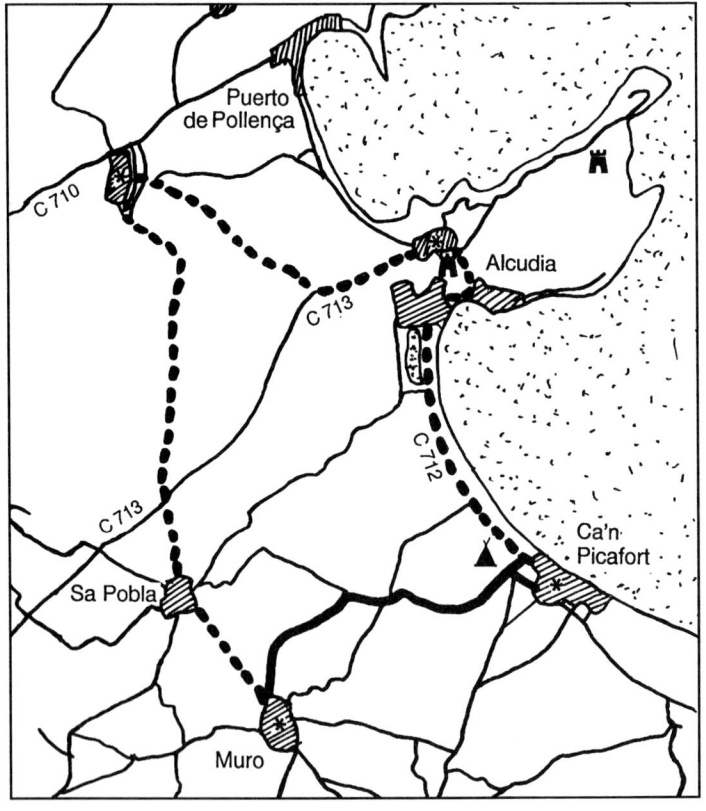

Zwei Möglichkeiten gibt es, von Alcúdia nach Pollença zu gelangen. Diese Etappe ist die Variante mit geringerem Hauptstraßenanteil, wegen der vorhandenen Radstreifen bei Etappe 84 ist jedoch auch diese unkompliziert fahrbar.

Auf der C713 (Rchtg. Inca/Palma) verlassen Sie Alcúdia und biegen nach 3 km rechts ab auf die beschilderte Nebenstraße nach Pollença. Die dortige Umgehungsstraße kreuzen Sie schräg, schwenken dann rechts und kurz darauf wieder links/rechts ins Zentrum.

Pollença, 11.000 Einw., leiht sich seinen Namen von der Römersiedlung beim heutigen *Alcúdia* (s. Etappe 77), verfügt aber auch selbst über eine entsprechend lange Geschichte, wie die erhaltene römische Brücke über den *Torrente de Sant Jordi* dokumentiert. Die Stadt zwischen den Füßen des *Puig de Pollença* und des *Calvario* in den Ausläufern der *Sierra de Tramontana* gehört zu den malerischsten Ortschaften Mallorcas. Die Altstadt mit ihren großen Portalen und reizvollen Innenhöfen trägt die Handschrift der Araber, deren Dörfer zur Straße hin eng und abweisend waren, während großzügige Patios das Leben innerhalb der Häuser angenehm gestalteten.

Am Hauptplatz *Plaça Major* steht die im gotische Stil erbaute Pfarrkirche (18. Jh.) mit recht ansehnlicher Innenausstattung. Südlich des Platzes lohnt das barocke Kloster *Santo Domingo* mit seinem Kreuzgang einen Besuch; hier werden im Sommer musikalische Festspiele abgehalten. Außerdem ist im Konvent das städtische Museum untergebracht (nur di/ do/so 10-12 h).

Den Jesuiten gehörte früher die Kirche *Montisón* (18. Jh.) am Fuß des Kalvarienberges, der wohl die optische Hauptattraktion Pollenças ist. Eine zypressengesäumte Freitreppe mit 365 unregelmäßig tiefen Stufen führt zum Calvario hinauf (es gibt für Fußkranke auch eine Straße bis zur Spitze des Berges), auf dem sich eine kleine Kapelle (18. Jh.) befindet. Das sich bietende Panorama ist erstklassig und schließt den sich gegenüber erhebenden *Puig de Pollença* (= Puig de Santa María) ein. Diesen zweiten „Hausberg" der Stadt kann man zu Fuß ebenfalls erklimmen; oben steht eine zum Kloster erweiterte Einsiedelei, die eine kleine Herberge für Pilger und Wanderer beherbergt, von Nonnen betrieben.
Markttag ist sonntags.

Information: Ayuntamiento, Médico Llopis 1, Pollença, ✆ 971532413; Oficina Municipal de Turismo, Plaça, 07469 Cala San Vicenç, ✆ 971533264.

Foto vorige Seite: Treppe zum Kalvarienberg in Pollença

Etappe 79: Pollença – Sa Pobla – Muro (19 km)

Eine geradlinige Hauptstraße führt von Pollença durch die Ausläufer der *Sierra de Tramontana* Richtung *Sa Pobla*. Ein üppig ausgelegter Kreisverkehr über die C713 hinweg bringt Sie geradewegs nach **Sa Pobla**, das meist unter dieser mallorquinischen Bezeichnung auf Schildern auftaucht (spanisch: *La Puebla*).

Dieses Landstädtchen, das außer einem Museum zeitgenössischer Kunst (Calle Antonio Maura 6, do-so) keinerlei Besonderheiten aufweist, vom fruchtbaren Land aber gut leben kann, wird geradeaus durchfahren, und die Landstraße nach **Muro** (s. Etappe 71) schließt die Etappe ab.

Falls Sie *Muro* nicht besuchen möchten, können Sie auch in *Sa Pobla* bereits links abbiegen und geradewegs nach **Ca'n Picafort** radeln. Ansonsten bildet Etappe 71 (in Gegenrichtung) in Muro den Abschluß der Rundtour.

Puerto de Alcúdia

Ausgangsbereich: Puerto de Alcúdia

Der ehemalige Fischerhafen ist mittlerweile ein populärer Ferienort (500 Einw.) mit großem Jachthafen und 3½ km langem Sandstrand geworden, der durch seine langsam gewachsene Architektur noch einige Relikte seiner Vergangenheit erhalten konnte. Die Betonbunker der Peripherie fressen sich aber allmählich an der Küste der Bahía de Alcúdia entlang immer weiter vor.

Außer dem Ausgangsbereich von Puerto de Pollença ist Puerto de Alcúdia der einzige Stützpunkt, von dem aus die ansonsten abgelegenen nördlichen Teile der *Sierra de Tramontana* per Rad zu erreichen sind. Landschaftlich besonders attraktiv sind Ausflüge auf die Halbinseln des *Cabo del Pinar* (s. Alcúdia, Etappe 77) und zum *Cabo Formentor* (s. Etappe 83).

Information: Sommerfiliale des Büros von Alcúdia (Container) am Hafen in Puerto de Alcúdia, C. dels Mariners, ℂ 971547257.
Verkehrsverbindungen: Regelmäßige Fährverbindungen vom Handelshafen aus nach Menorca.
Unterkunft: Hostal El Paraíso **, Crta de Alcúdia, ℂ 971547080, 21 Z., ganzj.; Hostal Vista Alegre *, Paseo Maritimo 22, ℂ 971545347, 35 Z., ganzj.; Hotel President ***, ℂ 971545305, 🖷 971545939, 240 Z., Mai-Okt., 3 km entfernt im Villenvorort Aucanada; große Auswahl an Sommersaison-Hotels; Jugendherberge s. Alcúdia, Etappe 77.
Fahrradverleih: Bicicletas Tramuntana, Coral 5, ℂ/🖷 971546668; Fortuna Autos, Avd. Reina Sofia 22, ℂ 971548482; Bicicletas Reina, ℂ 971545352, täglich 9-21 h; Lagoon, C. Pedro Mas Reus 20; F. Notario Torres, Avenida Tucan, ℂ 971546249; dto., Carretera Alcúdia-Arta, ℂ 971547417; J.M. Villamayor Ebro, C. Lago Menor, ℂ 971548114; H. Hnos Herreros, C. Mariscos 8; Bicis, Avda. de la Platja 3.
Waschsalon: im Jachthafen.

Anknüpfungspunkt für alle Touren, die durchweg den Bereich im Westen von Puerto de Alcúdia einbeziehen, ist das benachbarte Städtchen Alcúdia.

Rundtour Alcúdia 1: Alcúdia – Pollença – Sa Pobla – Muro – Ca'n Picafort – Alcúdia (51 km)

Die Streckenführung dieser Tour ist identisch mit Rundtour Picafort 4 – bei entsprechend geänderter Abfolge. Nach einem Besuch von **Pollença** mit dem dortigen Sehenswürdigkeiten (s. Etappe 78) fahren Sie über *Sa Pobla* nach **Muro** (s. Etappe 71), schwenken zur Küste der *Bahía de Alcúdia* zurück, die Sie bei

Ca'n Picafort erreichen. Die Küstenstraße C712 bringt Sie zurück zum Bereich **Alcúdia**.

Rundtour Alcúdia 2: Alcúdia – Puerto de Pollença – Pollença – Lluc – Inca – Muro – Ca'n Picafort – Alcúdia (75 km)

Bei einer Umrundung der nördlichen Teile der Sierra de Tramontana ist eine relativ lange und anstrengende Streckenführung nicht zu vermeiden, da zwischen Pollença und Lluc keine Verbindung über die Berge besteht. Eine sinnvolle Abkürzungsmöglichkeit existiert somit nicht. Aber Sie werden auf dieser Strecke durch die landschaftlichen Schönheiten des Berglandes reich entschädigt.

Etappe 80: Alcúdia – Puerto de Pollença (10 km)

Die Hauptstraße, die die beiden Enden der Etappe verbindet, folgt durchgehend der Küstenlinie entlang der *Bahía de Pollença* und verfügt in beiden Richtungen über durchgängige Radfahr-Randstreifen. Diese Bucht hat gerade jene Ausmaße, die den Eindruck von Weite mit Überschaubarkeit kombinieren, ist aber wegen der Abschirmung durch die Landspitzen des *Cabo Formentor* und des *Cabo del Pinar* von ausgesprochen sanftem Charakter. Die Fahrt nach **Puerto de Pollença** (s. dortige Ausgangsbereich-Schilderung) bietet ständig schöne Aussicht auf die bergigen Halbinseln und die Bucht.

Etappe 81: Puerto de Pollença – Pollença (6 km)

Schnurgerade und breit ausgebaut ist die Verbindungsstraße zwischen dem „Hafen von Pollença" zu dem namengebenden Ort.
Nach zwei Dritteln der Strecke gibt es rechts die Möglichkeit zu einem Abstecher nach *Cala Sant Vicenç*, einer ursprünglich besonders schönen Bucht, die mittlerweile nach „bewährtem" Muster fast völlig verbaut ist.

Am nördlichen Ortsrand von **Pollença** (s. Etappe 78) sollten Sie noch über die Abzweigung Rchtg. Sa Pobla hinweg wenige Meter geradeaus auf der nun C710 benannten Straße bleiben, um erst dann direkt ins Stadtzentrum links abzubiegen.

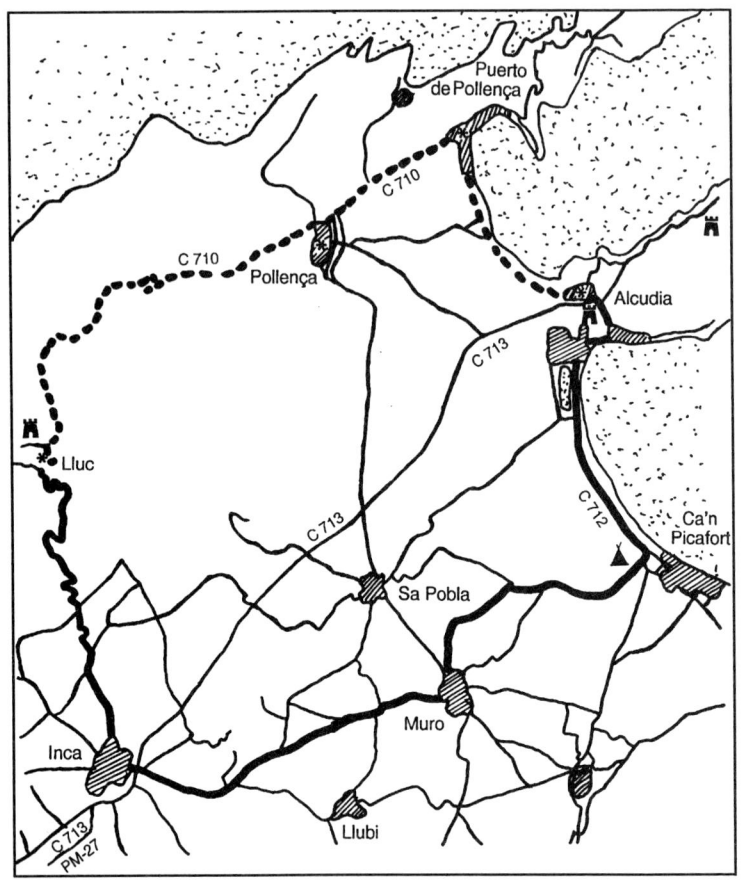

Etappe 82: Pollença – Lluc (20 km)

Etwa 500 Höhenmeter machen diese Etappe zu einer radfahrerisch anspruchs-
volleren Strecke. Der Anfang ist aber gemäßigt: durch das *Valle de Son March*

zieht sich die C710 unterhalb der Höhenzüge der *Serra de Sa Coma* hin; die Landschaft wird rauher, die Bergwelt rückt näher. Etwa nach 7 km beginnt dann eine ca. 8 km lange, kurvenreiche Fahrt bergan, bei der die ständigen Richtungswechsel für immer neue Ausblicke auf die schroffen Felsen sorgen. Der steilste Teil der Strecke liegt am Anfang; später wechseln sanftere Steigungen mit Wellen durch bewaldete Gebiete.

Der höchste Punkt der Etappe ist am *Coll de Sa Font* erreicht, von wo es schließlich wieder 1,8 km abwärts geht zur Zufahrt zum Kloster von **Lluc** (s. Etappe 36).

Etappe 37 nach **Inca** (s. Etappe 14) bringt Sie wieder aus der *Sierra de Tramontana* hinaus an den Rand der zentralen Ebene Mallorcas. Durch fruchtbarer werdendes Landwirtschaftsgebiet befahren Sie anschließend Etappe 74 (in Gegenrichtung) nach **Muro** (s. Etappe 71); nutzen Sie ggf. die Gelegenheit zu einem Besuch des dortigen Volkskundemuseums. Auf Etappe 71 (ebenfalls in Gegenrichtung) gelangen Sie bei **Ca'n Picafort** zur Küste der *Bahía de Alcúdia*; auf der Küstenstraße schließt Etappe 77 zurück zum Ausgangspunkt **Alcúdia** den Kreis.

Oratori di Santa Ana, Alcúdia

Rundtour Alcúdia 3: Alcúdia – Puerto de Pollença – Cabo Formentor – Pollença – Alcúdia (67 km)

Schwerpunkt dieser Genußtour ist der Ausflug zur Nordspitze Mallorcas, dem Cabo Formentor.

Rundtour Alcúdia 3 – Etappen 83 & 84

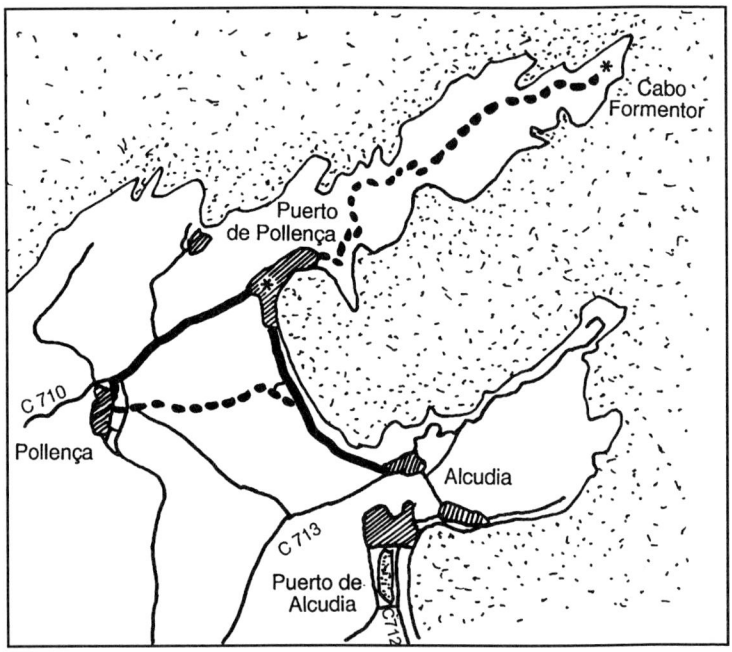

Etappe 80 macht den Anfang und bringt Sie an der *Bahia de Pollença* entlang nach *Puerto de Pollença* (s. Etappe 80).

Verfahren kann man sich auf dieser Sackgassenstrecke nicht, denn es hat schon genügend straßenbauliche Mühen gekostet, diese eine Verbindung zum Leuchtturm am *Cabo Formentor* in den Fels zu schlagen. Hin- und Rückweg finden also auf der gleichen Straße statt, wobei die Umkehrung der Ausblick-Perspektiven keinerlei Monotonie aufkommen läßt.

Die erste Hälfte ist zwar extrem kurven- und steigungsreich, aber auch besonders gut ausgebaut, was dem Umstand zu danken ist, daß dort die Abzweigung zu einem vor 50 Jahren errichteten Luxushotel liegt. Schon kurz hinter dem Ortsende von Puerto de Pollença beginnen die Serpentinen. Nach 4 km bietet eine eigens angelegte Aussichtsplattform am *Mal Pas* Gelegenheit zu einer Rast; dem Straßenbauer *Antonio Parietti* wurde hier ein Denkmal in Form einer spitzen Nadel gesetzt. Hartgesottene Bergfahrer finden hier Gelegenheit zu einem Abstecher zum *Atalaya d'Albercutz*, der rechts von Ihnen hoch oben auf einem Berg steht.

Vom Paß radeln Sie nun 3,5 km bergab, bis sich im Tal die Straße in die Zufahrten zum Hotel Formentor und zum Leuchtturm an der Kapspitze gabelt. Halten Sie sich links, und genießen Sie auf den kommenden 4 km die Fahrt durch Waldstücke mit mäßigen Steigungen, bevor es in Serpentinen wieder bergan geht, vorbei an klaffenden Abgründen und schroffen Felsen. Die Straße durchstößt das Massiv des *Fumat* mittels eines kurzen Tunnels und eröffnet danach neue Perspektiven auf die Buchten; mehrfach bieten extra angelegte Aussichtspunkte Gelegenheit zu Pausen.

Nach 5 km Serpentinen ist endgültig eine Paßhöhe erreicht, und die Straße führt nun knapp 2 km bergab zum Kap. Das **Cabo Formentor** am Nordende Mallorcas ist zugleich das Ende der Straße und deutlich mit einem Leuchtturm markiert, von dem sich als Krönung dieser landschaftlichen Genußstrecke erneut ein erstklassiger Ausblick bietet — bei klarer Sicht bis Menorca.

Auf der Rückfahrt nach **Puerto de Pollença** erhalten Sie schließlich jene Eindrücke, die Ihnen ständiges Umschauen auf dem Hinweg beschert hätte.

Etappe 81 nach **Pollença** (s. Etappe 78) setzt die Rundtour fort. Nach dem Bummel durch diese malerische Stadt schließt sich eine Variante von Etappe 78 an.

Cabo Formentor

Etappe 84: Pollença – Playa de la Cuarassa – Alcúdia (11 km)

Beide Verbindungen nach Alcúdia beginnen in Pollença an der gleichen Stelle der östlich am Ort vorbeiführenden Umgehungsstraße, gabeln sich aber unmittelbar danach. Während die Straße zur C713 (s. Etappe 78 [Gegenrichtung]) sich rechts hält, biegen Sie für diese Etappe links ab und fahren zur *Playa de la Cuarassa* an der *Bahía de Pollença*. Dort treffen Sie auf die Küstenstraße mit Radstreifen längs der Bucht, der Sie rechts nach **Alcúdia** folgen.

Ausgangsbereich: Puerto de Pollença

Die älteren, langsam gewachsenen Urlaubsorte sind auf Mallorca allenthalben von größerer Eleganz und Kultiviertheit als die Bausünden der letzten Jahrzehnte.

Puerto de Pollença (300 Einw.) ist dafür ein gutes Beispiel: betuchtere englische Gäste, Winston Churchill an der Spitze, haben hier zwischen den beiden Weltkriegen die touristische Speerspitze auf Mallorca gestellt. So ist der Hafen mit ansprechender Hotelarchitektur umbaut, in der auch heute noch vorrangig britische Urlauber logieren. Für nimmersatte Kulturfreaks gibt es ein Museum mit Werken des Malers *Anglada Camarasa* (Nov-März 11-13 & 16-18 h, sonst 11.00-19.30 h).

Da Puerto de Pollença durch seine Lage im äußersten Norden der Insel prinzipiell nur in südliche Richtungen offen ist, gibt es relativ wenig Varianten für längere Touren.

Information: Oficina de Información, Juan XIII 46, 07470 Puerto de Pollença, ℂ 971865467.
Unterkunft: Hostal Singala **, Trav. Crta. Formentor-Faro, ℂ 971865555, 26 Z., April-Okt., in einer Seitenstraße außerhalb Rchtg. Formentor; Hostal Eolo **, Pza. Ingeniero Gabriel Roca 2, ℂ 971866550, ▤ 971866301, 50 Z., ganzj.
Fahrradverleih: Maria's Rent-a-Bike, Roger de Flor 12, ℂ/▤ 971964336.

Rundtour Pollença 1

Rundtour Pollença 1: Puerto de Pollença – Cabo Formentor – Puerto de Pollença (40 km)

Kein Aufenthalt im Raum Pollença darf ohne einen Ausflug zum **Cabo Formentor** beendet werden, da diese Strecke in die mallorquinische Spitzenkategorie gehört. Diese als Sackgassenroute erzwungene Rundtour ist als Etappe 83 beschrieben.

Rundtour Pollença 2: Puerto de Pollença – Pollença – Lluc – Inca – Muro – Ca'n Picafort – Alcúdia – Puerto de Pollença (75 km)

Diese anspruchsvolle Strecke ist identisch mit Rundtour Alcúdia 2 und unterscheidet sich in der Abfolge der Bestandteile lediglich dadurch, daß Etappe 80 entlang der Bahía de Pollença nicht den Anfang, sondern den Abschluß bildet.

Puerto de Pollença

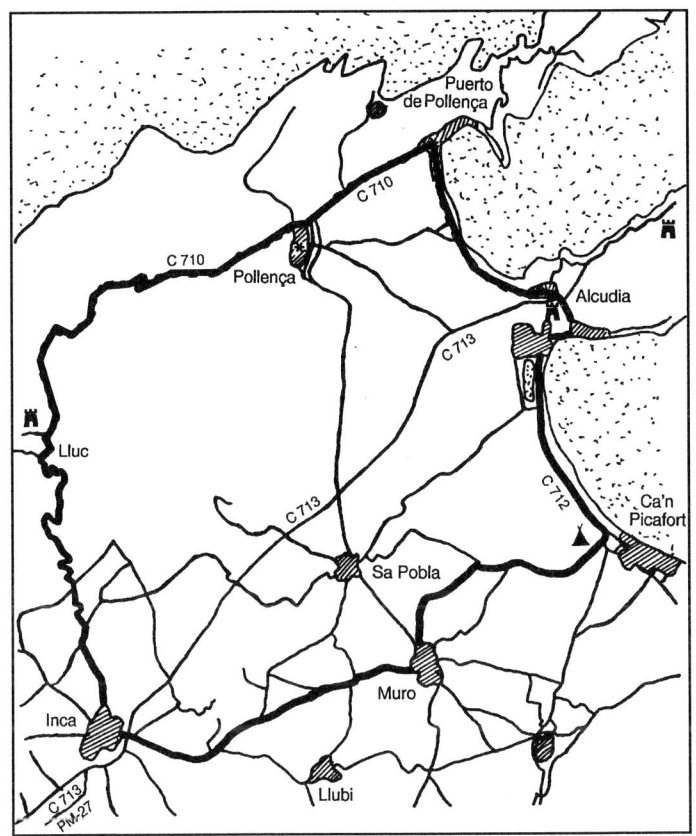

So wird als Auftakt über Etappe 81 das alte Städtchen **Pollença** (s. Etappe 78) angesteuert, woran sich die landschaftlich äußerst attraktive, aber transpirationsträchtige Etappe 82 zum Kloster **Lluc** anschließt. Hinaus aus der *Sierra de Tramontana* führt Etappe 37 nach **Inca**. Etappe 74 nach **Muro** und Etappe 71 nach **Ca'n Picafort** schlagen eine weite Kurve durch fruchtbares Landwirtschaftsgebiet zurück zur Küste der **Bahía de Alcúdia**, der Etappe 77 nach **Alcúdia** folgt. Wie oben erwähnt, schließt Etappe 80 den Kreis.

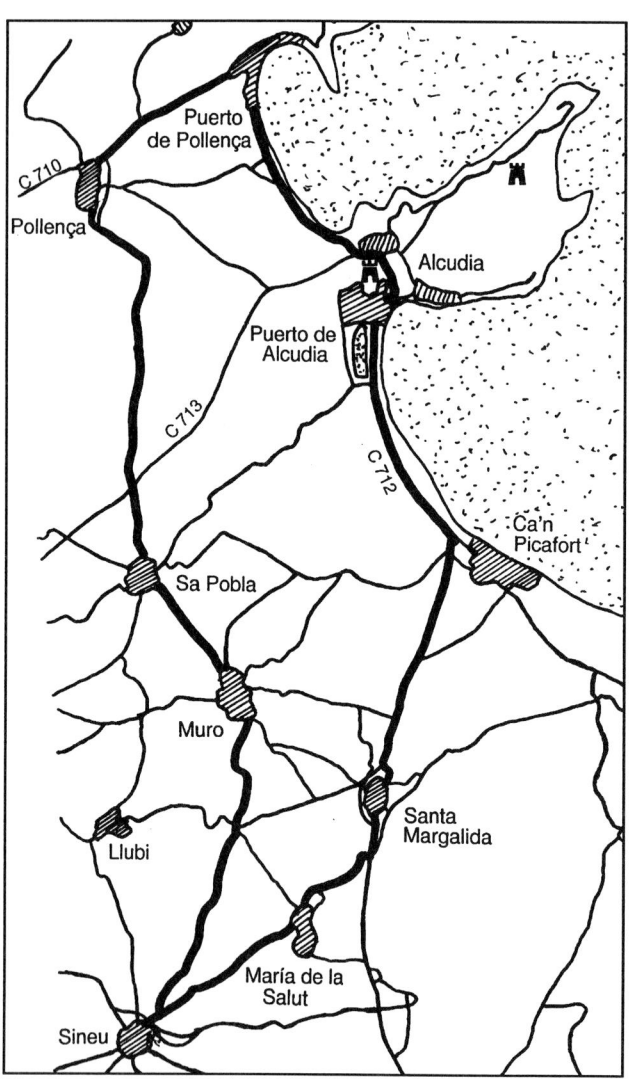

Rundtour Pollença 3: Puerto de Pollença – Pollença – Muro – Sineu – Santa Margalida – Ca'n Picafort – Alcúdia – Puerto de Pollença (80 km)

Diese relativ lange Tour berührt zwar den Rand der Sierra de Tramontana, stellt im übrigen aber eine weite Runde durch das ebene Binnenland dar. Die Südspitze der Tour erreicht dabei den geografischen Mittelpunkt Mallorcas.

Etappe 81 bringt Sie zu dem alten Landstädtchen **Pollença** am Fuß der Bergkette. Außer einigen zarten Ausläufern werden Ihnen auf Etappe 79 nach **Muro** jedoch keine Eindrücke der Gebirgswelt vermittelt. Etappe 72 zum geografischen Zentrum der Insel, **Sineu** (s. dort), durchquert ebenso landwirtschaftlich genutztes Gebiet wie die sich anschließenden Etappen 76 (nach **Santa Margalida**) und 68 (nach **Ca'n Picafort** [in Gegenrichtung]). Dort schwenkt die Rundtour wieder nach Nordwesten und folgt mit Etappe 77 nach **Alcúdia** zuerst der *Bahía de Alcúdia*, auf Etappe 80 zum Abschluß der **Bahía de Pollença**.

Rundtour Pollença 4: Puerto de Pollença – Playa de la Cuarassa – Pollença – Sa Pobla – Ca'n Picafort – Alcúdia – Puerto de Pollença (54 km)

Einen Einblick in das Landleben Mallorcas gewährt diese Strecke, beschränkt sich dabei auf die Durchquerung eines begrenzten Bereiches des Binnenlandes.

Als Variante zur Direktverbindung nach *Pollença* (Etappe 81) gibt es die Möglichkeit, in Umkehrung von Etappe 80 ein Stück weit an der *Bahía de Pollença* entlang Rchtg. Alcúdia zu radeln, an der *Playa de la Cuarassa* die Küstenstraße aber nach rechts zu verlassen und somit auf einem Teilstück von Etappe 84 (ebenfalls in Gegenrichtung) das malerische Landstädtchen **Pollença** (s. Etappe 78) zu erreichen. Durch die Ausläufer der *Sierra de Tramontana* führt Etappe 79 anschließend nach **Sa Pobla**; dort haben Sie – wie am Ende von Rundtour Picafort 4 beschrieben – die Möglichkeit, entweder weiter nach **Muro** zu fahren oder gleich Rchtg. Ca'n Picafort zu schwenken. In jedem Fall gelangen Sie auf Etappe 71 (in Gegenrichtung) nach **Ca'n Picafort** zur Küste der *Bahía de Alcúdia*, der Etappe 77 nach **Alcúdia** folgt. Etappe 80 entlang der **Bahía de Pollença** bildet den Abschluß.

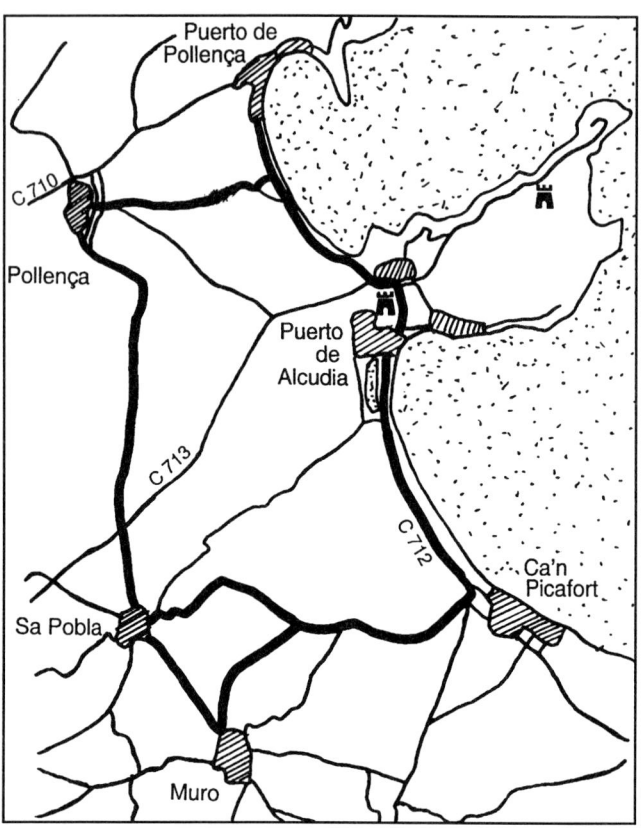

Insel-Querverbindungen

Auch wenn mit Hilfe dieses Reiseführers keine Inselrundfahrt durchgeführt wird, so bietet sich an, nach einer gewissen Zeit den Ausgangsbereich zu wechseln, also z.B. je eine Woche im Bereich von Palma und Cala Ratjada zu verbringen oder die „Stützpunkte" nacheinander in Cala d'Or und Puerto de Alcúdia aufzuschlagen.

Die relativ kompakten Abmessungen Mallorcas machen es möglich, in einem solchen Fall eine Inselquerung per Rad vorzunehmen und dabei zugleich mallorquinische Landluft in Gegenden zu schnuppern, die für Tagesausflüge außerhalb radfahrerischer Reichweite liegen.

Querverbindung 1: Bahía de Palma – Bahía de Alcúdia (54 km)
Strecke: Palma – Sineu – Santa Margalida – Ca'n Picafort

Die kürzeste Verbindung zwischen den beiden „Beulen" in der Rautenform Mallorcas erfolgt fast geradlinig über wenig befahrene Landstraßen. Sie sollten diese Strecke auch dann nutzen, wenn Sie nicht nach Ca'n Picafort, sondern nach Alcúdia möchten; die im Vergleich zur Hauptstraße C713 wenigen zusätzlich zu radelnden Kilometer werden durch die angenehmere Straßenführung mehr als gerechtfertigt.

Etappe 85 (Querverbindung 1)

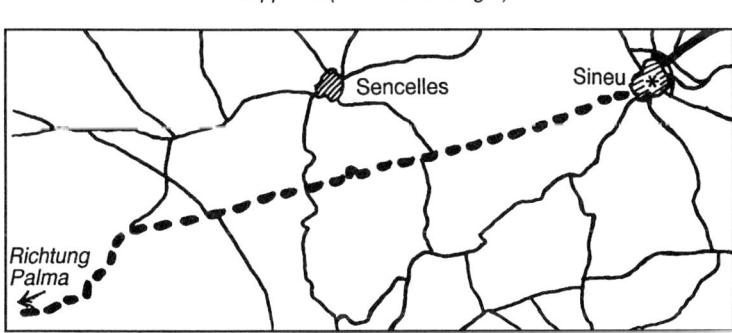

Etappe 85: Palma – Son Ferriol – Sineu (33 km)

Falls Sie von den *Playas de Mallorca* starten, ist die Streckenführung anfangs identisch mit Etappe 17. Ansonsten verlassen Sie Palma entweder über die Küstenstraße via *Coll d'en Rebassa* (Anschluß an Etappe 17) oder über die Ausfallstraße *Calle Heroes de Manacor* (= C715). Von letzterer fahren Sie gleich hinter der Unterquerung des Autobahnringes PM-20 nach links auf die Landstraße, die den nördlichen Ortsrand von *Son Ferriol* kreuzt und fast schnurgerade nach **Sineu** (s. Etappe 72) verläuft. Auf der gesamten, leicht welligen, Strecke wird keine Ortschaft durchfahren, die Weiler *Las Ollerías* und *Ruberts* liegen etwas abseits der Landstraße.

In Sineu haben Sie Anschluß an Etappe 76 nach **Santa Margalida** (s. Etappe 68); die Verbindung zur Küste der **Bahía de Alcúdia** stellt Etappe 68 (in Gegenrichtung) her.

Querverbindung 2: Bahía de Palma – Cala Ratjada (76 km)
Strecke: Ca'n Pastilla – Algaida – Petra – Manacor – Son Servera – Capdepera

Zwei grundsätzliche Varianten für diese Inselquerung, die z.B. den Flughafen von Palma mit der Nordostspitze Mallorcas verbindet, bieten sich an. Diese ist die Version mit gemäßigtem Verlauf, wobei aber relativ viele Ortschaften durchfahren werden.

Etappe 16 (in Gegenrichtung) nach **Algaida** (s. dort) macht den Anfang. Sie können nach dem Passieren der Glasbläserei *Gordiola* jedoch auf der C715 bleiben und an Algaida nördlich vorbeifahren.

Etappe 86: Algaida – Sant Joan – Petra (21 km)

(Falls Sie Algaida einen Besuch abgestattet haben, radeln Sie nun entsprechend der Beschilderung Rchtg. Montuiri bzw. Manacor zur C715, kreuzen ohne Wegweiser die Hauptstraße und kommen zu einer spitzen T-Mündung auf eine Vorfahrtstraße. Sie halten sich rechts und passieren das Restaurant Can

Mateu. Damit sind Sie auf der Strecke, die Sie durch nahtlosen Anschluß an obige Beschreibung erreicht hätten.)

Nordöstlich von Algaida zweigt von der C715 die Nebenstraße Rchtg. Sineu und Sant Joan ab, auf der Sie rund 5 km weit geradeaus radeln, sich dann an einer Gabelung halbrechts halten und so weiter Rchtg. Sant Joan fahren. Nach weiteren 3 km trifft die Strecke auf die Landstraße Montuiri – Sineu, der Sie wenige hundert Meter links Rchtg. Sineu folgen, um sie gleich wieder rechts zu verlassen und nach **Sant Joan** zu fahren. Dieses Städtchen (2000 Einw.) verfügt in seiner Pfarrkirche über eine schöne Innenausstattung (Fresken, Dekkentäfelung); die Überreste der ersten Kirche des Ortes (von 1293) sind in Form eines Seitenportals und einiger Teile des Innenraums in die heutige Kirche integriert worden.

(In Gegenrichtung ist in Sant Joan die Strecke zu finden, indem Sie der Beschilderung Rchtg. Sineu aus der Stadt folgen, dann aber jede beschilderte Abzweigung [Montuiri ist kurz hinter dem Ortsende nach links, Sineu etwas später nach rechts ausgewiesen] ignorieren und bis zur T-Mündung in die Landstraße Montuiri – Sineu geradeaus weiterfahren.)

Etappe 86 (Querverbindung 2)

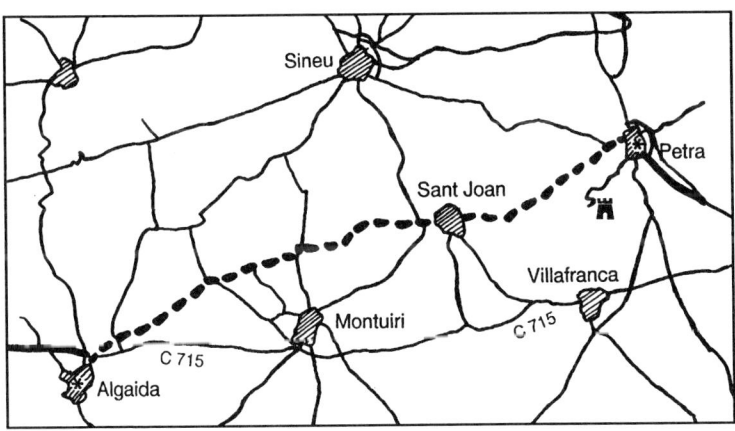

An der Kirche gelangen Sie an ein Stopschild und halten sich rechts; die Karten gaukeln teils eine geradlinige Verbindung vor. Die nächste Straße links ist die kurvige, aber ohne Abbiegen zu nutzende und korrekt beschilderte Landstraße über einen Hügel hinweg nach **Petra** (s. Etappe 56)

Auf breit ausgebauter Straße bringt Etappe 57 Sie südostwärts zur C715 nach **Manacor** (s. Etappe 50). Falls Sie diesem Perlenproduktionsort keinen Besuch abstatten möchten, können Sie auf der Hauptstraße bleiben, nördlich am Stadtrand vorbeifahren und nahtlos Etappe 58 nach **Son Servera** (s. dort) anschließen. Etappe 60 zum Ende der Inselquerung in **Cala Ratjada** stellt auch schon etwas müde Radler nicht vor nennenswerte Probleme.

Querverbindung 3: Bahía de Palma – Cala Ratjada (79 km)
Strecke: El Arenal/Ca'n Pastilla – Llucmajor – Petra – Colònia de San Pedro – Artá – Capdepera

---

Diese Variante zu Querverbindung 2 ist zwar etwas länger und auch anspruchsvoller als die Strecke via Manacor, aber auch reicher an Landschaftseindrücken.

Über Etappe 19 (in Gegenrichtung) oder Etappe 20 beginnen Sie die Inselquerung und erreichen **Llucmajor** (s. Etappe 18).

Ausblick von der Kirche von Andraitx

Etappe 87: Llucmajor – Randa – Montuiri – Sant Joan – Petra (26 km)

Da der Klosterberg von *Randa* eines der populärsten Ausflugsziele dieser Region ist, können Sie sich in Llucmajor der Beschilderung dorthin anvertrauen. Nach einer gemäßigten Steigung von ca. 4 km Länge biegen Sie rechts ab auf die Zufahrt zum Ort *Randa* und dem darüber sich erhebenden Berg (s. Etappe 18). In dem Dorf, das nur einige hundert Meter abseits der Landstraße liegt, biegen Sie mit dem Wegweiser links ab und folgen der allmählich wieder bergab führenden Nebenstraße nach **Montuiri**. Südlich dieser Ortschaft (2500 Einw.; Markttag montags) kreuzen Sie die C715 und radeln geradeaus hinauf in das Stadtzentrum, wo Sie sich kurz links halten müssen, um zur Landstraße Rchtg. Sant Joan zu gelangen.

Etappe 87 (Querverbindung 3)

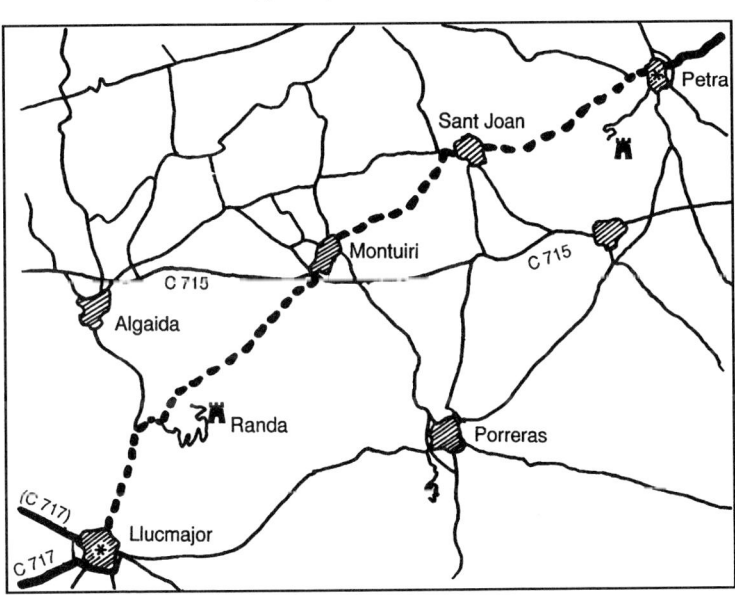

Obwohl auch Montuiri schon auf einem Hügel liegt, ist ein deutlich wahrzunehmender weiterer auf dem Weg nach *Sant Joan* (s. Etappe 86) zu überwinden. Die Landstraße nach **Petra** (s. Etappe 56) kommt ebenfalls nicht ganz ohne Steigung aus.

Durch einsames, fast unbewohntes Gebiet setzt Etappe 67 die Inselquerung fort; bei der Einmündung in die Küstenstraße C712 setzt Etappe 66 mit dem beachtlichen Paß auf dem Weg nach **Artá** (s. Etappe 61) den radfahrerischen Höhepunkt dieser Querverbindung. Von Arta stellt Etappe 61 (in Gegenrichtung) den Abschluß nach **Capdepera** (s. Etappe 60) und somit zum Knotenpunkt von Cala Ratjada dar.

Querverbindung 4: Bahía de Palma – Cala Millor (69 km)
Strecke: El Arenal/Ca'n Pastilla – Llucmajor – Porreras – Villafranca de Bonany – Manacor – Son Carrió – Cala Millor

---

Prinzipiell kann zur Verknüpfung der Bahía de Palma mit dem Bereich von Cala Millor auch die Querverbindung 2 genutzt werden. Eine etwas kürzere Variante bietet dieser Vorschlag.

Über Etappe 19 (in Gegenrichtung) oder Etappe 20 erreichen Sie **Llucmajor** (s. Etappe 18); Etappe 25 (in Gegenrichtung) überquert die *Serrá de Montisión* nach **Porreras** (s. Etappe 24).

Etappe 88 (Querverbindung 4)

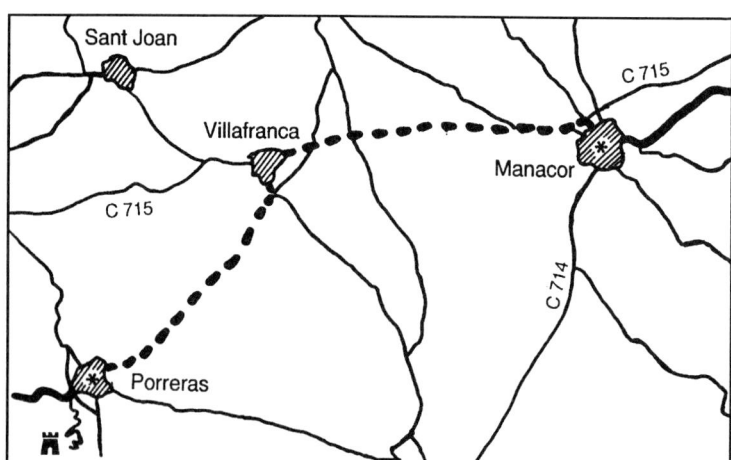

Durch ein fruchtbares Landwirtschaftsgebiet (Tomaten, Melonen, Zwiebeln) führt eine geradlinige Landstraße nach **Villafranca de Bonany** (2500 Einw.); kurz vor dem Ortsrand stößt die Straße aus Felanitx hinzu. Das Städtchen ist auch kurz als *Villafranca* bekannt und verfügt über eine überdimensionierte Pfarrkirche (17. Jh.), die mit ihren Ausmaßen durchaus als Kathedrale dienen könnte; Markt ist mittwochs.

Fahrradservice: Bicicletas Can Botellas, Reis de Mallorca 25, Villafranca, ℂ 971560619.

Die Hauptstraße C715 durchschneidet den Ort in Ost-West-Richtung und dient Ihren Reifen für 8 km als Unterlage: für das Teilstück nach **Manacor** (s. Etappe 50) gibt es keine sinnvolle Alternative.

In Manacor müssen Sie das Stadtzentrum durchqueren und der Beschilderung Richtung Porto Cristo fast bis zum Stadtrand folgen, bis dort schließlich schräg gegenüber der *Via Portugal* die Nebenstraße abzweigt, auf der Etappe 64 (in Gegenrichtung) über *Son Carrió* nach **Cala Millor** führt.

In der Sierra de Tramontana

Nur geringfügige „Umwege" macht diese fast geradlinige West-Ost-Strecke auf dem Weg zur südlichen Hälfte der Ostküste. Die Anknüpfung an andere Orte des Zielgebietes ist über die küstenbegleitende Landstraße unkompliziert gegeben.

Über Etappe 19 (in Gegenrichtung) oder Etappe 20 gelangen Sie nach **Llucmajor** (s. Etappe 18); Etappe 25 (in Gegenrichtung) über den Höhenzug der *Serrá de Montisión* bildet die Fortsetzung nach **Porreras** (s. Etappe 24).

Etappe 89 (Querverbindung 5)

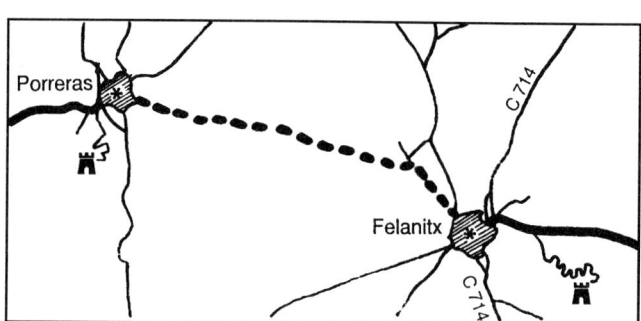

Die Region, die von der geradlinigen Landstraße auf ihrem Weg nach Felanitx durchschnitten wird, ist landwirtschaftlich intensiv genutzt, woran die Stützen des ökonomischen Wohlstandes von **Felanitx** (s. Etappe 41) – Aprikosen, Orangen, Wein – beteiligt sind. Unmittelbar am Stadtrand mündet die Straße in die aus Petra kommende, etwas breitere Landstraße.

Leuchtturm am Cabo Formentor

Etappe 47 nach **Porto Colom** bildet die kürzeste Möglichkeit einer Anschluß-
strecke zur Küste. Bei der Einmündung in die küstenbegleitende Landstraße
können Sie ggf. über Etappe 52 links Rchtg. Calas de Mallorca, rechts Rchtg.
Cala d'Or abzweigen. Nach Cala d'Or führt alternativ (schon ab Felanitx) auch
Etappe 49.

**Querverbindung 6: Colònia de Sant Jordi – Bahía de Alcúdia
(69 km)**
Strecke: Colònia de Sant Jordi – Santanyí – Felanitx – Petra – Ca'n
Picafort

---

*Im südlichen Bereich macht diese Querverbindung einige Schlenker, um
anschließend zielstrebig auf die Küste der Bahía de Alcúdia hinzuführen.*

Jeweils in Gegenrichtung bilden die etwas kurvigen Etappen 43 (nach **Santanyí** [s. Etappe 42]) und 42 (nach **Felanitx** [s. Etappe 41]) den Anfang. Etappe 56 nach **Petra** (s. dort) eröffnet jedoch bereits die Folge geradliniger Streckenführung, die von den Etappen 69 (nach **Santa Margalida** [s. Etappe 68]) und 68 (nach **Ca'n Picafort**) – jeweils in Gegenrichtung – fortgeführt wird.

Querverbindung 7: Playa d'Or – Bahía de Alcúdia (53 km)
Strecke: Cala d'Or – Felanitx – Petra – Ca'n Picafort

Nur geringfügig weicht diese Inselquerung von der Luftlinie ab, so daß sich eine sehr kurze Distanz ergibt. Dabei erfordert nur der Anfang einen gewissen Tribut an Transpiration.

Die südlichen Ausläufer der *Serranías de Levante* werden mit Etappe 49 nach **Felanitx** (s. Etappe 41) zügig überquert. Etappe 56 nach **Petra** (s. dort) enthält hingegen keine nennenswerten Steigungen; die Etappen 69 und 68 (jeweils in Gegenrichtung) setzten die geradlinige Streckenführung nach **Ca'n Picafort** wie bei Querverbindung 6 konsequent fort.

Querverbindung 8: Calas de Mallorca – Bahía de Alcúdia (50 km)
Strecke: S'Hospitalet – Manacor – Colònia de San Pedro – Ca'n Picafort

---

Diese Strecke bietet wegen ihrer Kürze unkomplizierte Gelegenheit, durch Verlängerung über die küstenbegleitenden Etappen zur Nordspitze Mallorcas ggf. auch Alcúdia oder Puerto de Pollença zu erreichen.

Etappe 51 (in Gegenrichtung) oder Etappe 53 überquert die *Serranías de Levante* und bringt Sie nach **Manacor** (s. Etappe 50). Je nach Geschmack setzt eine der beiden Varianten von Etappe 65 den Weg fort bis zur Einmündung in die Küstenstraße C712, die Etappe 70 nach **Ca'n Picafort** benutzt.

Register

Bei mehreren Seitenangaben ist die jeweilige Hauptnennung **halbfett** gedruckt; die Seitenzahlen der Abbildungen sind *kursiv* gesetzt. Die spanischen Sonderbuchstaben ç und ñ sind wie c und n einsortiert.

Namen mit kastilischen oder katalanischen/mallorqinischen Artikeln (L', La, Le, Les; S', Sa, Son, Ses; Es, El) sind unter dem Anfangsbuchstaben des folgenden Wortes eingeordnet, z.B. „S'Avall" nach „Atalaya".

Blick auf Sóller

Thomas Schröder

GO SOUTH !

Mit dem Fahrrad auf dem Pacific Coast Highway von Seattle nach San Diego

DER PACIFIC COAST HIGHWAY

gilt als eine der Traumstraßen der Welt und ist jedem US-Fan ein Begriff. Doch erst mit dem Fahrrad erschließen sich die unzähligen Highlights der amerikanischen Westküste so richtig. Die Zahl der Pacific Coast Biker, auch der aus Europa, ist längst Legion! Auch Sybille und Thomas Schröder haben den langen Streifen von Seattle nach San Diego unter die Räder genommen. Herausgekommen ist dieser stimmungsvolle Erlebnisbericht, dazu das komplette Bicyclist's Guidebook für den eigenen Trip. Es dokumentiert die ganze Strecke mit präzisen Kilometerangaben, enthält alle wichtigen Übernachtungs- und Verpflegungsmöglichkeiten, Bike Shops und jede Menge Praxistipps.

272 Seiten, 14 x 20 cm, zahlreiche SW- und Farbfotos.

ISBN 3-932546-12-1, DM/sfr 39,80, öS 291.

Der Wind kommt immer von vorn

Der Titel dieses Buches steht stellvertretend für die Erfahrungen auf einer Fahrradreise.
Bei der Planung, Vorbereitung und Durchführung einer Reise, angefangen mit der Auswahl und Ausstattung eines geeigneten Fahrrades, gibt es eine Vielzahl von Details zu beachten.

Der Autor Jürgen Rieck hat in seinem Buch alle nötigen Informationen zusammengetragen. Die darin gegebenen Hinweise sind für jede Radtour gültig, gleich wie lange sie dauert und wohin sie geht. Sie sollen dazu beitragen, daß Fahrradreisen mit Planungsfehlern der Vergangenheit angehören.

Zur Vorbereitung Ihrer Reise sollten Sie sich dieses Buch besorgen. Da wird Ihnen auch dann der Spaß an der Reise nicht vergehen, wenn Sie das meteorologische Wunder erleben:

Der Wind kommt immer von vorn.

ISBN 3-921939-72-0; 176 Seiten, zahlreiche Fotos und Abbildungen.
Preis: DM/sfr 19,80

CYKLOS-Fahrrad-Reiseführer

Mallorca ist nicht das einzige Fahrrad-Reisegebiet. Für die wichtigsten radtouristischen Gebiete vor allem Europas erscheinen Fahrrad-Reiseführer mit Routenbeschreibungen auf bis zu 320 Seiten. Alle Bände dieser Reihe sind speziell für den deutschsprachigen Radtouristen konzipiert und recherchiert worden.

Im Jahr 2000 sind folgende Fahrrad-Reiseführer lieferbar:

Irland per Rad
Schottland per Rad
England per Rad
Island per Rad
Norwegen per Rad
Finnland per Rad
Südschweden per Rad
Dänemark per Rad

Fortsetzung nächste Seite

Weitere CYKLOS-Fahrrad-Reiseführer: